Lk 2 4690 (3)

Le Mans
1904

Anonyme

Cartulaire d'Assé-le-Riboul

SOCIÉTÉ DES ARCHIVES HISTORIQUES DU MAINE

ARCHIVES HISTORIQUES DU MAINE

III

CARTULAIRE D'ASSÉ-LE-RIBOUL

PUBLIÉ PAR

LE COMTE BERTRAND DE BROUSSILLON

CARTULAIRE D'AZÉ ET DU GENÉTEIL

PUBLIÉ PAR M. DU BROSSAY

PLAINTES ET DOLÉANCES DU CHAPITRE DU MANS EN 1562

PUBLIÉES PAR L'ABBÉ A. LEDRU

AU MANS

AU SIÈGE DE LA SOCIÉTÉ, MAISON SCARRON

1903

SOCIÉTÉ DES ARCHIVES HISTORIQUES DU MAINE

ARCHIVES HISTORIQUES DU MAINE

III

CARTULAIRE D'ASSÉ-LE-RIBOUL

PUBLIÉ PAR

LE COMTE BERTRAND DE BROUSSILLON

CARTULAIRE D'AZÉ ET DU GENÉTEIL

PUBLIÉ PAR M. DU BROSSAY

AU MANS

AU SIÈGE DE LA SOCIÉTÉ

1902

Ne pas relier ce tome III avant d'avoir reçu le second fascicule qui paraîtra en 1903.

ARCHIVES HISTORIQUES DU MAINE

III

Tiré à deux cents exemplaires.

No

SOCIÉTÉ DES ARCHIVES HISTORIQUES DU MAINE

ARCHIVES HISTORIQUES
DU MAINE
III

CARTULAIRE D'ASSÉ-LE-RIBOUL
PUBLIÉ PAR
Le Comte Bertrand de Broussillon

CARTULAIRE D'AZÉ ET DU GENÉTEIL
Publié par M. du Brossay

PLAINTES ET DOLÉANCES DU CHAPITRE DU MANS EN 1562
Publiées par l'abbé A. Ledru

AU MANS
AU SIÈGE DE LA SOCIÉTÉ, MAISON SCARRON
1903

CARTULAIRE

D'ASSÉ-LE-RIBOUL

PRIEURÉ DE L'ABBAYE SAINT-NICOLAS D'ANGERS

1097-1506

PUBLIÉ PAR

LE COMTE BERTRAND DE BROUSSILLON

L'abbaye Saint-Nicolas d'Angers, fondée en 1020 par Foulques Nerra, possédait dans le diocèse d'Angers et dans les diocèses voisins, Poitiers, Le Mans, Nantes, Maillezais, Luçon, Coutances et jusqu'en Angleterre un certain nombre de prieurés, lesquels sont énumérés par M. Port dans son *Dictionnaire de Maine-et-Loire* (I, 66). Parmi eux, deux étaient situés dans la partie de l'ancien diocèse d'Angers faisant aujourd'hui partie du département de la Mayenne, c'étaient Azé et le Genetcil, dont le cartulaire est publié ici même par M. du Brossay.

Quant au diocèse du Mans, M. Port, en énumérant les possessions de l'abbaye Saint-Nicolas situées sur son territoire, emploie des formes anciennes, lesquelles, compliquées par une faute d'impression, appellent un petit travail d'identification. Il les nomme : Gennes, Mont-Saint-Jean, Assay-le-Ribouille, Parnay, Chérisay et Saint-Nicolas-de-Bossé.

Nous allons préciser la position de chacune de ces localités qui toutes étaient en effet des prieurés de Saint-Nicolas.

Gennes, canton de Bierné, au département de la Mayenne[1],

---

[1] Voir au *Cartulaire d'Assé*, le numéro IX confirmant la fondation du prieuré de Gennes et le numéro XVIII, qui est relatif à une rente sur Gennes.

1

ne doit être confondu ni avec Gesnes, canton de Montsûrs, au même département, ni avec Gennes, chef-lieu de canton dans l'arrondissement de Saumur, où se trouvait le prieuré de Saint-Eusèbe, de l'abbaye de la Couture [1].

Mont-Saint-Jean est une commune du canton de Sillé-le-Guillaume.

Assé-le-Riboul est une commune du canton de Beaumont-le-Vicomte, qui, avant la Révolution, possédait le prieuré, fondé en 1097, dont on trouvera les chartes plus loin.

Parné, et non Parnay, est une commune du canton d'Argentré, du département de la Mayenne.

Chérisay, commune du canton de Saint-Paterne (Sarthe).

Saint-Nicolas-de-Possé, et non Bossé, était prieuré de Saint-Nicolas, placé sur le territoire de la paroisse d'Assé.

Les chartes relatives à quelques-uns de ces établissements religieux sont contenues en copies dans un volume des Archives de la Mayenne (H. 6*ter*), dont le titre malheureux *Chartes du prieuré du Geneteil*, donne à penser aux historiens qu'ils y chercheraient en vain des renseignements autres que ceux relatifs au voisinage immédiat de Château-Gontier.

Dès la fondation même de la Société des Archives du Maine, M. du Brossay proposa au conseil de se charger de la mise au jour des chartes d'Azé et du Geneteil [2]. On y ajoute ici le cartulaire d'Assé, afin de ne rien laisser de côté de ce que ce volume contient sur les prieurés de Saint-Nicolas.

Le manuscrit en question, écrit au milieu du XVIII⁰ siècle, se compose — ou plutôt se composait — de trois cent soixante-quatorze pages, dont un certain nombre ont été ou enlevées ou lacérées ; il est constitué par trois séries de copies, qui dans le

---

(1) On s'étonne de ne trouver au *Cartulaire de Saint-Pierre de la Couture* aucune autre mention de ce prieuré que l'acte publié page 96 et aucun renvoi à la *Notre-Dame Angevine* de Grandet, qui contient, à ses pages 539-559, un petit cartulaire de Saint-Eusèbe, composé de vingt-six chartes, lesquelles malheureusement sont publiées avec aussi peu de soin que toutes les autres pièces justificatives du volume.

(2) Dans notre *Maison de Craon* on trouvera mention de celles des chartes de ces deux prieurés, qui sont relatives aux seigneurs de Château-Gontier.

présent volume sont désignées par les lettres A. B. C. Les deux
premières séries ont été prises directement sur les originaux,
alors tous pourvus de leurs sceaux, elles présentent cette seule
différence que la série A (47 documents) est suivie d'une formule
de vidimus, datée du 25 septembre 1741, qui ne figure pas à la
fin de la série B (107 documents). Quant aux vingt-deux documents de la série C, ils sont empruntés au cartulaire de Saint-
Nicolas et contiennent l'indication du folio où ils figuraient dans
le manuscrit. Le Cartulaire d'Assé-le-Riboul est constitué à l'aide
d'emprunts faits aux trois séries.

I. — 1097, avant le 20 juin, Le Mans. — ACTE PAR LEQUEL
GUILLAUME D'ASSÉ FAIT A L'ABBAYE SAINT-NICOLAS D'ANGERS
DIVERS DONS DANS LA PAROISSE D'ASSÉ, ACTE SUIVI DE LA
NOTICE DE L'APPROBATION DE GEOFFROY, FRÈRE DE GUILLAUME,
ET DE L'ÉNUMÉRATION DES DONS DE DIVERS SEIGNEURS DE LA
RÉGION. (C. 1, p. 289.)

Quisquis ad aeternam, post hanc, vult tendere vitam, primum
debet cogitare quo modo ad tantae beatitudinis locum valeat
pervenire. . . . . Hujuscemodi verbis, ego, Willelmus de Asceio ammonitus et a peccatorum mole me graviter
comprimente, per elemosinae bonum levigari cupiens, dono Deo
et sancto Nicholao et abbati Lamberto et monachis ejus, pro
salute animae meae et animabus parentum meorum, ecclesiam
de Asceio, — quam, non sine peccato, tenebam, — solutam et
quittam, et omne fevum Odonis, clerici, — et totam decimam
annonae ecclesiae pertinentem, — et tertiam partem decimae
vini, — unum arpennum prati, — et terram ad ortum plantan-
dum, — et burgum foris castrum[1], a parte boschi, vestitum et

(1) Il existe encore des ruines du donjon roman d'Assé-le-Riboul. Voir
La Province du Maine, t. VII (1899), planche entre les pages 186 et 187.

non vestitum, ut ipsi illud vestiri et aedificari faciant, et, praeter burgum, de terra arabili, ad cimiterium crescendum et burgum faciendum, ut illud in perpetuum, ab omni cosduma quittum teneant.

Et insuper concedo eis ut quicquid in tota mea possessione et fevo, dono vel emptione, adquirere potuerint, absque ullius cosdumae retinaculo, gratis accipiant et possideant. Est autem talis conventio, ut patris mei anniversarium, sicut de abbate, unoquoque faciant anno, nomenque meum, post mortem, in martilogio scribant, et quatuor monachos in monasterio, propter hoc, gratis recipiant, et quatuor pauperes in elemosina pascant. Dono etiam eis dimidiam masuram terrae, juxta parvam forestam.

Duas vero partes decimae vini, quas retinui, alteri non potero dare vel vendere ecclesiae.

Hoc donum concessit uxor mea, Sicilia, et filia mea, Beatrix, et Goffridus, frater meus.

Igitur, ut praedicta donatio teneatur, fidejussores misi : Goffridum, fratrem meum, Richardum de Poccio ; Herbert de Montinni ; Herveum de Raderelo ; Goscelinum, Gundefredi filium ; Gonerum, Burchardi filium. Ut, si quis haereditatis meae possessor donationem et conventionem hanc destruere voluerit, non eum in haeredem recipiant quousque. . .

Haec omnia concessit Deo et sancto Nicholao et monachis ejus, salutis animae suae causa, Goffridus, frater Guillelmi ; et insuper dedit eis partem suam et dominium quod habebat in ecclesia de Monte Sancti Johannis, solide et quitte.

Similiter et Odo de Sancto Christophoro et Guillelmus Bermunt concesserunt eis quicquid habebant in eadem ecclesia . . . . . , quod et alii omnes fecerunt qui in eadem participabantur ecclesia.

Herbertus quoque de Montinniaco donavit eis apud Asceium... dimidium arpennum vinae et unum prati, decimamque totius terrae suae de annona, concedentibus uxore sua, Gilla, et filiis suis, Richardo et Aimerico, aliisque omnibus.

Hugo etiam de Trunchet donavit eis dimidium arpennum vinae et unum prati.

Istis omnibus donavit et concessit abbas Lambertus beneficium

Sancti Nicholai, ob tantorum beneficiorum remuneratione, et insuper : Guillelmo, quadraginta libras ; et Guoffrido, fratri suo, decem libras Cenomannensis monetae, videlicet pro terra et burgo aliisque rebus ad ecclesiam non pertinentibus.

Hic etenim Gosfridus donavit eis, apud Montem Sancti Johannis, praeter ecclesiam, medietatem burgi quittam . . . . , et dimidium furnile et fevum presbyteri, post mortem suam, scilicet Seinfredi.

Hujus rei testes sunt isti : Odo, clericus, qui fevum suum ab ipso abbate Lamberto accepit ; Richardus de Pocceio ; Herveus de Radereio ; Herbertus de Montinni.

De monachis : Lambertus, abbas, Herbertus, monachus ; Johannes de Moncantor ; Beraldus, medicus, Warinus, presbiter de Asceio.

II. — 1097, 20 juin, Le Mans. — NOTICE DANS LAQUELLE LES MOINES DE SAINT-NICOLAS RELATENT LE SUCCÈS DE LA DÉMARCHE FAITE PAR EUX, SOUS LA DIRECTION DE L'ABBÉ LAMBERT, AFIN D'OBTENIR DE L'ÉVÊQUE DU MANS, HILDEBERT, ET DE SON CHAPITRE, LA CONFIRMATION DE LEURS DROITS SUR ASSÉ, PARNÉ ET CHERISAY. (C. 1, p. 289.)

Post haec, abbas Lambertus, cum aliquantis fratribus, scilicet Gosberto, priore, Herbert, Johan, Beralt, Ingelbaut, Savari, ad dominum episcopum Cenomannensem, Hildebertum, perrexit, eumque et omnes ejus canonicos, ut ecclesias supradictas et ecclesiam de Parriniaco et de Chariseio Sancto Nicholao ac monachis ejus concederent, humiliter obsecravit ; et quod obsecraverat impetravit. Ipse enim et archidiaconi, Goffridus decanus, Goffridus Mulot, Paganus de Sancto Carilepho[1], Fulcradus, cantor, cum omnibus aliis canonicis, abbatis . . . preces . . . exaudierunt . . . . Ecclesias itaque supradictas episcopus et canonici Sancto Nicholao et monachis ejus et ecclesiasticum [quod] in toto Cenomannensi pago adquisierant vel adquisituri erant . . . . concesserunt, beneficium Sancti Nicholai ab abbate Lamberto . . . . . . acceperunt ; societatem et amicitiam talem cum eis confirma-

____
[1] Payen ou Hugues de Saint-Calais, plus tard évêque du Mans (1136-1144).

verunt, ut, ad unius cujusque eorum obitum, absolutio, officium et missa pro eis cantaretur, idemque beneficium a canonicis pro monachis compleretur ; et, si opus eis esset, monasterium Sancti Nicholai ex refugium contra omnes adversarios, excepto ipsorum praesule, fieret.

Abbas autem et monachi dabunt communi eorum conventui, unoquoque anno, quinque solidos Cenomannensis monetae, tali pacto ut ipsi eorum amatores et adjutores in omnibus quae potuerint existant.

Actum est hoc et confirmatum in capitulo Sancti Juliani Cenomannensis, anno ab incarnatione Domini millesimo nonagesimo septimo, indictione quinta, duodecimo kalendas julii.

Istis testibus :

De monachis : Lamberto, abbate, Gosberto, priore, Herberto, Johanne, Savarico, monachis, abbate etiam Burguliensi, Baldrico, Beringerio, suo monacho ;

De clericis : Willelmo Musca, Stephanno de Continniaco, canonicis Sancti Mauricii Andecavensis, Huberto Crucibolo ;

De laicis : Helia, Cenomannensi comite, Rotro de Monfort, Herbert de Montinni ;

De famulis monachorum : Bodino, David aliisque multis.

III. — Vers 1100. — Un jour de Toussaint. — NOTICE DANS LAQUELLE LES MOINES DE SAINT-NICOLAS RELATENT LA CONFIRMATION PAR GEOFFROY D'ASSÉ DU DON DE L'ÉGLISE D'ASSÉ AUQUEL IL AJOUTE DE NOUVEAUX BIENFAITS. (C. 1, p. 289.)

Tempore domni Lamberti, abbatis Sancti Nicholai, venit Gosfridus de Asceio in capitulum Sancti Nicholai, et accepit, immo confirmavit, beneficium ecclesiae quod jam acceperat ab abbate Lamberto cum quibusdam fratribus, quando noviter Sancto Nicholao fecerat elemosinam suam, — quo recepto pactoque priori recordato et a toto conventu in communi capitulo reconfirmato, — dedit Sancto Nicholao medietatem decimae suae quam sibi retinuerat, quando primum donum fecerat, et unum arpennum vinae ad victum monachorum de Monte Sancti Johannis apud Silliacum.

Audientibus testibus istis : Odone Suchardo, Willelmo, Richardi filio, Hamelino, Silliaci vicario.

Hoc autem factum est in festivitate Omnium Sanctorum.

IV. — Vers 1100. — NOTICE DANS LAQUELLE ON RELATE LES ENGAGEMENTS PRIS ENVERS GEOFFROY D'ASSÉ PAR HERBERT DE LA GUIERCHE ET JULIENNE D'ASSÉ AU MOMENT DE LEUR MARIAGE. (B. 7, p. 197.)

Sciant quibus est sciendum has esse conventiones inter Gauffridum de Asceio et Herbertum de Wircha, quando Gauffridus dedit ei filiam uxorem.

Siquidem Herbertus domno Gauffrido concessit Verneiam cum omnibus quae ad eam pertinent, quandiu viveret ipse Gauffridus, dante et concedente Juliana, filia sua, de cujus patrimonio res supradicta movet.

Dederunt et concesserunt idem Herbertus et Juliana, uxor ejus, consilio et petitione domni Gauffridi, ecclesiam Sancti Medardi de Verneia[1], cum omnibus his quae ad eam pertinent, et decimam molendini Verneia Beato Nicholao[2] et monachis suis, solutam et quietam, omni exactione pecuniae remota.

Concesserunt eidem Gauffrido de Asceio Herbertus et Juliana, uxor ejus, totum honorem de Monte Sancti Johannis, tota vita sua habendum, solutum et quietum.

Concesserunt etiam et Motam Achardi, habendam tota vita sua, postquam eam adquiserunt.

Pepigit etiam Herbertus domno Goffrido quod ei adjuvaret modis quibuscumque posset ad adquirendum Mortarium, et tunc, quando domnus Goffridus haberet Mortarium, Herbertus quicquid in Mortario modo habet de Goffrido et haerede suo haberet ad alliata et servitia sua facienda.

Pepigit etiam quod omnes rectitudines ubicumque Goffridus haberet, modis quibuscumque posset, eas sibi adquirere adjuvaret.

(1) Saint-Médard de Vernie, canton de Beaumont-le-Vicomte.

(2) La notice numéro XXXVI du *Cartulaire de la Couture* apprend que, vers 1112, l'église de Vernie fut donnée à l'abbaye de la Couture par Dreux de Villaines. Plus tard elle passa à l'abbaye de Beaulieu.

Et, ut haec firma stabiliaque permanerent, fidem suam Herbertus dedit Goffrido, et sacramentum super sanctorum reliquias juravit.

Ex parte Goffridi testibus his : Warino Movo, Hugo de Maslini, Alberico Feret, Odone de Raderet, Lurei, fratre ejus, Drogo de Baset, Hugo de Laidoneirt [?], Goffrido Revello, Girardo, fratre ejus, Droco Revello, fratre ejus.

Ex parte Herberti : Gervasio Passavant, Hamelino, fratre ejus, Liberto de Wircheia et Herberto, filio ejus, Helinan et Fulcoio, fratre ejus, Guidone de Mauleia, Pagano de Silveia.

v. — Vers 1105. — NOTICE PAR LES MOINES DE SAINT-NICOLAS DU DON DE L'ÉGLISE D'ASSÉ A EUX FAIT PAR GUILLAUME D'ASSÉ D'ACCORD AVEC GEOFFROY, SON FRÈRE. LA DONATION CONTESTÉE PAR HERVÉ, LEUR FRÈRE ET SUCCESSEUR, EST ENFIN RATIFIÉE A LA DEMANDE COMMUNE DE L'ÉVÊQUE HILDEBERT ET DU COMTE HÉLIE. (B. 19, p. 189.)

Quoniam sapientes et antiqui viri facta et dicta sua subsequacibus per scripta manifestari voluerunt, et ea quae in veris scriptis continebantur auctentica esse judicaverunt, nos igitur, monachi Sancti Nicholai, auctoritatem illorum sequentes, subsequacibus manifestamus quomodo ecclesiam de Asciaco adepti sumus.

Guillelmus enim de Asceio supradictam ecclesiam, cum decimis et omnibus illi ecclesiae pertinentibus, pro anima sua et omnium antecessorum suorum, nobis, monachis Sancti Nicholai, in perpetuum dedit, concedente fratre suo Gaufrido, quam diu temporibus illorum quietam tenuimus. Insuper etiam dedit nobis, ante portam castelli, unam obcham in qua censarios constituimus, atque terrae quantum duo boves colere possunt.

Mortuo autem Guillelmo, Herveus, frater ejus, honorem habuit et donum fratris sui nobis calumpniavit, quod, divina auxiliante gratia, rogatu Hildeberti episcopi atque Heliae comitis, ipse Herveus, pro anima patris et matris omniumque antecessorum suorum, sicut Guillelmus nobis primitus dedit, sic Herveus concessit.

Hujus rei testes sunt isti viri subscripti : abbas Lambertus, cui facta est supradicti doni concessio ; Aimericus Bernardus, monachus ; Drogo, monachus ; Audoinus, monachus Sancti Albini ; Paganus, archidiaconus ; Guido Brunellus ; Helgous, canonicus ; Fulcoidus, dapifer ; Guillelmus Ribola ; Fulco Ribola ; Gaufridus, frater ejus ; Girardus de Clederiis, Fromundus Calibotus ; Baldoinus, sellarius ; Guillelmus, filius Horrici ; Gauterius, filius Richardi ; Godefredus de Vieriis ; Raginaldus, camerarius ; Berengarius, marescallus ; Alfridus ; isti supradicti fuerunt ex nostra parte.

Isti subscripti ex parte Hervei : Paganus de Sivilliaco ; Guillelmus de Poceio ; Gaufridus de Corbon ; Goscelinus de Asceio ; Goherius de Poceio ; Garinus, capellanus.

VI. — Vers 1105. — ACTE PAR LEQUEL L'ÉVÊQUE DU MANS HILDEBERT, CONFIRME POUR LA SECONDE FOIS LE DON DE L'ÉGLISE D'ASSÉ FAIT A SAINT-NICOLAS PAR GUILLAUME D'ASSÉ ET QUI AVAIT ÉTÉ CONTESTÉ D'ABORD PAR HERVÉ D'ASSÉ, SON FRÈRE ET SUCCESSEUR, LEQUEL Y AVAIT ENFIN CONSENTI A SON TOUR. (B. 19, p. 189.)

Hildebertus, Dei gratia Cenomannensis episcopus, omnibus ... salutem.

Noverit vestra omnium caritas Herveum de Asciaco ecclesiam de Asciaco et terram, quas Guillelmus, frater ejus beato dederat Nicholao, post aliquot calumpnias, videlicet ab ipso Herveo factas, ita ex integro praefato sancto concessisse et, rogatu nostro atque comitis Heliae, in manu Lamberti abbatis abrenuntiasse. Sic praefatus Guillelmus eidem beato dederat Nicholao, quod ut ipse Herveus faceret et, pro remedio animae patris ac matris atque fratrum suorum, praefatum concederet donum, ego, una cum comite Helia summo nisu postulavi, impetravi ; et ecclesiam ipsam monachis concessi, sicut jam, una cum capitulo Beati Juliani, vivente Guillelmo, concesseram.

VII. — 1118-1126. — NOTICE DE LA CONFIRMATION A L'ABBAYE SAINT-NICOLAS D'ANGERS PAR HERBERT DE LA GUIERCHE ET PAR

JULIENNE D'ASSÉ, DU DON DE L'ÉGLISE SAINT-MÉDARD DE VERNIE. (C. 5, p. 300.)

Notum sit universis . . . Herbertum de Wircha, generum Goffridi de Asceio, concessisse Deo et Sancto Nicholao et monachis ejus ecclesiam Sancti Medardi de Verneia, sicut prius Goffridus de Asceio et uxor sua, filia Willelmi de Verneia, dederant: scilicet dominium, presbiteratus et duas partes eorum quae ibi offeruntur in quinque festivitatibus.

Insuper etiam concessit nobis decimam cujusdam molendini.

Hi sunt testes : Berlaius de Monasteriolo et Geraudus, filius ejus ; Hernulfus de Monte Gomeri.

Postea vero, rogatu domni Johannis, abbatis, et comitissae Andegavorum, Aremburgis, concessit hoc idem donum Juliana, uxor Herberti, filia Goffridi de Asceio, et omnia alia dona quae dederant nobis antecessores sui, in perpetuum habenda.

Hos viderunt et audierunt: Johannes, abbas; Lojus, monachus; Aremburgis, comitissa ; Agnes de Gurtia ; Albericus de Miletia ; Heulignannus de Parrinniacho ; Gauffredus, filius Warini ; Willelmus, frater ejus ; Wido, camerarius.

Haec eadem, non longo tempore post, veniens Andegavum, ab abbate Johanne suscepta est honorifice et monachis; et, sequenti die, in capitulum ingrediens suscepit et ipsa commune beneficium totius congregationis, concedens et confirmans ipsis quicquid mater sua, de cujus erat haereditate, et Vitrici pater suus Goffridus dederant eis, et quicquid etiam erat eis datum de fevo suo.

Huic concessioni interfuerunt Herbertus Paganus, Herbertus Quarrellus; quod et ipsi acceperunt beneficium.

VIII. — Vers 1125. — ACTE PAR LEQUEL FOULQUES RIBOUL ET BÉATRICE, SON ÉPOUSE, CONFIRMENT A L'ABBAYE SAINT-NICOLAS LE DON FAIT PAR EUX DE L'ÉGLISE D'ASSÉ. (C. 6, p. 301.)

In nomine sanctae et individuae Trinitatis.

Fulco ego Ribola et uxor mea, Beatrix, concedimus et confirmamus ex integro Beato Nicholao et monachis ejus ecclesiam de

Asceio cum offerendis, primitiis et decimis et omnibus ad eam
pertinentibus, ita ut in eorum potestate etiam sit sacerdotes
mittere et removere quos voluerint et quando voluerint. Reddi-
mus etiam et concedimus terrulam illam, quam Richardus et
Sizilla, uxor ejus, astulerant monachis, in qua duo aedificati sunt
bordelli, ipsis calumpniantibus monachis.

Et, ut brevi sermone multa comprehendantur, concedimus et
confirmamus dona omnia quaecumque fecit eis et concessit Willelmus de Asceio, ita quidem sicut eorum narrat et testatur
carta.

Donamus etiam et concedimus ex parte nostra furnilis et
molendini nostri decimam, ita ut molendinarius et furnarius, sub
fide sua, fideliter eam monachis reddant, et decimam medietariae
quam habemus Albiniaci.

Donamus etiam porcis monachorum de Asceio pastum quod
vulgo dicitur pasnagium in omnibus silvis nostris, tam in fevo
Asceii quam in fevo patris mei Huberti.

Et hoc sancte crucis signo propria confirmamus manu facto †
etiam inde dono super altare Sancti Nicholai cum libro vitae
ejusdem Beati Nicholai.

Damus etiam et concedimus vinagium quod habemus in vinca
Fulcoli : ita quidem si eam monachi habuerint Odonis sacerdotis
fevum et quotquot homines habuerint in Asceio solutos et quietos
a talliatis et omnibus aliis consuetudinibus, quod vulgo dicitur
cosdumis, facimus sicut eorum testatur carta et confirmat dominum Willelmum, uxoris meac patrem, fecisse.

Quicumque huic obviaverit dono . . .

Signum † Fulconis. Signum † Huberti, filii ejus. Signum †
Beatricis.

Testes sunt qui hoc viderunt : Goffridus Ribola ; Blanchardus
de Braetel ; Buchardus, nepos domini ; Radulfus ; Matheus Penlo ;
Hubertus Penlo ; Goffridus Bruno ; Garnerius, prior ; Hamelinus,
monachus ; Robertus, clericus.

IX. — 1125, v. s., 29 janvier, Chérisay. — NOTICE DE LA CONFIR-
    MATION AUX MAINS DE L'ABBÉ JEAN, DE LA FONDATION DU

PRIEURÉ DE GENNES [1], DE L'ABBAYE SAINT-NICOLAS, FONDÉ
DU TEMPS DE L'ABBÉ LAMBERT (1096-1118). CONFIRMATION RÉPÉ-
TÉE A NOUVEAU LE 28 FÉVRIER, EN PLEIN CHAPITRE DE SAINT-
NICOLAS. (C. 3, p. 295.)

Notum sit omnibus ... quod Richardus de Montinniaco, filius
Herberti, donavit Deo et sancto Nicholao et abbati Lamberto,
atque Framengerius, de cujus fevo erat, illam mansionem quam
domnus Durandus supradictus aedificaverat in terra quadam quae
Gonan nuncupatur et quodcumque ibi ipse possidebat: domum
videlicet et capellam et terram ad unam carrucam, ad duas
sationes, et unum molendinum et totum omnino habere suum.

Hoc etiam concessit Sicilia, uxor Richardi, et Philippus, filius
ejus, et fecerunt ex hoc donum domno Lamberto, abbati, cum
crocia ipsius.

Hoc totum factum est apud Asciacum.

Hujus rei testes sunt: abbas Lambertus; Droco, monachus;
Thomas, monachus : Rannullus, monachus ; Robertus, presbiter
de Charisiaco; Garinus, presbiter de Asciaco; Odo, presbiter;
Hugo, miles, de Malo Placito ; Normannus ; Joscelinus de Vado.

Et de famulis monachorum : Michael, Mannus, Pischardus,
Leonius et alii quam plurimi.

Ante altare sancti Petri apud Asciacum actum est hoc.

Abbas autem Lambertus dedit Richardo et uxori ejus et avunculo ejus quatuor libras denariorum, pro hac concessione.

Post mortem autem Willelmi, Herbertus, frater ipsius, heredi-
tatem fratris defuncti jure suscepit, qui sibi debitum honorem
adeptus nobis, monachis Sancti Nicholai, dixit quod elemosinam
fratrum suorum, Hugonis scilicet et supradicti Willelmi num-
quam concesserat : quapropter Johannes, abbas, Charisiacum
adiit et eumdem Herbertum ac Girardum Revellum, generum
suum, ut elemosinam concederent requisivit, qui libenter quae
abbas requirebat concesserunt, et eumdem abbatem, cum brevia-
rio monasterii Sancti Dionisii, revestierunt, atque, propter firmio-
rem authoritatem, eumdem librum super altare posuerunt, abba-
tique pacis osculum, inde dederunt.

(1) Gennes, canton de Bierné, dans la Mayenne.

Factum est autem hoc in domo monachorum, quarto kalendas
februarii, sexta videlicet feria, videntibus his : abbate Johanne[1],
Mauricio de Doe, monacho; Goffrido de Chimilliaco, monacho;
Roberto Malo Clerico, monacho ; Roberto, presbitero ejusdem
ecclesiae ; Rainaldo Cosin, Chalopino, Willelmo Anglico, Raginaldo molendinario, famulis ; ex eorum vero parte : ipso Herberto
de Choardum, Girardo Revello, fratre suo, qui pacem et concor-
diam istam, prout potuit, quaesivit ; Durando, presbitero, et aliis
pluribus.

In crastino siquidem abbas et supradicti monachi, qui cum eo
erant, ierunt ad Cohardum et uxores eorum requisierunt, ut,
quae viri earum, et ipsae concederent, quae concesserunt.

Mox vero beneficium ecclesiae nostrae, domno Johanne,
abbate, eas inde revestiente, susceperunt ; et abbatem, cum
eadem crocia cum qua beneficium acceperant, ex hoc revestierunt.

Istis testibus : Herberto supradicto, Aia, uxore sua ; Girardo
Revello, Alexandria, uxore sua ; Goffrido Revello, fratre Girardi ;
Goffrido, nepote, Garnerio, milite Girardi ; Durando, presbitero
Esquamone[2] ; Roberto, presbitero de Charisiaco ; Guarino Galoe,
Guillelmo Ragot, Guillelmo Salnerio, Raginaldo Bigot, Rainaldo
Ragot, Rainaldo molendinario, Richardo Chaldeo, Guillelmo
Peregrino aliisque pluribus.

De hac autem authorizatione, suprascripti Herbertus et Robertus, filius ejus, Girardus Revellus et Goffridus Revellus venerunt
in capitulum Sancti Nicholai, dominica prima quadragesimae, et
concessionem quam de ecclesia Sancti Dionisii de Charisiaco et
de Cohardum et de Flae et de omnibus rebus nostris superius
fecerant, in eodem capitulo, domno Johanni, abbati, et omni
conventui iterum fecerunt ac donum super altare, cum textu
evangeliorum, posuerunt. Omnes denique res obedientiae contra
cunctos mortales homines, in quantum possent ac si eorum pro-
priae res essent, se deinceps custodire, manutenere ac defendere

____

(1) L'année 1125 du vieux style, est pendant la période où Jean I fut abbé
de Saint-Nicolas, la seule où le 29 janvier soit tombé un vendredi.

(2) Ecommoy (Sarthe).

promiserunt, et maxime homines qui in terra nostra hospitati sunt seu hospitaturi sunt, ab omni cosduma omnique querela, sine ullo retinaculo, solutos clamaverunt et quittos.

Promiserunt se etiam, ibidem in capitulo, ecclesiam Sancti Dionisii de Charisiaco contra canonicos Sancti Juliani Cenomannis defensare, ita videlicet ut quinque solidi census annuatim redderentur canonicis.

Ut autem haec carta firmior semper et haberetur et teneretur, coram abbate et omni capitulo et pluribus qui tunc praesentes aderant, manibus propriis in eadem singuli singulas fecere cruces.

Istis testibus : Lupello, milite Felle ; Johanne, milite, monacho ; Ruellono, milite de Ver ; Radulfo famulo, filio Rainardi ; Willeimo, famulo, de Balgiaco ; Blanchardo, famulo ; Pipino, famulo ; Pictavino, infirmario ; Aunone, famulo ; Lamberto, famulo ; Fulcherio, famulo ; et multis aliis ; Sicilia, uxor Richardi, et Philippus, filius ejus.

Signum † Herberti de Coharduu ; Signum † Girardi Revelli ; Signum † Roberti, filii Herberti.

X. — 1126-1136. — ACTE PAR LEQUEL GUY DE PLOERMEL, EN RAPPELANT COMMENT AUTREFOIS HILDEBERT AVAIT CONCÉDÉ AUX MOINES DE SAINT-NICOLAS L'ÉGLISE D'ASSÉ, LEUR ATTRIBUE A SON TOUR LES ÉGLISES DE CHÉRISAY, DE PARNÉ ET DE MONT-SAINT-JEAN. (B. 97, p. 257.)

Ego, Guido, humilis Cenomannorum episcopus, universis . . . Notum fieri volo, quia, dum primum . . . sanctae Cenomannensis ecclesiae regimen suscepissem et veterum ejusdem, ecclesiae scriptorum monimenta revolverem, inter alia multa repperi quod ecclesia de Asciaco et ecclesia de Carisiaco de jure et dominio ecclesiae nostrae olim subtractae et a secularibus hominibus per longa tempora possessae sunt ; et quidem, de ecclesia de Asciaco, comperi quod dominus Ildebertus, antecessor noster, monachis monasterii Sancti Nicholai Andegavensis, Lamberto abbate ejusdem monasterii praesidente, concessit atque de eadem ecclesia censum quinque solidorum Cenomannensis monetae communi capitulo canonicorum nostrorum quot annis persolvi statuit, in festivitate videlicet sanctorum Gervasii et Prothasii, quae apud nos in adventu Domini celebratur[1] : quae res et longa temporis possessione et tantorum virorum, tam clericorum quam laicorum testimonio confirmata est, ut de reliquo cujusque testificatione non egeat ; ecclesiam autem de Carisiaco, cum laici, qui eam de ecclesiae nostrae beneficio tenebant atque inde canonicis nostris specialiter quinque solidos per annos singulos reddebant, praefatis monachis Sancti Nicholai donare voluissent, calumpniati sunt eam canonici nostri, nolentes beneficium suum in alterius ecclesiae possessionem transferri.

Propter quod frater noster Johannes, ejusdem monasterii abbas, nostram praesentiam cum quibusdam monachis ejusdem monasterii adiit, humiliter nos et canonicos nostros pariter exorans, quatenus eamdem ecclesiam Beato Nicholao et monachis ibidem servientibus ac servituris concederemus, eo videlicet pacto ut ipsi, per annos singulos, de eadem ecclesia quinque solidos Cenomannensis monetae communi capitulo ecclesiae nostrae redderent, in praefata videlicet festivitate sancti Gervasii, et calumpniam quam ipsi faciebant de parrochia ecclesiae Novi Burgi, quae ad dominium canonicorum nostrorum pertinet, omnino quietam dimitterent sine aliqua in posterum reclamatione.

Nos ergo, praefati abbatis, viri sapientis ac religiosi et monachorum ejus preces nequaquam contempnendas esse judicantes, ipsam ecclesiam videlicet de Carisiaco eis, sub praefixa conditione, concessimus, assensu totius capituli nostri ; ecclesiam quoque de Parraniaco et ecclesiam de Monte Sancti Johannis eis

(1) Giry, *Manuel de Diplomatique*, signale cette fête des saints Gervais et Protais, célébrée au Mans le 13 décembre. Elle avait été instituée pour rappeler la dédicace de la cathédrale à ces saints martyrs, par l'évêque saint Innocent au VIe siècle. « Idus decembris. Cenomannis civitate, addicio ad » titulum matris ecclesie in commemoratione sanctorum martirum Gervasii » et Prothasii ». (Bibl. du Mans. Ms. 244, *Martyrologe du XIIIe siècle*, fol. 200. *Actus pontificum*. (Édit. B.-L., p. 55.) Le missel manceau du XIIe siècle, de la bibliothèque de M. Ch. de Montesson, l'indique ainsi : « Idus (sic) decem- » bris. Translatio sanctorum martyrum Gervasii et Prothasii et passio sanc- » tae Luciae virginis ». (Cf. A. Ledru, *Un missel manceau du XIIe siècle*, p. 9. Voir *Liber albus*, n° CCCCXCII).

pariter concedimus, — societatem et amicitiam quam tempore Lamberti abbatis cum capitulo nostro pepigerant recolentes, eamque jure perpetuo retinere volentes, — ut videlicet in unius cujusque nostrum obitu absolutio fiat, officium et missa cantetur, idemque officium a nobis pro ipsorum monachis, quando nobis nuntiatum fuerit compleatur. Et, si etiam opus fuerit, monasterium Sancti Nicholai nobis refugium sit contra omnes adversarios nostros, excepto episcopo nostro.

Et ne convenientia ista ... possit ... corrumpi, ego, Guido episcopus, praesentem conscriptionem inde fieri et sigilli mei authoritate roborari praecepi.

Nomina eorum, quorum consilio et costipulatione ista facta sunt, praecipiens subnotari : Hugo decanus ; Ansgerius cantor ; Hugo archidiaconus ; Guillelmus archidiaconus ; Gradulfus archidiaconus ; Martinus scolasticus ; Guillelmus archipresbyter ; Paganus archipresbyter ; Hamelinus archipresbyter ; Ivo capellanus ; Guido, Gaufridus, Guillelmus, Johannes, sacerdotes ; Petrus de Lavarzino ; Guillelmus de Belismo ; Garnerius, praepositus ; Guillelmus, nepos archiepiscopi ; Philippus Albericus ; Sevinus ; Mathaeus Berardi et caeteri omnes.

XI. — Vers 1150. — ACCORD ÉTABLI DEVANT HUBERT RIBOUL, SEIGNEUR D'ASSÉ, ENTRE LE PRIEUR D'ASSÉ ET GUILLAUME DE CHANTEMERLE, AU SUJET DE LA DIME DES VIGNES DE LA PASTIÈRE. (B. 87, p. 235.)

Sciant omnes ... quod contentio quae habita est inter Guillelmum, priorem de Accio, et Guillelmum de Chantemerle et patrem ejus, Odonem, videlicet de quadam decima vinearum quae sunt ad Pasteriam, coram domino Huberto Ribola perpetuo fine terminatur, ita tamen quod praefatus Guillelmus de Chantemerle a monachis Sancti Nicholai eamdem decimam debet tenere, et ipsi monachi illi habent garantizare.

Ad recognitionem autem decimae de monachis tenendae, dedit eis praefatus Guillelmus de Chantemerle quoddam viridarium quod est in clauso monachorum, quietum ab omni servitio, — quod ipse Guillelmus et haeredes sui habent monachis garantizare, — insuper et unam summam vini annuatim in eadem decima.

Hujus pacis tenendae testes et plegii sunt, ex utraque parte : dominus Hubertus Ribola, in cujus curia celebrata est hujuscemodi pax, Guillelmus de Acceio, Guillelmus de Montigneio, Johannes de Radereio, de cujus elemosina tenent monachi ipsam decimam, Patricius de Montigneio, Guischardus de Poceio, Philippus de Radereio, Odo de Vignoles, Hugo de Verneia, Odo de Chantemerle, Paganus de Cruum, Guillelmus de Corletres.

Et, de monachis quos ad hanc causam conventus Sancti Nicholai miserat, Guillelmus de Spaldingis, tunc temporis prior praefatae domus, Herbertus, prior de Poceio, Petrus, prior de Chiriseio, et alii multi. (*Et sigillatum duobus sigillis.*)

XII. — Vers 1175, Fresnay. — NOTICE DU DON DE LA MOITIÉ DES DIMES DU TRONCHET FAIT A SAINT-NICOLAS. (B. 88, p. 236.)

Drogo Revellis donavit Deo et Sancto Nicholao medietatem partis suae de ecclesia de Trunchet et de decima et de sepultura et de omnibus quae ad ecclesiam pertinent, et de hoc fecit donum apud Freernaium, in domo Alberti Fulcradi, in manu Donati monachi, concedentibus omnibus filiis suis, Willelmo Revel, Goffrido, Matthia, Hugone et aliis omnibus cum matre et sororibus.

Unde sunt testes : Rainerius, monachus Sancti Petri Culturae, Warinus de Asceio, presbiter, Herbertus de Verneia, presbiter, Christianus Goferius, diaconus, Rainerius grammaticus, Willelmus de Jupillis et multi alii.

Ob quam rem missus est in martilogio et fit ejus anniversarium Andegavis et apud Asceium ; et monachi cantaverunt ei mille missas.

XIII. — 1206. — ACTE DANS LEQUEL L'ÉVÊQUE DU MANS, HAMELIN, RELATE L'ACCORD ÉTABLI ENTRE LE PRIEUR ET LE CURÉ D'ASSÉ, D'UNE PART, ET LE PRIEUR DE LA VAUGONDIÈRE, DE L'AUTRE,

AU SUJET DES DIMES DES NOVALES, LESQUELLES ILS PRENDRONT DÉSORMAIS CHACUN PAR MOITIÉ[1]. (B. 80, p. 225.)

Universis Christi fidelibus praesentem paginam inspecturis, Hamelinus, divina permissione Cenomanensis ecclesiae minister indignus, salutem in Domino.

Cum contentio verteretur inter priorem et personam de Aceio, ex una parte, et priorem de Valgonderia, ex altera, super decimis novalium quae sita sunt in parochia de Aceio, de feodo Gatel, tandem, post multas altercationes, de consilio bonorum virorum, inter ipsos fuit compositum in hunc modum, quod dictus prior de Valgonderia medietatem haberet in decimis dictorum novalium, super quibus contentio vertebatur, et nihilominus innovandorum, si quod in dicto feodo futuris temporibus contingeret innovari, altera medietate supradictis priori et personae de Aceio quiete et libere remanente.

Quod ut ratum . . .

Datum anno gratiae millesimo ducentesimo sexto (*et sigillatum*).

XIV. — 1220. — LETTRE PAR LAQUELLE L'ÉVÊQUE DU MANS, MAURICE, DÉCLARE AVOIR INVESTI LE PRIEURÉ D'ASSÉ DE CERTAINES DIMES. (B. 77, p. 222.)

Omnibus . . ., Mauricius, divina permissione Cenomanensis ecclesiae minister indignus, salutem in Domino.

Noveritis quod Bernardus Dalidum, in nostra praesentia consti-

(1) Dans le manuscrit reproduit ici, cette pièce présente cette anomalie que, datée de 1206, elle émane d'un évêque ayant occupé le siége de saint Julien de 1216 à 1236 ; elle est cependant authentique, car tandis que les moines de Saint-Nicolas la classaient parmi les chartes d'Assé, ceux de Marmoutier lui donnaient place au nombre de celle de la Vaugondière, où M. l'abbé Denis l'a prise, pour la donner à la page 209 de son *Cartulaire de Vivoin*, avec la date de 1206 et une simple initiale, au lieu du nom de l'évêque. En 1206, l'évêque du Mans se nommait Hamelin et sans doute le scribe qui a écrit la charte a donné à l'initiale de son nom une forme assez défectueuse, pour tromper les copistes des deux abbayes ; aussi, conservant à l'acte la date de 1206, qui ne semble pas devoir être modifiée, on remplace le M du *Cartulaire de Vivoin*, et le Mauricius du scribe du Geneteil, par Hamelinus, qui rétablit l'harmonie entre les divers synchronismes de la pièce.

tutus, dedit et concessit abbatiae Beati Nicholai Andegavensis
et domui de Aceio Le Ribole quicquid juris habebat, si quod
habebat, in decima defuncti Guillelmi Guitun, in parochia de
Aceio Le Ribole et in feodo Fulconis de Ralerai, militis, sita; et se
desessivit in manu nostra de eadem, et nos supplicando rogavit
quod nos de eodem jure monachos supradictae abbatiae sessire-
mus ; et nos, ad ipsius Bernardi instantiam, supradictos monachos de jure quod habebat in ea investivimus, si quod habebat,
in decima memorata ;

In cujus rei testimonium . . .

Actum anno gratiae millesimo ducentesimo vigesimo (*et sigillatum*).

XV. — 1225. — ACCORD ÉTABLI ENTRE LE PRIEURÉ D'ASSÉ ET
FOULQUES RIBOUL, REPRÉSENTÉ PAR PAYEN DE CHAOURCES, SON
TUTEUR, AU SUJET DE LA DIME DES VIGNES DE POSSÉ. (B. 103,
p. 266.)

Universis . . . abbas et conventus Beati Nicholai Andegavensis,
salutem in Domino.

Noverit universitas vestra quod super contentione quae vertebatur inter nos et priorem de Aceio Le Ribole, ex una parte, et
Fulconem Ribole, ex altera, super decimis vinearum de Poceio,
a nois de Bellaquercu et a nois de Grasseto, ex una parte, usque
ad aquam de Segria et de celle de Fresneio, facta est compositio
in hunc modum, inter nos et priorem de Aceio et praefatum
Fulconem, cum assensu et voluntate nobilis viri Pagani de
Chaorciis, tutoris dicti Fulconis, quae duae partes dictarum decimarum remanent dicto Fulconi in perpetuum ; ita quod nos vel
prior de Aceio, in dictis duabus partibus dictarum decimarum,
nihil poterimus de caetero reclamare. Praeterea totae decimae,
super quibus compositum est, per servientem dicti Fulconis
colligentur, qui fidem dabit priori de Aceio de decimis illius fideliter observandis ; et etiam debent poni decimae praenotatae in
uno loco vel pluribus, de consensu prioris et Fulconis superius
nominati ; et erunt partitae, de consensu eorumdem. Et si vinae
plantatae in terris superius nominatis ad terram arabilem forte

devenerint, totae decimae illarum remanebunt prioratui supradicto. Et si in terra arabili fuerint plantatae vinae, dicto Fulco duas partes percipiet in decimis, et prioratus tertiam, ut superius est notatum.

Caeterum, dictus Fulco, de consensu domini Pagani de Chaorciis et de consilio amicorum suorum, dedit et concessit prioratui de Aceio, ut prior de Aceio et capitulum Beati Nicholai Andegavensis perpetuo supersederet quaestioni praedictarum decimarum, et pro quibusdam injuriis, per dictum Fulchonem dicto priori illatis, cappellaniam suam de Aceio cum pertinentiis suis, cum decimis de Albigneio, vini et bladi, et primitiis et decimis de oschis quae sunt juxta Aceium, et primitiis de hortis de Aceio, et de herbergamento dicti Fulchonis de Aceyo, et decima quam capellanus percipiebat in Rasereio, et decimis quas habebat apud Jarrieium, et decimis quas habebat prope vadum de Aceyo, et cellario cum petrino et platea quae est ante, et horto qui est post petrinum, in villa de Aceyo, et horto qui est prope furnum de Aceyo, et osereia, et dimidio arpento vineae quod est inter closum monachorum et castrum de Aceio, et vinea quae appellatur vinea de Aurelianensi, et prato de Malquarthier, et quarta parte prati, quia dominus de Cosdreio percipit tres reliquas partes, et oscha terrae prope viam quae ducit ad Poceyum, et cum omnibus oblationibus quae offerentur de domo dicti Fulchonis, et cum illis oblationibus quas dominus vel domina de Aceyo in dicta capella vel etiam in majori ecclesia de Aceyo conferent offerendas, et denariis sacramentorum et bellorum, et omnibus redibitionibus, serviliis et exactionibus liberam et quietam ; ita quod unus monachorum, qui debent esse tres sacerdotes in prioratu de Aceyo, deserviet pro dicta capellania in ecclesia de Aceyo vel in capella, quando dictus Fulcho fecerit eam competentem, in villa de Aceyo vel etiam in castello.

Quod ut ratum . . . Actum anno gratiae millesimo ducentesimo vigesimo quinto.

XVI. — 1225. — ACTE PAR LEQUEL FOULQUES RIBOUL RATIFIE

L'ACCORD ÉTABLI EN SON NOM PAR SON ONCLE ET TUTEUR, PAYEN
DE CHAOURCES. (B. 99, p. 260.)

Universis . . . Officialis Cencmanensis, salutem in Domino.

Noverit universitas vestra Fulconem Riboule, in nostra praesentia constitutum, de consilio amicorum suorum et aliorum
bonorum virorum, ratam et gratam habuisse compositionem
factam inter priorem de Aceio Le Riboule, ex una parte, et nobilem virum Paganum de Chaorces, avunculum et tutorem suum,
ex altera, super injuriis et decimis, quas petebat dictus prior ab
eodem Fulcone, et super illis quae donata fuerant et concessa
per dictum Paganum dicto prioratui, in perpetuum possidenda,
pro emendatione dictarum injuriarum et pro decimis a memorato
priore petitis, sicut in litteris supradicti Pagani et venerabilium
virorum, magistri Johannis, archidiaconi Castri Lidi, Patrici de
Chaorces, viri nobilis, Hugonis de Vernie et Hugonis de Corbon
et Godefredi de Belutière, militum, sigillorum munimine roboratis, continetur.

Praeterea, dictus Fulco fidem spontaneus praestitit corporalem,
quod eamdem compositionem illabatam observabit et faciet
observare. Nos autem, ad petitionem partium, in hujus rei testimonium, praesentes litteras sigillo curiae fecimus communiri.

Actum anno Domini millesimo ducentesimo vigesimo quinto.
(*Et sigillatum.*)

XVII. — 1226, 19 juillet, Préaux. — ACTE PAR LEQUEL L'ÉVÊQUE
DU MANS, MAURICE, RATIFIE L'ASSIGNATION FAITE PAR GEOFFROY,
SÉNÉCHAL DE CHATEAU-GONTIER, DES DEUX SOUS DE RENTE
LÉGUÉS PAR SA MÈRE, AUFRESIA, AU PRIEURÉ DE GENNES [1],
LEQUEL LES PRÉLÈVERA DÉSORMAIS SUR LE CENS A LUI DU PAR
GAUTIER DE L'ÉRABLE. (B. 81, p. 226.)

Mauricius, divina permissione Cenomanensis ecclesiae minister indignus, universis Christi fidelibus . . . salutem in Domino.

Noverit universitas vestra, quod Gaufridus, senescallus Castri

_____

(1) Gennes, canton de Biernó, et non Gesnes, canton de Montsûrs. Voir
Angot *Dictionnaire de la Mayenne*, II, 276.

Gonterii, in nostra praesentia constitutus, assignavit monachis
Sancti Nicolai Andegavensis, apud Gennam manentibus, duos
solidos turonensium perpetui redditus, quos Aufresia, mater sua,
legaverat dictis monachis pro remedio animae suae, super census
quod Gualterius de L'Errable debet ei in festo sancti Egidii
annuatim, tali modo quod dictus Gualterius et haeredes sui tenebuntur annuatim persolvere dictos duos solidos, in festo praedicto, praedictis monachis, sicut coram nobis graavit dictus
Gualterius. Si vero contingerit dictum Gualterium dictos denarios, die praedicta, non reddere, prior de Genna poterit in feodo
capere, pro suis denariis, quae . . . . , post expectationem vin-
ginti quinque dierum, liceret priori vendere vel invadiare.

Quod ut ratum et firmum in posterum habeatur, praesentibus
litteris, ad petitionem utriusque partis, sigillum nostrum proprium
duximus apponendum.

Actum anno gratiae millesimo ducentesimo vigesimo sexto.
Datum die dominica ante festum Beatae Mariae Magdalenae apud
Preaus. (*Et sigillatum.*)

XVIII. — 1226, v. s., avril[1]. — ACTE PAR LEQUEL L'ÉVÊQUE DU
MANS, MAURICE, DÉCLARE AVOIR CONFÉRÉ AU PRIEURÉ D'ASSÉ
LA PROPRIÉTÉ DE CERTAINES DIMES SUR ASSÉ QUI AVAIENT ÉTÉ
RÉSIGNÉES EN SES MAINS. (B. 6 et 73, p. 102 et 218.)

Universis praesentes litteras inspecturis, Mauricius, Dei permissione Cenomanensis ecclesiae minister indignus, salutem in
Domino.

Noverit universitas vestra quod Guillelmus de Morteriis et
Robinus Jamba decimam quam habebant in parochia de Aceio
Ribole, in feodo de Razelaio, resignaverunt in manu nostra, et nos
eamdem decimam prioratui de Accio, karitatis intuitu, duximus
conferendam.

Datum anno Domini millesimo ducentesimo vicesimo sexto,
mense aprili. (*Et sigillatum.*)

(1) On a compté 1226 depuis le 19 avril 1226 jusqu'au 11 avril 1227.

XIX. — 1227. — ACTE PAR LEQUEL L'ÉVÊQUE DU MANS, MAURICE,
RELATE LE SERMENT PAR LEQUEL FOULQUES RIBOUL S'EST
ENGAGÉ A EXÉCUTER L'ACCORD PASSÉ EN SON NOM PAR PAYEN
DE CHAOURCES. (B. 84, p. 231.)

Universis ... Mauricius, divina permissione Cenomanensis
ecclesiae minister indignus, salutem in Domino.

Noveritis quod in nostra praesentia constitutus in jure Fulco
Riboule, corporali praestito juramento, firmavit quod compositionem inter ipsum et priorem de Aceio Le Riboule, factam de
consilio nobilis viri Pagani de Chaorciis et aliorum amicorum
suorum, in scriptis redactam et sigillatam, firmiter observaret,
et quod eidem compositioni nullatenus de caetero contrairet.

In cujus rei testimonium . . . .

Actum anno gratiae millesimo ducentesimo vicesimo septimo.
(*Et sigillatum.*)

XX. — 1229, mai. — ACTE PAR LEQUEL L'ÉVÊQUE DU MANS,
MAURICE, RATIFIE L'ACCORD ÉTABLI ENTRE LE PRIEURÉ D'ASSÉ
ET CEUX QUI, A TITRE DE GAGE, DÉTENAIENT LES BIENS DE FEU
HUBERT RIBOUL. (B. 71, p. 103.)

Universis . . . ., Mauricius, Dei permissione Cenomanensis
ecclesiae minister indignus, salutem in Domino.

Noverint universi quod, cum contentio verteretur coram nobis
inter abbatem et conventum Sancti Nicholai Andegavensis, ratione
prioratus de Aceio Le Ribole, ex una parte, et gagiarios defuncti
Huberti Ribole, ex altera, super decimis vinearum de novo plantatarum in parochia de Aceio Le Ribole, tandem, post multas
altercationes, partes in nos compromiserunt.

Nos vero, testibus receptis et examinatis et auditis, hinc inde
propositis et omnibus rite peractis, habito prudentum consilio,
pronunciavimus in hunc modum : videlicet quod gagiarii supradicti redderent decimas istius anni dictarum vinearum, per judicium nostrae curiae ostensarum, priori de Aceio Le Ribole, —
haeredis tamen in omnibus jure salvo; pro quibus decimis istius
anni debent reddere dicti gagiarii viginti solidos Turonensium

priori de Aceio *Le Ribole*, citra octavas Nativitatis Beati Johannis Baptistae proximo venturas : quod sic fuit inter eos compositum coram nobis.

In cujus rei memoriam . . . . Actum anno Domini millesimo ducentesimo vicesimo nono, mense maio. (*Et sigillatum.*)

XXI. — 1229, 15 octobre. — ACTE PAR LEQUEL L'ÉVÊQUE DU MANS, MAURICE, CONFIRME A L'ABBAYE SAINT-NICOLAS D'ANGERS LA POSSESSION DES PROPRIÉTÉS DE SES SIX PRIEURÉS SITUÉS DANS SON DIOCÈSE. (B. 98, p. 259.)

Universis . . . , Mauricius, Dei permissione, Cenomanensis ecclesiae minister indignus, salutem in Domino.

Noveritis quod nos prioratibus de Aceio Le Riboule, de Pocaio, de Cherise, de Monte Sancti Johannis, de Parrigneio, de Gene, qui prioratus pertinent ad abbatiam Sancti Nicholai Andegavensis, et eidem et abbatiae, omnes decimas quas ipsa abbatia et dicta loca in nostra dioecesi possident, sicuti eas juste, rationabiliter possident, confirmamus.

In cujus rei testimonium . . .

Datum anno Domini millesimo ducentesimo vigesimo nono, die lunae post festum Beati Dionisii. (*Et sigillatum.*)

XXII. — 1230, 22 mai. — ACTE PAR LEQUEL L'ÉVÊQUE DU MANS, MAURICE, CONFÈRE AU PRIEURÉ D'ASSÉ LA POSSESSION D'UNE DIME QUE GAUTIER LE ROY AVAIT REMISE EN SES MAINS. (B. 48, p. 173.)

Universis . . . , Mauricius, Dei permissione Cenomanensis ecclesiae minister indignus, salutem in vero salutari.

Noveritis quod Gualterus Le Roy, clericus, in nostra praesentia constitutus, se de quadam decima, quam habebat in parochia de Aceio Le Ribolle, in manu nostra desessivit, et nos, de voluntate et assensu ipsius, dictam decimam prioratui et presbiteratui de Aceio contulimus et concessimus in perpetuum possidendam ; ita ut prior in ea tantam et talem percipiat portionem quantam in magna decima dictae ecclesiae de Aceio percipere consuevit,

et presbiter eamdem percipiat quam consuevit percipere in
decima memorata.

Datum die mercurii ante Pentecosten, anno Domini millesimo
ducentesimo trigesimo. (*Et sigillatum.*)

XXIII. — 1233, v. s., 31 janvier. — ACCORD ÉTABLI ENTRE LE
PRIEURÉ D'ASSÉ ET LES PROPRIÉTAIRES DE LA PAROISSE AU
SUJET DE LA DIME DES VIGNES. (B. 86, p. 233.)

Noverint universi quod inter abbatem et conventum Beati Nicolai Andegavensis et priorem de Asceio Le Ribole, ex una parte,
et Fulconem Ribole, Johannem de Radereio, Hugonem de Corbun
et Guillelmum de Poteio, Guillelmum Girardi, Guillelmum Karadon, milites, et Hugonem Gohier, Galterium Tuebof et homines
ipsorum et Johannem Piédefer, Patricium Chupel et Guillelmum
Polcin, ex altera, super decima vinearum quam dicti abbas et
conventus et prior ab ipsis petebant, et super dampnis et injuriis
ab eisdem militibus et hominibus suis priori de Asceio illatis,
concordatum fuit et compositum in hunc modum, quod per tres
bonos viros et fide dignos, scilicet duos clericos et unum laicum
fieret diligens inquisitio in parochia de Asceio de sumptibus et
proventibus vinearum et terrarum antequam vineae ibi plancta-
rentur et de dampnis quae prior sustinuit occasione illius conten-
tionis, et idem inquisitores inquisitionem super hiis ab ipsis
factam et in scriptis redactam nobis sub sigillis suis transmitte-
rent, et nos, secundum inquisitionem illam et secundum alia
quae expedire videremus, decerneremus quantam et quotam
decimam supradicti milites et alii priori de Asceio reddere de
caetero tenerentur, de illis scilicet vineis quae a viginti annis et
citra plantatae fuerunt ubi solebat bladum esse et de illis quae
de caetero sive in terris veteribus sive in novalibus planctabun-
tur; vineae vero quae, elapsis viginti annis vel amplius planc-
tatae fuerunt et illae quae citra viginti annos in novalibus planc-
tatae fuerunt ad antiquam consuetudinem remanebunt. Item,
secundum inquisitionem praedictam, similiter et secundum alia
quae circa hoc fuerint consideranda, decernemus quantam satis-
factionem facere debeant priori pro dampnis suis; injurias vero

ipsi priori illatas aestimabimus in quantum videbimus expedire ;
et super dictis decimis et dampnis et injuriis priori illatis aestimationem nostram tenebuntur partes firmiter observare et ordinationem hujusmodi et aestimationem a nobis super hiis faciendam se observaturos et procurare ab aliis observari juraverunt,
scilicet Fulco Ribole, miles, pro se et praeposito de Asceio et
aliis hominibus suis, Johannes de Radereio, Guillelmus Karadon,
milites, Hugo Gohier et Galterius Tuebos pro se et hominibus
suis, Hugo de Corbun, miles, pro Guillelmo de Poteio, milite, et
pro Guillelmo Girardi et hominibus ipsorum, Johannes Piédefer,
Patricius Chupel et Guillelmus Polein pro se ipsis. Et ad inquisitionem supra dictam faciendam clerici fuerunt, de communi
assensu partium, et magister Raginaldus de Vitreio, archidiaconus de Passeio, et Nicolaus, presbyter ecclesiae de Flae, et
Herbertus de Pezé, miles.

Actum, de assensu partium, coram nobis, die martis ante Puri-
ficationem Beatae Mariae, anno Domini millesimo ducentesimo
trigesimo tertio. (*Et sigillatum.*)

XXIV. — 1233, v. s., 16 janvier. — ACTE DANS LEQUEL ON RELATE
LA PRESTATION DE SERMENT RELATIVE A L'ACCORD ÉTABLI AU
SUJET DE LA DIME DES VIGNES DANS LA PAROISSE D'ASSÉ. (B. 78,
p. 223.)

Die lunae post festum beati Hilarii, constituti coram nobis
personaliter vir Fulco Ribole, Johannes de Raderay, miles, juraverunt pro se et hominibus suis ; et Hugo de Corbon, miles,
juravit pro Guillelmo de Poteio, milite, et Guillelmo Girardi et
eorum hominibus ; et Guillelmus Caradon pro se et hominibus suis ; et Hugo Guohier et Gualterius Tuebef juraverunt
pro se et hominibus suis ; et Johannes Piedefer, Patricius Chupel
pro se juraverunt quod ipsi stabunt et fideliter observabunt compositionem praelocutam per venerabilem patrem Cenomanensem
episcopum inter dictas personas et earum homines, ex una parte,
et priorem de Aceio le Ribole, ex altera, sicut venerabilis pater
Cenomanensis episcopus recolliget et renarrabit ; et nos assigna-
vimus dictis partibus terminum ad diem martis post festum

beatissimi Juliani, coram domino episcopo Cenomanensi, ad audiendam recordationem dictae compositionis et ad parcendum super praemissis quantum dictus episcopus viderit expedire.

Datum anno gratiae millesimo ducentesimo trigesimo tertio, die lunae supradicta. (*Et sigillatum.*)

XXV. — **1234, v. s., 13 mars.** — ACTE PAR LEQUEL L'ABBÉ DE SAINT-NICOLAS D'ANGERS RATIFIE L'ACCORD ÉTABLI ENTRE LE PRIEURÉ D'ASSÉ ET LES PROPRIÉTAIRES DE LA PAROISSE AU SUJET DE LA DIME DES VIGNES. (B. 9, p. 106.)

Universis Christi fidelibus . . . , Raginaldus, divina permissione humilis abbas Beati Nicholai Andegavensis totusque ejusdem loci conventus salutem in Domino.

Noverint universi quod nos ratam habemus et firmam compositionem factam super decimis vinearum de parrochia de Acé le Ribole, inter fratrem Andream, celerarium nostrum, procuratorem nostrum, constitutum nomine prioratus de Acé le Ribole, et dominum de Acé le Ribole et omnes parrochianos de Acé le Ribole et omnes qui vineas habent in parochia de Acé le Ribole cum quibus agebatur, ut litteris domini episcopi Cenomanensis continetur : scilicet quod prior de Acé le Ribole, qui pro tempore fuerit de caetero in perpetuum, tam de veteribus vineis quam de jam plantatis et plantandis, vicesimam partem racemorum annuatim, pro decima, percipiet de omnibus vineis de parochia de Acé le Ribole in prioris decimaria constitutis et sitis. Jurabunt et omnes qui vineas habent vel habebunt in decimaria prioris praedicti, singulis annis si prior voluerit, quod bona fide, sine fraude, dictam vicesimam partem dicto priori vel ejus nuncio persolvent et etiam mensurabunt, absque aliqua diminutione vel fraude, de omnibus vineis et racemis, legitime computantes ; verumptamen non tenebunt expectare nuncium prioris, nisi eum prope viderint venientem, videlicet a tractu arcus vel propius. Istam autem compositionem ratam et firmam habemus ; et, ne nos nec prior de Acé le Ribole possimus contra dictam compositionem venire, praesentes litteras sigillorum nostrorum munimine dedimus roboratas.

Actum die martis proxima post dominicam qua cantatur Oculi mei anno Domini millesimo ducentesimo trigesimo quarto. (*Et sigillatum.*)

XXVI. — 1234. — ACTE PAR LEQUEL GERVAIS MARTEL FAIT DON AU PRIEURÉ D'ASSÉ DE TOUS SES DROITS SUR LES VIGNES DE SALIBORDE. (B. 94, p. 250.)

Universis . . . , Gervasius Martellus de Vado de Aceio le Ribole, salutem in Domino.

Noveritis quod ego, Gervasius Martellus praefatus, de consensu et voluntate haeredum meorum, dedi et concessi et hoc praesenti scripto confirmavi Deo et abbatiae Sancti Nicholai Andegavis et monachis ibidem Deo servientibus, pro salute animae meae et omnium antecessorum meorum, totum jus illud quod habui in vineis de Saliborde, videlicet tertiam decimae vinearum partem, tenendum et habendum in puram et perpetuam elemosinam, libere, pacifice et quiete, sine ulla reclamatione mei vel haeredum meorum.

Ut autem praesens scriptum ratum sit . . .

Hiis testibus : domino Hugone de Corbon, senescallo de Aceio le Ribole tunc temporis, et domino Guillelmo de Pothai, domino Guillelmo Caradon, Gaufrido Herone, Johanne de Fundeax, Hemerio de Coudrei, Guillelmo Rocelin, Herberto Le Peigne, Patricio Chupel, Ricardo de Coudreio et multis aliis.

Actum fuit hoc coram parrochia de Aceio, anno gratiae millesimo ducentesimo tricesimo quarto. (*Et sigillatum.*)

XXVII. — 1234, 28 avril, Yvré-l'Évêque. — ACCORD ÉTABLI ENTRE LE PRIEURÉ D'ASSÉ ET LES PROPRIÉTAIRES DE LA PAROISSE, AU SUJET DU PAIEMENT DE LA DIME DES VIGNES. (B. 79, p. 223.)

Anno Domini millesimo ducentesimo tricesimo quarto, die veneris in feriatis Paschae, constitutis coram nobis, apud Ebriacum, fratre Andrea, celerario Sancti Nicolai Andegavis, ab abbate et conventu ejusdem loci procuratore constituto, ex una parte, Fulcone Ribole, pro se et hominibus suis, exceptis illis qui tenent

de eo ad fidem, Hugone de Verni pro Johanne de Raderai et
hominibus ipsius, Guillelmo de Pothai pro se et hominibus suis
et pro Guillelmo Girardi et hominibus ejusdem Guillelmi, Hugone
de Corbon pro se, pro Petro de La Belutière, pro Hugone Gohier
et pro Radulfo de Sevile et hominibus eorumdem, Guillelmo
Caradon pro se et hominibus suis, ex altera, — de consensu
praedicti militis et militum praedictorum et praefati procuratoris,
— super decimis quas idem procurator, nomine praefatorum
abbatis et conventus, petebat ab ipsis et hominibus eorumdem,
compositum fuit in hunc modum, quod prior de Aceio le Ribole
qui pro tempore fuerit de caetero in perpetuum, tam de veteribus
vineis quam de novis jam plantatis et plantandis, vicesimam partem racemorum pro decima annuatim percipiet de omnibus
vineis de parochia de Aceio, in prioris decimaria constitutis et
sitis. Jurabunt etiam omnes illi qui vineas habent vel habebunt
in decimaria prioris praedicti, singulis annis si prior voluerit,
quod, bona fide et sine fraude, dictam vicesimam partem dicto
priori vel ejus nuncio persolvent et etiam mensurabunt absque
aliqua diminutione vel fraude de omnibus vineis et racemis legitime computantes. Verum tamen non tenebuntur expectare nuncium prioris, nisi cum prope viderint venientem, videlicet a tractu
arcus vel propius.

De hac autem compositione in perpetuum fideliter observanda
cavit praenominatus Fulco, dominus de Acé, pro se et hominibus
suis superius expressis, sub poena centum librarum Turonensium, praedictis abbati et conventui vel eorum mandato solvendarum, nisi ipse et homines sui compositionem ratam habuerint
superius dictam.

Dominus vero Hugo de Vernie cavit, pro Johanne de Raderai
et hominibus suis, sub poena quinquaginta librarum, pro se et
pro Guillelmo Girardi et hominibus eorumdem ; item, Hugo de
Corbon, sub poena viginti librarum Turonensium ; et Guillelmus Karadan, similiter sub poena viginti librarum Turonensium,
coram nobis, caverunt praedictis abbati et conventui vel mandato
ipsorum solvendarum, nisi illi pro quibus se obligaverunt ratam
et gratam habeant compositionem praedictam.

Nos autem, ad petitionem partium, in hujus rei et compositionis testimonium et munimen, sigilli nostri munimine praesentes litteras fecimus roborari.

XXVIII. — 1234, 28 avril, Yvré-l'Évêque. — ACCORD ÉTABLI ENTRE LE FRÈRE CÉLERIER DE SAINT-NICOLAS D'ANGERS ET FOULQUES RIBOUL COMPARANT AVEC LES DIVERS SEIGNEURS DE LA PAROISSE D'ASSÉ AFIN DE FIXER L'INDEMNITÉ DUE AU PRIEUR. (B. 74, p. 218.)

Anno Domini millesimo ducentesimo tricesimo quarto, die veneris, in feriatis Paschae, constitutis coram nobis [apud] Ebraicum fratre Andrea, celerario Beati Nicholai Andegavensis, ab abbate et conventu monasterii supradicti procuratore constituto, ex una parte, et Fulcone Ribole, domino de Acé, pro se et hominibus suis, exceptis illis qui tenent de eo ad fidem, Hugone de Verine, milite, pro Joanne de Raderai et hominibus ipsius, Guillelmo de Pothai, pro se et pro Guillelmo Girardi et hominibus eorumdem, domino Hugone de Corbon, pro se et pro Petro de La Belutière et Hugone Gohier et pro Radulpho de Sevile et hominibus ipsorum, Guillelmo Baradone, pro se et hominibus suis, ex altera, de consensu ipsius Fulconis et aliorum militum, pro dampnis et injuriis dicti celerarii, quondam prioris de Acé le Ribole, qui in nos, super causa quae vertebatur inter ipsos, coram nobis, compromiserunt, amicabiliter diximus, de voluntate partium, septuaginta libras turonensium praedictis abbati et conventui vel mandato ipsorum, coram officiali Cenomanensi, ab ipsis militibus persolvendas, ad terminos de voluntate ipsorum a nobis eisdem assignatos, videlicet medietatem pecuniae praenotatae in festo Omnium Sanctorum proxime venturo, et aliam medietatem in Natali Domini proximo subsequenti. Ad solutionem autem istam faciendam tenentur supradictus Fulco et alii supradicti per poenam in compositione super decimis inter ipsos facta appositam, praedictis abbati et conventui vel eorum mandato solvendam ab ipsis, secundum quod unusquisque eorum gratavit, nisi ad terminos nominatos, super solutione superius

praenotata, secundum quod praemissum est, abbati et conventui
supradictis vel mandato eorum fuerit satisfactum. (*Et sigillatum*).

XXIX. — 1234, 28 avril, Yvré-l'Évêque. — ACTE PAR LEQUEL
    L'ÉVÊQUE DU MANS, GEOFFROY DE LOUDUN, RELATE L'ENGAGE-
    MENT PRIS PAR FOULQUES RIBOUL ET LES AUTRES PROPRIÉTAIRES
    EN ASSÉ, DE VERSER SOIXANTE-DIX LIVRES AU PRIEURÉ A TITRE
    D'INDEMNITÉ. (B. 10, p. 106.)

Universis . . . Gaufridus, divina permissione Cenomanensis
ecclesiae minister indignus, salutem in Domino.

Noverit universitas vestra quod anno Domini millesimo ducentesimo tricesimo quinto [1], die veneris, in feriatis Paschae, constitutis coram nobis apud Elmaicum fratre Andrea, celerario Beati
Nicholai Andegavensis, ab abbate et conventu monasterii supradicti procuratore constituto, ex una parte, et Fulcone Ribole,
domino de Acé, pro se et hominibus suis, exceptis illis qui
tenent de eo ad fidem, Hugone de Verni, milite, pro Johanne de
Raderai et hominibus ipsius, Willelmo de Pochaio pro se et pro
Willelmo Girardi et hominibus eorumdem, domino Hugone de
Corbon pro se et pro Petro de la Belutière et Hugone Gohier
et pro Radulfo de Sevile et hominibus ipsorum, Willelmo Baradone pro se et hominibus suis, ex altera, — de consensu ipsius
Fulconis et aliorum militum, pro dampnis et injuriis dicti celerarii, quondam prioris de Ace le Ribole, — qui in nos, super
causa quae vertebatur inter ipsos coram nobis, compromiserunt
amicabiliter, — diximus, de voluntate partium, septuaginta libras
Turonensium praedictis abbati et conventui vel mandato ipsorum,
coram officiali Cenomanensi, ab ipsis militibus persolvendas, ad
terminos de voluntate ipsorum a nobis eisdem assignatos : videlicet medietatem pecuniae praenotatae in festo Omnium Sanctorum proximo venturo, et aliam medietatem in Natali Domini
proximo subsequente. Ad solutionem autem istam faciendam
tenentur supradictus Fulquo et alii supradicti, per poenam in
compositione super decimis inter ipsos facta appositam, praedic-

(1) Il faut sans doute lire ici *quarto*, comme dans les deux pièces précédentes.

tis abbati et conventui vel eorum mandato solvendam ab ipsis, secundum quod unusquisque eorum graavit, nisi ad terminos nominatos, super solutione superius praenotata, secundum quod permissum est, abbati et conventui supradictis vel mandato eorum fuerit satisfactum. (*Et sigillatum.*)

XXX. — 1235, 25 avril, Yvré-l'Évêque. — ACTE PAR LEQUEL HUGUES DE CORBON, AU NOM DE FOULQUES RIBOUL ET DES AUTRES SEIGNEURS DE LA PAROISSE D'ASSÉ, S'OBLIGE A VERSER AU PRIEURÉ LES SOIXANTE-DIX LIVRES DUES PAR EUX. (B. 93, p. 249.)

In nostra praesentia constitutus Hugo de Corbon, miles, gratavit se soluturum, in crastino instantis Pentecostes, pro Fulcone le Ribole, domino de Ace le Ribole, et hominibus suis, exceptis illis qui tenent ab eodem Fulcone ad fidem, Johanne de Roderai, Guillelmo de Pothai, Guillelmo Girardi, Petro de la Belutière, Hugone Gohier, de Radulfo de Seville, Guillelmo Karadone et hominibus eorumdem, septuaginta libras Turonensium abbati et conventui Beati Nicholai Andegavensis vel eorum certo nuntio coram officiali nostro apud Cenomanum, nisi dictus abbas, recognoverit se dicto Fulconi Le Ribole decem libras Turonensium de dictis septuaginta libris remisisse, quas si se remisisse recognoverit, praedictus Hugo de Corbon non solvet dictis abbati et conventui vel eorum nuntio nisi sexaginta libras. Si vero non recognoverit, tunc ditus Hugo de Corbon solvet dictas septuaginta libras prout superius est expressum, nec credetur eidem Hugoni de solutioni, nisi super hoc litteras nostras vel officialis nostri habuerit speciales. Si vero non solverit dictam summam pecuniae termino constituto, nos, ex tunc omni exceptione dilatoria cessante ullaque amonitione praemissa, in personam ipsius excommunicationis et in terram ejus interdicti sententias proferemus, et processum erit, salvis expensis, ex parte dictorum abbatis et conventus, factis et faciendis in repetitione pecuniae memoratae.

Actum apud Ebraicum, die mercurii post Misericordia Domi-

ni, anno gratiae millesimo ducentesimo trigesimo quinto. (*Et
sigillatum.*)

XXXI. — 1243, 7 septembre. — ARBITRAGE ENTRE LE CURÉ DE
SÉGRIE ET LE PRIEURÉ D'ASSÉ AU SUJET DES DIMES. (B. 76,
p. 220.)

Universis . . . Johannes, archidiaconus Castriligeri, magister
Lambertus de Bellomonte, canonicus Cenomanensis, salutem in
Domino.

Noveritis quod cum Robertus, persona ecclesiae de Segrea,
peteret in jure coram episcopo Cenomanensi, nomine ecclesiae
suae, a priore de Accio le Ribole decimum, cum fructibus inde
perceptis, quam, ex donatione defuncti Raginaldi Guohors clerici,
idem prior habebat, — super qua donatione idem prior et monachi de Aceio le Ribole habebant voluntatem et ordinationem
bonae memoriae Mauricii, quondam episcopi Cenomanensis, prout
in ejusdem episcopi litteris continetur, — et etiam peteret omnes
decimas quas idem prior percipit, in parochia de Segrea, et fruc-
tus decimarum quos percipit in vineis de novo plantatis in territorio de Lementello, propter compositionem factam inter magis-
trum Raherium, quondam personam de Segrea, ex una parte,
et monachos Beati Nicholai Andegavensis, ex altera ; dicto priore,
e contrario, asserente decimas vinearum, in territorio praedicto,
propter dictam compositionem plantatarum in terra, — de qua
terra decimam bladi ipse et praedecessores sui, ante plantationem
vinearum ibidem plantatarum, percipere solebant, — ad dictum
prioratum pertinere, — et petente eas sibi, nomine dicti prioratus
adjudicari ; tandem partes in jure constitutae coram episcopo
Cenomanensi, scilicet dictus prior habens generalem et liberam
administrationem omnium negotiorum dicti prioratus, de aucto-
ritate abbatis et conventus Beati Nicholai praedicti, prout in
eorum litteris plenius continetur, — ex una parte, — et dictus
Robertus, ex altera, super dictis contentionibus, de consensu
domini episcopi Cenomanensis, in nos, tanquam in arbitros,
compromiserunt, et concesserunt, sub poena viginti librarum
Turonensium, fide praestita corporali, quod quicquid, super

dictis contentionibus, pace vel judicio ordinaremus, inviolabiliter observarent.

Nos vero, de bonorum virorum consilio, ordinamus ut decima, quam dictus prior, ex donatione praedicti clerici, possidebat, presbiterio de Segrea de caetero remaneret ; in decimis vero illis quas priores de Aceio in parochia de Segrea consueverunt percipere inconcusse per tempus a canone diffinitum, hoc est per quadraginta annos et amplius, imposuimus silentium personae supradictae, nisi interruptionem probaverit vel nisi novalia probarentur. Decimas vero vini vinearum noviter plantatarum in praedicto territorio de Lementello, eodem jure, adjudicavimus priori praedicto, quo ipse et antecessores sui consueverunt percipere decimam bladi de terra arabili percepti ante plantationem dictarum vinearum, nisi dicta persona probaverit interruptionem in decima bladi supradicti.

In cujus rei testimonium praesentibus litteris sigilla nostra duximus apponenda. Actum anno gratiae millesimo ducentesimo quadragesimo tertio, in vigilia Nativitatis Beatae Mariae. (*Et sigillatum.*)

XXXII. — 1247, v. s., 27 février, Chérisay. — ACTE PAR LEQUEL EST PROMULGUÉE LA SENTENCE RENDUE DANS LE LITIGE EXISTANT ENTRE LE PRIEUR DE CHÉRISAY ET LE CURÉ DE LA PAROISSE, AU SUJET DU DROIT DE PERCEVOIR LES DIMES DES NOVALES DU LIEU ; L'ÉVÊQUE DU MANS, VOULANT CONFIRMER LA SENTENCE, Y APPOSE SON SCEAU. (B. 38, p. 158.)

Universis ... magister Philippus Romanus, domini Papae capellanus, Cenomanensis canonicus, et magister Herbertus, persona de Fleye, salutem in Domino.

Noverit universitas vestra quod, cum inter priorem de Chariseio, ex una parte, et presbiterum ejusdem loci, ex altera, super decimis novalium ejusdem parochiae, contentio verteretur, tandem, de bonorum consilio, dictus prior, de mandato et voluntate speciali abbatis sui et conventus ad compromittendum et componendum, et dictus presbiter in nos, tanquam arbitros, compromiserunt, praestito ab eis juramento quod fideliter et firmiter observabunt quicquid, super praemissis, pace vel judicio duxerimus ordinandum.

Nos autem, communicato bonorum consilio, vocatis partibus coram nobis et praesentibus, de ipsarum voluntate pariter et assensu, pro bono pacis, super praemissis arbitrando, ordinamus seu ordinando arbitramur quod persona dictae ecclesiae quae pro tempore fuerit percipiat annuatim, in communi decima de Chariseio, in area prioris ejusdem loci, quatuor sexteria bladi ad communem mensuram ejusdem areae : videlicet unum sexterium frumenti, aliud ordei et duo sexteria avenae, — ita quod omnes decimae novalium praedictae parochiae, tam praesentium quam futurarum, ad communem decimam, venient vel portabuntur ad domum dicti prioris, sicut est de veteribus decimis consuetum ; et in illis dicta persona tertiam partem, — perceptis primo ab ea quatuor sexteriis supradictis, — percipiet, sicut antea percipere consuevit.

Et, ut hoc ratum permaneat in futurum, reverendus pater episcopus Cenomanensis, ordinationem istam ratam habens et autoritate diocesanae confirmans eamdem, proprium sigillum cum nostris sigillis praesentibus fecit appendi.

Actum apud Chariseum, anno Domini millesimo ducentesimo quadragesimo septimo, secundo die post festum beati Mathiae apostoli. (*Et sigillatum cum tribus sigillis.*)

XXXIII. — 1302, décembre, Assé. — ACCORD ENTRE GUILLAUME D'AUVOURS ET LE PRIEURÉ D'ASSÉ AU SUJET DES VIGNES APPELÉES LES TERRINES DE RADRAY. (B. 101, p. 262.)

Guillaume d'Auvour, écuyer, reconnaît s'être accordé avec frère Nicolas de Clavières, prieur d'Assé-le-Riboul, au sujet de ce que celui-ci lui réclamait, c'est assavoir quatre sommes de vin de rente chescun an, sus les vingnes qui furent feu Robert Sarazin, lesquelles vignes ledit feu Robert tenoit . . . dou priouré, et sont appellées les Terrines de Raderey, sises en la paroisse de Acé le Ribole, ou fié audit priour . . . . . ; et . . . Guillaume de Auvor avoit requis audit prior à avoir la seisine desdittes vignes,

lesquelles ly estoient descendues par la succession de feu Guillaume de Auvor, oncle audit Guillaume.

Et ledit prior et ledit Guillaume sont venus à acort ensemble,
sus ce que ledit Guillaume devoit mettre en estat bon et convenable dedans la pasque proucheine d'amprès la datte de cest
présent escript, et si ainsi estoit que ils n'y fussent mises dedans
le terme dessus dit, les dittes vignes devoient demorer audit
prior . . . . . ; et voust . . . ledit Guillaume que il en fust jugié
par le jugement de la cort doudit prior . . . et l'en jugea Estienne
de Vengons . . . en la présence . . . de frère Guillaume de Baugé
et de Phelippe Chauvel, escuyer, et de Martin dou Coudrey, et de
Estienvre Le Marié et de plusieurs autres, et fust accordé en
l'église de Acé ; et voust . . . ledit Guillaume de Auvor que ledit
prior en eust les lettres monseigneur de Acé . . . En tesmoing
de laquelle chose, nous avons donné ceste lettre audit prior de
laditte prioré . . .

Ce fust donné au moys de décembre, l'an de graice mil trois
cens et deux. (*Et scellé.*)

XXXIV. — 1302, v. s., 28 février. — ACTE PAR LEQUEL FOULQUES
RIBOUL RECONNAIT TOUS LES DROITS DU NOUVEAU PRIEURÉ
D'ASSÉ, CONSTRUIT A LA ROCHE, POUR REMPLACER L'ANCIEN,
DÉTRUIT PAR LE FEU. (B. 15, p. 115.)

Universis praesentes litteras inspecturis, Fulco Ribole, miles,
dominus de Aceyo, salutem in Domino sempiternam.

Cum nuper, casu fortuito, prioratus existens in villa de Aceyo
le Ribole combustus fuerit et consumptus cum multis bonis
ipsius, et frater Nicholaus de Clavières, nunc prior dicti loci,
cum communi auxilio et de bonorum virorum consilio, construxe-
rit seu aedificaverit quemdam novum prioratum, in clauso monachorum qui Rocha vocitatur, tam propter necessitatem quam
evidentem utilitatem dictorum prioris et prioratus, noveritis
quod nos, videntes dictum prioratum ibidem esse idoneum, uti-
lem et honestum, ob Dei amorem et propter remedium animarum
parentum nostrorum et nostre, ac intuitu pietatis, volumus et
concedimus quod dictus prior et ejus successores dictum priora-

tum, de novo aedificatum, ita francum et liberum teneant et possideant in futurum prout tenebant et possidebant antiquum prioratum ante combustionem praedictam, salvis tamen nobis et nostris haeredibus a dictis priore et prioratu et eorum hominibus redevanciis consuetis ; omnes indulgentias et gratias, tam generales quam speciales, a nobis et praedecessoribus nostris priori et prioratui de Aceyo praedicto concessas, confirmantes et ratas et gratas habentes.

In cujus rei testimonium sigillum nostrum proprium praesentibus litteris duximus apponendum.

Datum die jovis post Invocavit Me, anno Domini millesimo trecentesimo secundo. (*Et sigillatum.*)

XXXV. — 1362, 28 juin. — LETTRES DANS LESQUELLES L'ARCHI-DIACRE D'OUTRE MAINE CONSTATE L'ACHAT PAR LE PRIEURÉ D'ASSÉ D'UNE RENTE ANNUELLE DE DEUX PIPES DE VIN. (B. 105, p. 270.)

Jean le Pannetier, clerc de la paroisse de Saint-James « parochiae Sancti Jacobi » près Angers [1], reconnaît avoir vendu à frère Etienne Richart « Stephano Richart », prieur d'Assé-le-Riboul, deux pipes de vin « duas pipas vini boni, puri, novi et legalis » contenant chacune douze côtcrets « duodecim costeracia », de rente annnelle et perpétuelle, qu'il s'engage, lui et ses hoirs, à lui livrer, à lui et à ses successeurs, tous les ans, à la Saint-Denis. Ladite vente faite pour dix-neuf florins d'or « ad mutationem de cuvo . . . domini Johannis, Regis Francorum moderni ». Au mouton du coin du roi Jean.

. . . Et de praemissis recognovit . . . dictus Johannes . . . se passavisse et tradidisse dicto priori litteras curiae incliti principis domini ducis Andegaviae . . . In cujus rei testimonium . . .

Datum vicesima octava die mensis junii, anno Domini millesimo trecentesimo sexagesimo secundo. (*Et sigillatum.*)

XXXVI. — 1362, 28 juin. — ACTE D'ACHAT PAR LE PRIEUR D'ASSÉ

(1) Saint-Jacques-lès-Angers.

D'UNE RENTE ANNUELLE DE DEUX PIPES DE VIN, PAYÉE DIX-NEUF FLORINS D'OR. (B. 106, p. 275.)

Sachent tous . . . que, en nostre court d'Angers, en droit . . . establi Jehan Lepannetier, clerc paroissien du bourc Saint-James près Angers . . . cognut. . . que il . . . a vendu . . . . à tous jours mès perpétuelment à héritage à . . . frère Estienne Richier, priour . . . d'Ascé le Riboule . . . . deux pippes de vin bon, pur, loyal et nouvel, sans nulle savour de reffus . . . ., contenant chacune pippe douze coustercts à la mesure Angevine . . . . au jour de la Saint-Denis . . . . . pour le pris . . . de dix et neuf florins d'or au mouton du coing du roy Jehan, nostre sire, ...

Et confessa ledit vendour . . . avoir donné et passé audit religioux de cest mesme fait lettres semblables et de la fourme de cestes, de la court honnorable et discret homme l'archidiacre d'Oultre Mayne . . . .

Ce fust donné le vingt huitiesme jour du moys de juign, l'an de graice mil trois cens soixante et deux.

P. G. FOURNAIS. (Et scellé.)

XXXVII. — 1369, 25 avril, Assé. — ACTE PAR LEQUEL FOULQUES *RIBOUL FAIT DON AU PRIEURÉ D'UNE PIÈCE DE TERRE A ASSÉ.* (B. 91, p. 244.)

Foulque Riboule, sire d'Assé, reconnaît que, en échange des « reredouves » de son château d'Assé, qu'il a traites « partie ou domaine de la priouré de Ascé le Riboulle », il baille à l'abbé et au couvent de Saint-Nicolas près Angers « à cause doudit priouré d'Ascé le Riboulle, . . . une pièce de terre . . . . contenant un journel de terre . . . , sis au derrière de l'église de Saint-Pierre d'Ascé, cousteant d'un cousté la terre au seignour de Nefvi et d'autre cousté la terre Doubu, et aboute d'un bout au chemin d'emprès le grant semetère de Ascé, et d'autre bout aux courtils dou presbitère de l'église d'Ascé, en nos flez d'Ascé . . . .

» Ce fut donné à Ascé, au jour de mercredy après la feste saint Georges, en l'an de grâce mil troys cens soixante et noüef. (*Et scellé.*)

XXXVIII. — 1408, 10 mai. — DÉCLARATION FAITE AU SEIGNEUR D'ASSÉ-LE-RIBOUL AU NOM DU PRIEUR D'ASSÉ DES BIENS APPARTENANT AU PRIEURÉ. (B. 107, p. 280.)

Affin d'accomplir la promesse par le prieur d'Ascé le Riboule de vous, mon très hault seigneur, monseigneur ... [*blanc*], dit Meserotes, procureur suffisamment fondé en vostre assise d'Assé pour ledit prieur et prieuré, vous rend et baille par desclaration les *choses immoibles* ... [*blanc*] dudit priouré tient de vous en vostre dit chastel d'Assé :

Premier est le herbergement dudit prieuré d'Assé, avecques la fuye, courtils, jardins, vergers, ... [*blanc*] foussez et bournes, anciennement *contenant icelles chouses journeil et demy de terre* ou environ, compris en ce la meson au devant le ... [*blanc*].

Item. Une pièce de terre, contenant neuf journées de terre ou environ, cousteant d'un cousté vos jardins d'Ascé, aboutant d'un bout à la rivière de Longue Esve.

Item. Une pièce de terre, sise en l'ousche de La Belutière, aboutant d'un bout à l'estre Guillaume Jourdan, cousteant d'un cousté les terres de La Bélutière.

Item. Une autre pièce de terre, appellée Belle ... [*blanc*], contenant deux journaux de terre ou environ, cousteant des deux coustéz vos terres.

Item. Une autre pièce de terre, [contenant] un journeil et demy de terre ou environ, cousteant d'un cousté vos terres, aboutant d'un bout au chemin tendant d'Ascé à la forest d'Ascé.

Item. Une pièce de terre, contenant deux journaux et demy ou environ, cousteant d'un cousté aux terres Guillaume Jourdan, aboutant d'un bout au chemin tendant d'Ascé à la forest d'Ascé.

Item. Une pièce de terre, contenant deux journaux de terre ou environ, cousteant d'un cousté les terres Gillet Letebetel, aboutant d'un bout au chemin tendant de Possay au gué d'Ascé.

Item. Une pièce de terre, contenant unze journaux de terre ou environ, cousteant d'un cousté le chemin tendant de Possay au gué d'Ascé à la forest.

Item. Une pièce de terre, contenant six journaux de terre ou environ, cousteant d'un cousté les terres des Panetières, aboutant d'un bout aux terres Gillet Letebotel.

Item. Une pièce de terre, contenant journeil de terre ou environ, cousteant d'un cousté la terre Jehan Garencières, aboutant d'un bout aux préz dudit Garencières.

Item. Une pièce de terre, contenant journeil et demy de terre ou environ, costeant d'un costé les terres Hemery Guillot, aboutant d'un bout aux terres dudit priouré.

Item. Une pièce de pastis, coutenant journeil et demy de terre ou environ, appellé le Boys Tenu.

Item. Une autre pièce de pastis, contenant demy journeil de terre ou environ, costeant d'un cousté le pré Jehan Garencières, aboutant d'un bout au boys de Mordray, un chemin entre deulx.

Item. Une pièce de pré, appellée Guermont, contenant journée à deux hommes faucheurs de pré ou environ, costeant d'un cousté les prez Pierrot Hercent, aboutant d'un bout au chemin tendant du moulin de Fresne à Ascé.

Item. Une pièce de pré, appellée Pré Long, contenant journée à trois hommes faucheurs de pré ou environ, costeant d'un costé le chemin tendant du moulin de Fresne à Ascé, aboutant d'un bout aux préz Jehan Fouquet.

Item. Une pièce de pré, appellé Maucartier, contenant une journée et demie de pré ou environ, costeant d'un cousté le pré Jehan Le Mercier, aboutant d'un bout à Pré Long.

Item. Une pièce de pré, contenant journée à un homme faucheur ou environ, qui vat aux los courans avecques le seigneur de Couldray, appellé le pré de la Poussetière.

Item. La moitié par indivis d'une pièce de pré, qui est commune entre ledit prieur et le curé d'Ascé, cousteant d'un cousté les préz Guillaume Jourdan, aboutant d'un bout au chemin tendant du moulin du Fresne à Ascé.

Item. Une pièce de pré, appellé le pré Tonnel, contenant journée à trois hommes faucheurs, cousteant d'un cousté les marais Dabu, aboutant d'un bout au chemin tendant du moulin de Fresne à Ascé.

Item. Une pièce de courtil, sis auprès du cimetière d'Ascé,

contenant semeure à deux boessaux de blé ou environ, costeant d'un costé aux terres Guillaume Haugler, et aboute d'un bout à vos terres.

Item. Une plèce de courtil, sise derrière la meson Jehan Le Moulnier, contenant semeure à un boisseau de blé ou environ, cousteant d'un costé le courtil dudit Jehan Le Moulnier, aboutant d'un bout au cimetière d'Ascé.

Item. Une plèce de courtil et un mesonners, contenant un boisseau semeure ou environ, cousteant d'un cousté la terre Jehan Le Moulnier, aboutant d'un bout au cimetière aux Mestaux. Par raison desquelles trois plèces de courtils darrenièrement nommées il vous doibt et est tenu faire la corvée, à souller vos fains de vostre rivière d'Ascé, à avoir cemonce en la commune de vos autres hommes contributifs à faire lesdittes corvées.

Item. Une plèce de vigne, appellée La Rivière, contenant sept quartiers de vigne ou environ, cousteant d'un cousté la vigne Estienne Bignon, aboutant d'un bout aux vignes au feu Ferron.

Item. Une plèce de vigne, contenant trois quartiers ou environ, cousteant d'un costé les vignes au seigneur de Saint-Denis, aboutant d'un bout à la vigne Gillet Mousset.

— Item. S'ensuit la déclaration du feage dudit prieuré :

Premièrement, Gillet Letebetel, homme de foy dudit prieuré, à cause et par raison de son flé de la Collerie et de six journaux de terre qu'il tient en fons de domaine oudit flé, ouquel feage ledit Gillet a un homme de foy : c'est assavoir Hemery Guillot, qui tient de luy un quartier de vigne et un journeil de terre à la foy et hommage et luy en est tenu faire huit de service par chacun an. — Item. Se montent les autres cens et rentes dudit flé audit Letébétel six souls tournois ou environ. Par raison duquel feage, ledit Letébétel est tenu faire par chacun an dix souls tournois de service, lesquels dix souls Guillaume Sorel a accoustumé à paier à sa descharge, par chacun an, à la saint André.

Item. Sur ledit Gillet, quinze deniers de cens par chacun an à la saint André.

Item. Sur Jehan Haugler, du cimetière, dix souls huit deniers par chacun an à la saint Nicolas.

Item. Sur Guillaume Haugler, à la saint Jehan, seize deniers.

Sur Jehan Le Moulnier, seize deniers à laditte feste.

Sur Martin Herson, quatre souls par chacun an à laditte feste.

Item. Sur Jehan Herson, huit souls tournois par chacun an à la Toussaints et à Pasques par moitié.

Item. Sur Pierrot Vengeon, huit deniers par chacun an à la saint Jehan.

— Item. S'ensuit les avenages de rente dudit prieuré :

Premièrement, sur Jehan Le Mercier, huit boisseaux d'avoine par chacun an, à la mesure d'Ascé.

Sur Jehan Poupin, d'Ascé, sept boisseaux.

Sur Jehan Garencières, trois boisseaux.

Sur Robin Jourdan, trois boisseaux.

Sur Jehan Jourdan, alias le Capitaine, trois boisseaux.

Sur les hoirs feu Richart de Cosmes, cinq boisseaux. — Lesquels avenages sont dûs par chacun an audit prieur, à vostre mesure d'Ascé, au terme de l'Angevine.

— Item. S'ensuit les corvées dudit prieuré, que les hommes d'iceluy sont tenus faire par chacun an, à fenner et à vendanger : c'est assavoir chacun un jour au temps des vendanges et un jour au temps de fennaisons.

Premier, sur Pierrot Vengeon une corvée à fenner et à vendanger ; Jean Haugler, une corvée à fenner et une à vendanger ; sur les hers feu Guillaume Haugler, une corvée à fenner et une à vendanger ; Sur Martin Herson, une corvée à fenner et une à vendanger ; sur Jehan Le Moulnier, une corvée à fenner et une à vendanger. Lesquels services, cens, rentes et avaines de rente les hommes dessusdits sont tenus faire par chacun an audit priour pour raison des chouses que ils tiennent de luy ; esquels domaines et feages, ledit priour a ses mesures, dont il se patronne o vous, et ses espaves et sa basse justice, avecques les droits et libertez qui aux chouses dessusdittes appartiennent, leurs circonstances et deppendances.

Item. Appartient audit priour les mansays de vostre assise d'Ascé parmy présentant et faisant présenter ... [*blanc*] pour faire jurer les sermens ainsi que accoustumé a esté ou temps passé.

Par raison desquelles chouses, il vous doibt et est tenu faire
par chacun an un maille de denier ou service au jour de la feste
aux Morts, et à Pasques deux pintes de vin et un pain de doulx
deniers, entre matines et la grant messe, rendu en vostre chastel
d'Ascé, et à Noël, à la Toussains, à chacune desdittes deux festes
doulx pintes de vin et un pain de doulx deniers, rendu en vostre
chastel d'Ascé. Et oultre vous doit, par raison des mansays de
laditte assise, chanter ou faire chanter une messe en l'église
d'Ascé le Riboulle, au jour de vostre assise d'Ascé, toutesfois
que vostre ditte assise en est et siet en vostre ditte ville d'Ascé
le Riboulle et non ailleurs. Et oultre vous doibt droit et obéissance,
comme subjet doibt à sen seigneur.

Et ainsins, je, procureur dessusdit, vous rens et baille par
desclaration, sauf la raison audit priour à vous desclarer lesdittes
choses plus à plain . . . . et o protestation . . . .

Et pour plus grant confirmation . . . Donné le sixiesme jour de
may, l'an mil quatre cens et huit.

MEZERETES.

XXXIX. — 1413, v. s., 3 janvier. — ACTE PAR LEQUEL JEAN LE
HAUT, AYANT REÇU DES MOINES DE SAINT-NICOLAS LA PROPRIÉTÉ
DE DIVERS BIENS, S'ENGAGE A PAYER AU PRIEUR DE POSSÉ UNE
RENTE DE DIX SOUS SIX DENIERS. (B. 102, p. 264.)

. . . En nostre court d'Ascé le Riboule et de Lavardin . . . .
Jehan Le Haust, paroissien de Saint-Marcel [1], ... cognoist et
confesse . . . . que religieux hommes, abbé et couvent de Saint-
Nicholas près Angiers, li ont baillé . . . . à luy et à ses hers . . . :
une pièce de terre en bois, contenant un quartier de terre ou
environ, aboutant d'un bout au bois Fouques de Clinchamp et
d'autre bout au pré Guillot, cousteant des deux coustez les vignes
Jehan Quosson ; item, une pièce de gast, contenant un quartier
de terre ou environ, aboutant d'un bout au pré du prieuré de
Poussay, et d'autre bout au chemin . . . d'Ascé à Segrie, cousteant
d'un cousté les vignes aux Belins, et d'autre cousté le chemin . . .

____

(1) Actuellement Saint-Marceau.

des Gauberdières à Lemont : sises lesdittes choses en la paroisse
d'Ascé, ou flé dou priouré de Poussay ; pour lesquelles choses
ainsi baillées ... ledit preneur sera tenu ... rendre, poier et
continuer au priour dudit priouré de Poussay et à ses successeurs
... dix souls, six deniers tournois, monnoie courant, de rente
perpétuel, franche, ... pour chacun an au jour de la Saint-
Martin d'Yver, ... et droit et obéissance audit priouré, comme
à seigneur de flé ; et ... ne pourra ledit priour ... charger de
plus grand rente lesdittes choses ....

Ce fu donné et jugié à tenir ... par le jugement de nostre court
dessusditte, et scellé ...., le tiers jour du moys de janvier, l'an
de grâce mil quatre cens et treze.

Présens ad ce : Jehan Le Chartier et Jehan Graffin le plus jeune.

. J. Léon.

XL. — 1413, v. s., 3 janvier. — ACTE PAR LEQUEL JEAN LAPAISSE,
D'ASSÉ, AYANT REÇU UNE PIÉCE DE TERRE DU PRIEUR DE POSSÉ,
S'ENGAGE A PAYER A CELUI-CI UNE REDEVANCE ANNUELLE DE
QUATRE SOUS. (B. 85, p. 231.)

Jean Lapaisse, paroissien d'Assé-le-Riboul, reconnaît que
l'abbé et les religieux de Saint-Nicolas près Angers lui ont baillé
« une pièce de gast qui fut anciennement en vigne ... sise en la
dite paroisse d'Ascé, ou flé du priouré de Poussay, cousteant
d'un cousté et aboutant d'un bout au chemin d'aller d'Ascé à
Segrie, et d'autre bout la vigne Guillaume Chrestien, et d'autre
bout la vigne Droüet Quosson ... pour laquelle baillée ... ledit
preneur sera tenu ... poier ... au priour dudit priouré de Poussay et à ses successeurs quatre souls tournois, ... et une poulle
bonne et suffisante ... de rente perpetuel ... par chacun an, au
jour de la saint Martin d'hiver..... Ce fut donné et jugié à
tenir ... par le jugement de nostre conrt dessusditte [d'Ascé-le-
Riboul et de Lavardin] et scellé ... le tiers jour du moys de
jenvier, l'an de grâce mil quatre cens et treize.

Présens ad ce : Jehan de Caboint et Robin Roussel.

POUPART. (Et scellé.)

XLI. — **1430, v. s., 6 avril[1].** — ACTE PAR LEQUEL MICHEL CHAUVIN ET GUILLEMETTE SON ÉPOUSE, AYANT REÇU DU PRIEUR SIMON HAMELIN UNE MAISON SISE A ASSÉ, S'ENGAGENT A PAYER AU PRIEURÉ QUATRE SOUS DEUX DENIERS DE RENTE. (R. 83, p. 228.)

Frère Simon Hamelin, prieur d'Assé-le-Riboul, baille, moyennant une rente annuelle et perpétuelle de quatre sous deux deniers tournois, payable à la saint Jean-Baptiste, à Michel Chauvin et Guillemette, sa femme « ung estre ouquel il souloit avoir une maison ovecques leurs courtils et appartenances d'icelle, sis en ladicte paroisse d'Ascé, ou flé audit prieur, jouste le cimetière d'Ascé . . ., aboutant ledit estre au cimetère d'Ascé et, de l'autre bout, la terre monseigneur d'Ascé, et cousteant d'un cousté la terre Johan Ferré et d'autre cousté le chemin tendant d'Ascé à Montigné; et ovecques ce deux autres courtils . . . aboutant . . . audit cimetière et . . . à la terre Jehan Le Moulnier, et cousteant l'un desdits courtils le chemin tendant d'Ascé à Montigné, et d'autre cousté le courtil monseigneur d'Ascé, et l'autre courtil cousteant d'un cousté le courtil Gratien Hauglier et d'autre l'estre Jehan Le Moulnier . . .

» Ce fut donné et jugé à tenir . . . par le jugement de noustre ditte court [de Beaumont-le-Vicomte] et scellé . . . le sixième jour d'apvril, l'an de grâce mil quatre cens et trente ; présens ad ce, frère Regnault Amonart, messire Roul Rousseau, prestre, et plusieurs autres . . . »

LEHAULT.

XLII. — **1455, 24 juin.** — RAOUL MORAYS ET ROULLETTE, SA FEMME, AYANT ÉTÉ INVESTIS PAR LE PRIEUR D'ASSÉ DE LA PROPRIÉTÉ D'UNE PIÈCE DE TERRE, S'ENGAGENT A PAYER UNE RENTE PERPÉTUELLE DE SEPT SOUS SIX DENIERS. (B. 92, p. 246.)

Le prieur d'Assé-le-Riboul baille à « Roul Morays et Roullette, sa femme, une pièce de gastine, contenant trois quartiers ou

____

(1) L'année 1430, commencée le 16 avril, a pris fin le 1er avril 1431, sans avoir eu de 6 avril.

environ, nommez Orliens, et cousteant d'un costé la ruelle tendant de la rivière d'Assé à l'estre Ambreau Poupart, et aboutant
d'un bout aux vignes nommées le Vergier, et d'autre bout aux
vignes du seignour de Saint-Denis ...., icelle pièce de terre
ainsi à eux baillée perpétuelment et héritaument..., laquelle
baillée est faite pour le prix de sept souls tournois de rente perpétuelle et six deniers tournois de cens par chacun an, au jour
de la feste Saint-Nicollas d'hiver et les dixmes .....

» Ce fust fait et jugié à tenir ... par le jugement de nostre ditte
court, le vingt quatriesme jour de juign, l'an mil quatre cens
cinquante-cinq ; présens : Noël Chauvin, Lucas Girart, Jehan Le
Charpentier et autres.

G. ROCHES. (Et scellé.)

XLIII. — 1483, 24 juin. — TRANSACTION ENTRE LE CURÉ D'ASSÉ
ET LE PRIEUR DE POSSÉ AU SUJET DE LA DIME DES BIENS DU
PRIEURÉ SITUÉS DANS LA PAROISSE D'ASSÉ. (B. 89, p. 237.)

Transaction passée devant l'Official du Mans (au sujet des
dimes à percevoir sur les fiefs et arrière fiefs de (Possay) entre
M° Jean Flote, curé de la paroisse d'Assé le Riboul, d'une part,
et frère Guillaume Baillart, prieur du prieuré de Possé « prioratus
de Possayo, situati infra fines ... dictae parrochiae de Asseyo »)
de l'autre.

Die vicesima quarta mensis junii, anno Domini millesimo
quadringentesimo octuagesimo tertio.

PROVOUST. (Et sigillatum.)

XLIV. — 1483, 5 juillet, Le Mans. — ACTE PAR LEQUEL GUILLAUME
QUERLAVOINE, GRAND VICAIRE DE PHILIPPE DE LUXEMBOURG,
RATIFIE L'ACCORD ÉTABLI ENTRE LE PRIEUR DE POSSÉ ET LE
CURÉ D'ASSÉ LE 24 JUIN 1483. (B. 90, p. 244.)

Universis ... Guillermus Quierlavaine, utriusque juris doctor,
archidiaconus de Lavalle et canonicus in ecclesia Cenomanensi,
vicarius generalis in spiritualibus reverendi in Christo patris et

domini domini Philippi de Lucemburgo ... Cenomanensis episcopi, a suis civitate et villa absentis, ... salutem.

.... Noveritis quod quia, per inquisitionem et informationem
fideliter factas, ... nobis constitit ... appunctuamentum caetera-
que contenta in litteris quibus praesentes nostrae litterae annec-
tunctur, cedere et esse factum ... ad perpetuam utilitatem ...
prioris prioratus de Possayo, situati infra fines ... parochiae de
Asseyo le Riboulle, ... ac rectoris ipsius parrochialis ecclesiae
de Asseyo, de quibus in dictis litteris plenius fit mentio, nostrum
super hoc praeberi assensum decernimus perpetuo valiturum. ...

In cujus rei testimonium ....

Datum et actum Cenomanis, die quinta mensis Julii, anno
Domini millesimo quadringentesimo octuagesimo tertio.

GUERRAUDE. (*Et sigillatum.*)

XLV. — 1506, 19 juillet. — TRANSACTION ENTRE JEAN GASTINEAU
ET LE PRIEUR D'ASSÉ, D'OU RÉSULTE POUR LE PRIEURÉ LA
POSSESSION DU FIEF DE COLLERIE, SAUF A REMETTRE TRENTE
LIVRES A GASTINEAU. (B. 96, p. 251.)

Transaction entre Jean Gastineau, clerc, demeurant en la
paroisse d'Assé-le-Riboul, demandeur, et frère Jean de Charnacé,
prieur d'Assé-le-Riboul, défendeur, au sujet du fief de Colleries.
J. Gastineau l'avait vendu à « frère Guillaume Le Maczon » au
temps où celui-ci était prieur d'Assé. Plus tard, il avait, comme
tuteur d'un de ses enfants, opéré le retrait de ce fief, et il s'en
prétendait seul seigneur, disant que le prieur actuel d'Assé s'en
était emparé sans y avoir nul droit. Celui-ci répondait que le
retrait n'avait été consenti par Guillaume « Le Maczon » que dans
un temps où il n'appartenait plus au prieuré d'Assé.

Les deux parties transigent : le prieur actuel et ses successeurs
resteront seigneurs dudit fief ; mais le prieur s'engage à donner,
dans un délai de trois semaines, trente livres tournois à
J. Gastineau.

« ... dont nous ... les avons jugéz par le jugement ... de
nostre ditte court [de Sillé], le dix neufiesme jour de juillet, l'an
mil cinq cens et six ; présens : messire Jehan Belouer, Jehan
Germain et Geoffroy Champion.

N. PICBART, S. AVRIL, M. GASTINEAU. (*Et scellé.*) »

CARTULAIRE

D'AZÉ ET DU GENÉTEIL

PRIEURÉS DE L'ABBAYE SAINT-NICOLAS D'ANGERS

1080-1637

PUBLIÉ PAR M. DU BROSSAY

Les documents que nous publions et ceux qui composent le Cartulaire d'Assé-le-Riboul, sont extraits du même recueil, et pour indiquer les trois séries de copies nous nous servirons également des lettres A. B. C. ; M. le comte de Broussillon ayant dit tout ce qu'il y avait à dire sur ce manuscrit, nous nous bornerons à donner quelques renseignements sur Azé et sur le Genéteil[1].

L'agglomération d'Azé, voisine d'un gué qui permettait de traverser la Mayenne, est fort ancienne. D'après les *Acta sanctorum*, il y existait au VI° siècle un monastère que visita saint Aubin. Ce monastère n'a pas dû tarder à disparaître, et les chartes qui font l'objet de la présente publication, n'en ont gardé aucun souvenir. La paroisse d'Azé s'étendait et s'étend encore sur la rive gauche de la Mayenne sur une longueur de six kilomètres, abstraction faite des sinuosités de la rivière. Une maison voisine de l'église a conservé son nom de *Prieuré*.

Le Genéteil, d'après la tradition, a tiré son nom d'une antique

(1) Ce mot de Genéteil est à peu près tombé en désuétude. On dit : le faubourg d'Azé, la Chapelle du Collège. Nous avons entendu quelquefois prononcer *Géneteil* ; c'est une faute à notre avis. Quelles que soient les formes qu'il a revêtues, ce nom a toujours présenté le radical *Genest* ; aussi avonsnous adopté l'orthographe *Genéteil*.

4

petite chapelle construite dans un champ de genêts où l'on avait trouvé une statue miraculeuse de la Vierge. Les moines de Saint-Nicolas remplacèrent cette chapelle par un édifice plus considérable qui est, ainsi que les autres bâtiments du prieuré, affecté aujourd'hui au collège universitaire de Château-Gontier. Jusqu'à la Révolution, le *burgus* dont Alard III avait autorisé la construction [1], et qu'on appelait indistinctement faubourg vers Azé ou du Genéteil, a fait partie de la paroisse d'Azé, dont la chapelle du prieuré était une simple succursale sans clergé particulier.

Mais au point de vue administratif, le faubourg était rattaché à Château-Gontier ; pendant quelques années il a nommé un député spécial à l'Hôtel de ville ; les ordonnances de police le visaient aussi bien que le territoire enclos par les remparts, et les notaires qui y demeuraient s'intitulaient notaires royaux à Château-Gontier. Toutefois les affaires qui intéressaient uniquement le faubourg n'étaient pas soumises à l'assemblée générale de la communauté ; elles se traitaient dans les assemblées de « la plus saine et entière partie des habitants du faubourg », tenues devant la principale porte de l'église d'Azé. Nous en avons un exemple dans un acte passé devant Mᵉ Marin Lecorneux, notaire, le 9 juin 1708, contenant une délibération relative à la chapelle du Genéteil. L'autorité diocésaine ayant interdit le service paroissial dans cet édifice à cause de son délabrement, il est décidé qu'on se « pourvoira par les voyes ordinaires de la justice contre le sieur prieur pour le faire condemner à faire faire toutes les réfections et réparations convenables et nécessaires de laditte églize de Notre-Dame du Genetay. »

Aujourd'hui le faubourg, distrait de la commune d'Azé, forme une des paroisses de Château-Gontier, sous le vocable de la Trinité. Les offices paroissiaux se célèbrent dans la chapelle des Ursulines, sans que les religieuses aient cessé de s'en servir pour leurs dévotions particulières.

(1) Voir la charte nᵒ XVII.

I. — 1080-1096. — NOTICE RELATANT LE DON FAIT AUTREFOIS A SAINT-NICOLAS PAR ÉLISABETH, MÈRE DE RENAUD III DE CHATEAU-GONTIER, DE DEUX TERRES, L'UNE PRÈS DE BRESSAC[1], L'AUTRE ENTRE AZÉ ET LE PONT DE CHATEAU-GONTIER, DON RATIFIÉ PAR ELLE DU TEMPS DE L'ABBÉ NATAL. (C. 14, p. 317.)

Donum Helisabet, matris Rainaldi, domini de Castello Gunterii.

Omnibus Sanctae Dei Ecclesiae filiis notum sit quod Elisabeth, mater domini Rainaldi de Castrogunterii, dedit Deo et sancto Nicholao et monachis ejus, quandam terram suam juxta Brachesac et quandam aliam terram quae est inter Azeium et pontem Castrigunterii.

Testibus his : Beringerio priore, Beringerio Tripot, Beringerio Anchoit, Thoma.

Post multum vero temporis, venit in capitulum Sancti Nicholai et confirmavit illud donum coram abbate Natali et omni capitulo et[2] Guarino de Azeio[3].

II. — 1080-1096, Segré. — ACTE PAR LEQUEL RENAUD III DE CHATEAU-GONTIER, APRÈS AVOIR FAIT A SAINT-NICOLAS DIVERS DONS A SEGRÉ, CHATEAUNEUF, LE COUDRAY, CHATEAU-GONTIER, QUELAINES, CONFIRME LA LIBÉRALITÉ DE SA MÈRE ET CONSTATE LE CONSENTEMENT DE SON FILS ALARD. (C. 11, p. 311.)

Donum Rainaldi de Castello Gunterii et concessio Adelardi,
filii ejus ac domini castelli ipsius.

Transit mundus, transit mundi concupiscentia ; quod oritur occidit, quod augetur senescit ; neque hoc felix, neque illud perfectum. Sed, ut brevi relatu quae intenduntur explicem, et qui maximis pollent honoribus, gaudent dignitate, extolluntur potestate, foventur et opibus, veritatis comprobante judicio, propter

(1) Bressac, ancien moulin détruit, et la ferme d'Avrillé sont signalés dans la commune de Mcnil, par M. l'abbé Angot.

(2) Le manuscrit porte *de*, ce qui rend le membre de phrase incompréhensible.

(3) M. l'abbé Angot fait remonter la donation à 1070 (*Dictionnaire historique, topographique et biographique de la Mayenne*, v° Azé). La confirmation ne peut être antérieure à 1080, année de l'élection de Natal.

innumerabiles quibus humanae naturae turbatur conditio casus, miseri sunt potius appellandi quam beati.

Et cum temporalia, diligentius rem perscrutantibus, beatitudinem nec promittunt nec dare videntur, ego, Ruinaldus de Castroguntcrii, humilis peccator in conspectu Dei, considerans neque ab his neque ab homine auxilium expetendum, sed a Domino, multimodo etiam Scripturarum ammonitus pagina elemosinis redimi posse peccata et ex beneficio justis facto magnam retributionem inveniri a Domino,

Ut antecessoribus ac posteris meis, omnibusque in Christo sepultis et mihi indigno peccatori delictorum fiat remissio, fiat et aeternae vitae retributio,

Do ecclesiae Beati Nicholai et monachis ibidem servientibus, in castro Segreii furnile quod est ante domum Guarini Jumelli, et decimam mercati ejusdem castri, et decimam cosdumae vini navium, et unum burgensem, et terram in qua ipse, si Dominus permiserit, aedificabo ecclesiam et burgum monachis ibidem servituris, et aliud furnile in Castro Novo, et ecclesiam Sancti Albini de Papiro, concedente Guiterno, et apud Coriletum [1] duas mediaturas cum bobus et pratis et omnibus his quae ad eas pertinent, et tredecim bordarios in Castroguntcrii.

Do illis burgensem Girardum Cignum et arpennum vineae optimum in meo clauso, Colonis unam masuram terrae.

Concedo etiam illis quandam terram in Apriliaco quae est prope Brachesac et terram Elisabeth, matris meae, quae est inter pontem Meduanae et ecclesiam Sancti Saturnini de Azcio, hoc ipsum volente et concedente Elisabeth matre mea.

Factum est hoc donum apud Segreium ad pedem motae juxta aulam meam in quadam rameia ;

In praesentia domni Natalis abbatis, et Rotberti de Credone, et Thomae et Goffridi Nannetensis et Hingandi monachorum et sacerdotum, et Rodaldi Brohun et Richardi de Ulmo monacho-

---

(1) Les lieux nommés le Coudray sont fréquents. M. L. Maître, dans son *Dictionnaire topographique de la Mayenne,* identifie *Coriletum* avec le Coudray, hameau de la commune de Fromentières ; mais il est possible qu'il s'agisse ici de la paroisse de Coudray.

rum. De famulis affuerunt Goffridus camerarius, Goffridus de Boocnes, Morellus marescallus, Rudulfus vicecomes.

Ex parte mea : ego Rainaldus, Petrus Laidet de Chimilliaco, Gosbertus de Salcoigneio, Wilernus de Segreio, Silvester de Marens, Warinus frater ejus, Petrus presbiter, Warinus presbiter et alii multi.

Hoc donum feci ego Rainaldus cum balteo meo in manu domni Natalis abbatis.

Postea vero volens ego Rainaldus hoc donum affirmare et auctorisare, veni in capitulum Sancti Nicholai, ibique confirmavi coram omni capitulo omnia praedicta dona ; et, accepto beneficio, donum cum balteo ego et Adelardus, filius meus, posuimus super altare Sancti Nicholai et concessi quicquid acquisierunt in toto fevo meo, absque perda servitii mei.

III. — 1080-1096. — ACTE PAR LEQUEL LISOIS CORVAISIER ET SA FEMME HERSENDE FONT DONATION A L'ABBAYE SAINT-NICOLAS D'UN DROIT DE VINAGE ET RELATENT LE DON FAIT PAR FROMONT DE BEAUCHÊNE, DE LA DIME DU MOULIN DE PENDU. (C. 15, p. 321.)

De vinagio Lisoii apud Azeium et de decima molendini Frotmundi, quae dederunt nobis.

Dominus Jesus Christus, cum potestate magna se orbem judicaturum in fine protestans adfuturum, cumque magis de misericordia quam de severitate increpaturum esse proclamans, in Evangelio ait : « Thesaurate vobis thesauros in coelo », et iterum : « Facite vobis sacculos qui non veterascunt et thesaurum non deficientem in coelis, » et alibi : « Date elemosinam et omnia munda sunt vobis, » et item : « Date et dabitur vobis, » atque alibi : « Quaecumque vultis ut faciant vobis homines, et vos facite eis, » et alibi : « Non peribitis quia peccastis, sed quia peccata vestra elemosinis redimere noluistis. »

Quod ego, Lisoius Corvesarius, sciens quia sicut aqua extinguit ignem ita elemosina extinguit peccatum, et quia elemosina a morte liberat, ne in illo extremo et tremendo judicio reus et immisericors inveniar,

Dedi, cum uxore mea Hersendi, apud Castrumgunterii, in curia

Aziaci[1], monachis Sancti Nicholai vinagium de vinea quam Otbertus Pellitarius, factus in extremo vitae suae monachus, eis reliquit.

Quam donationem mihi monachi recompensare volentes, die sancto Pentecostes, dederunt mihi et uxori meae et multis aliis amicis meis propter me beneficium Sancti Nicholai in capitulo suo.

E quibus unus Frotmundus, videlicet de Bella Quercu cognominatus, recompensare eis pro posse suo beneficium quod sibi monachi dederant cupiens, dedit eis in molendino suo quod est apud Azeium, in Meduana, in loco qui vocatur Penduz, decimam molturae et piscium et de omnibus quae de molendino ad eum pertinent.

Quod donum ut esset firmius, fecit craslina die Pentecostes venire filium suum Rotbertum qui et ipse accepit in capitulo benefactum cum matre sua jam defuncta.

Et fecerunt donum pater et filius de decima molendini quam diximus domno abbati Natali, in capitulo, cum martirologio et posuerunt super altare Sancti Nicholai cum ipso libro, ubi Lisoius primum posuerat donum vinagii supradicti cum una virga.

Hujus rei sunt testes : Lisoius et uxor sua, Goffridus presbiter, Botellarius, Rainaldus Maindarius, Erardus de Gobils[2] ;

De famulis monachorum : Goffridus ostelarius, Goffridus de Boenens, Goffridus Cosin, Pictavus, Erncisus, Morellus, Girardus coquus, Sorinus et alii plures.

IV. — 1097, 23 février. — NOTICE DU DON FAIT A SAINT-NICOLAS PAR GUÉRIN LE BOITEUX, CURÉ D'AZÉ, AVEC LE CONSENTEMENT DE SES FRÈRES GEOFFROY ET MOREAU, DE TOUT CE QU'IL POSSÉDAIT DANS L'ÉGLISE D'AZÉ, ET DE LA CONFIRMATION DU DON DE CETTE ÉGLISE PAR GARSIAS DU BIGNON. (C. 14 bis, p. 318.)

Notum sit omnibus fidelibus quod Garinus Claudus, presbiter de Azeio, donavit et reliquit Deo et sancto Nicholao et abbati

(1) La justice d'Azé a eu son siège à Château-Gontier jusqu'à sa suppression en 1790.

(2) Goubil, commune de Saint-Michel-de-Feins.

Natali, et postea abbati Lamberto et monachis ejus quicquid habebat in ecclesia Azeii solidum et quietum, scilicet presbiteragium et omnia quae in ecclesia habebat.

Insuper dedit eis terram quae est ante castellum et septem solidos de censu apud Azeium, qui omni anno monachis reddentur.

Hujus ecclesiae concessionem fecit nobis in capitulo nostro Guarsius de Buignone.

Abbas vero Lambertus et monachi concesserunt ei[1] vineas Goffridi Banerii et octo solidos de censu andecavim, tali pacto ut ipse abbati Sancti Nicholai et monachis ejus, quandiu vixerit, serviat et honoret et vineas bene aedifiet, et, quando finierit, remaneant vineae Sancto Nicholao et monachis quittae, et insuper unum arpentum vinearum eis in morte sua donet, aut septem libras ; de quo arpenno conventio est ut ab illo die quo donum istud factum est, usque ad duos annos, ematur et monachis demonstretur, et de eo per unam vitium revestiantur.

Ex hoc autem duo fratres ejus Gauffridus et Morellus sunt plegii istarum rerum.

Donum ab utrisque partibus factum est in capitulo Sancti Nicholai, anno ab Incarnatione Domini millesimo nonagesimo septimo, indictione ejusdem monasterii tertia, anno quo Rotbertus Burgundus et Rainaldus de Castrogunterii Hierusolimam petierunt, feria secunda quadragesimae, praesentibus et concedentibus duobus fratribus Warini, Goffrido et Morello.

Istis testibus : Stephano presbitero, Girardo vicario, Simone fratre suo, Letberto de Ponte, Rainaldo Pellitario de Ponte, Rainaldo, Gosberti prioris sororgio ;

De famulis : Goffrido coquo, Johanne Roiant, Beringerio Torto, Willelmus Conarius, Gaudino Michel, aliisque multis.

Ecclesiam Aziaci, de qua supra diximus, concessit Deo et Sancto Nicholao et abbati Lamberto et omnibus monachis in capitulo Garsias de Buignone, vidente Warino de Azeio canonico, et accepit beneficium ecclesiae Sancti Nicholai et societatem monachorum.

(1) *Ei* se rapporte à Guérin le Boiteux et non à Garsias du Bignon.

Insuper dedit illi Warinus, presbiter de Azøio, pro hac concessione sexaginta solidos et Johannes, medicus monachus noster, triginta.

Et fecit donum abbati cum uno libro quem posuit super altare Sancti Nicholai.

Hoc viderunt et audierunt : David praepositus, Goffridus de Angrahalla, Rainaldus de Sartrino, Letardus, Buterius et alii plures.

V. — Vers 1100. — NOTICE DE DIVERS DONS FAITS A SAINT-NICOLAS PAR FOULQUES DE MATHEFÉLON ET HERSENDE, SA FEMME, POUR L'AME DE GOSSELIN CORVAISIER, FILS D'HERSENDE. (C. 15 bis, p. 322.)

De Fulcone de Matefelon et ejus Hersendi uxore.

Subscribendum est quod Hersendis, uxor Fulconis de Matefelon, quemdam filium nomine Goslenum habebat, quem mirabiliter diligebat. Fulco etiam, licet filius ejus non østet, eum tenerrime amabat. Sed quia mors generi modo nostro parcere nescit, abstulit hunc illis; cumque in infirmitate qua mortuus est jaceret, monasticum habitum a monachis Sancti Nicholai petiit et accepit laetus, et effectus sic terrea regna reliquit. Quo ad Sanctum Nicholaum deportato, honorificeque sepulturae tradito, cum Fulco materque juvenis de ejus amissione valde dolerent, a monachis consolati pariter et consiliati consolationem acceperunt et quomodo ejus animae succurrere cogitare coeperunt, de rebusque suis monachis dare se statuerunt, ut orationes pro defuncto multiplicarent, atque sua prece Christo pacificarent.

In capitulum igitur monachorum venerunt et sua quisque pro Nicholao dona dederunt. Mater itaque defuncti juvenis fecit prima suum pro nati funere donum, Deoque et Sancto Nicholao ac monachis ejus unam terrae mesuram, jam ex parte seminatam, apud Dangeium, cum plasseicio et herbergamento, scilicet domo et rochia, arpennos vinearum ibidem duos donavit, dominoque suo Fulcone cum ea donante, monachis ibi habitantibus ut boscum suum ad reaedificandas domos suas et ad caleficiendum acciperent et porcos suos dominicos in eo a pasnagio quittos omni tempore haberent concessit, pro natoque suo monachos orare rogavit.

Computat esse bonum se Fulco suum dare donum ; nam pater suus expleturam quamdam, videlicet decimam de Aźeio, contra legem ecclesiasticam in vita sua possiderat, ipseque Fulco eam non sine peccato tempore longo tenuerat, pro qua dampnari patrem seseque timebat.

Hanc igitur decimam donavit Fulco Deo et Sancto Nicholao et monachis ejus pro salute animarum patris sui et matris et suae, uxorisque praesentis, proque salute sui Gosleni jam memorati. Vicariam quoque de burgo monachorum de Azeio eis iterum ibi, uxore sua Hersendi supplicante, quittam in perpetuum concessit.

Donata sunt haec omnia absque ullius omnino terrenae cosdumae retinaculo Sancto Nicholao et monachis ejus in perpetuum quitta. Pro dono tali fit conventio talis : monachi namque, pro tantis beneficiis sibi factis, statuerunt, quod Fulco et uxor ejus petierunt, ut duae missae in Sancti Nicholai monasterio usque in finem praesentis saeculi quotidie cantarentur, una pro Gosleni defuncti, patrumque suorum et matrum, defunctorumque omnium pro illorum amore et requietione, et altera pro ipsorum quamdiu viverent pace et salute, ipsisque defunctis pro animarum ipsorum defunctorumque supradictorum repansatione.

Statuerunt etiam ut duo pauperes in elemosina pro ipsis et pro jam dictis defunctis quotidie pascerentur et clericus unus, secundum monachorum ipsorumque consilium, ad Deo serviendum aptus et honestus, in monasterio monachus reciperetur, patrumque suorum et matrum, patrisque Gosleni et ipsius ipsorumque nomina post mortem in eorum martirologio scriberentur.

Hoc etiam petierunt ut in morte sua, cum parte rerum suarum quam vellent, a monachis recipientur et cum honore tumularentur ; quod totum monachi concesserunt et nomina defunctorum scripserunt et quae facienda erant se facturos esse fideliter promiserunt.

Deinde beneficium monachorum et maxime istorum supradictorum Fulco et uxor . . . (*Le feuillet suivant manque*).

VI. — 1096-1118. — NOTICE DE DIVERS DONS FAITS A SAINT-

NICOLAS PAR GEOFFROY DE RALLAY [1], DU CONSENTEMENT DE SA FEMME AGNÈS ET DE SES FILS GUÉRIN ET AIMERY. (C. 14 ter, p. 320.)

De Goffrido de Rareto.

Ad notitiam praesentium et futurorum ne deleat oblivio a cordibus auditorum, quod Goffridus de Rareio dedit et concessit Deo et Sancto Nicholao et monachis ejus, pro salute animae suae et omnium parentum suorum, decimam totam de vineis de Sarilleo, et dimidium arpennum vineae quod prius dederat monachis Otbertus Pellifex, et omnes olchias quas habebat juxta Azeium, et quinque solidos de censu, et, de duobus solidis de censu quos reddebant ei monachi, perdonavit eis duodecim denarios et duodecim propter recognitionem retinuit.

Dedit quoque totam decimam de pane et vino deque vitulo ad opus monachorum de Azeio, et clamavit quittas omnes ornnino cosdumas quas antea a monachis exigebat in tota terra sua et in toto fevo suo.

Et concessit praecepitque ut monachi nunquam ulterius vendas aut aliam cosdumam darent in toto fevo suo, et de Grangia [2] quam Morellus, frater ejus, monachis pro anima sua dederat, ut si sua uxor Agnes eam habere vellet, viginti solidos monachis redderet et ad sepulturam ejus alios viginti solidos.

Haec omnia supradicta, scilicet olchias et omnia quae monachis Sancti Nicholai dederat vel concesserat, concesserunt uxor ejus Agnes et filii eorum Verrinus et Aimericus et omnes alii.

Verrinus autem, qui terram illam et honorem de Azeio post mortem patris sui erat possessurus, promisit fidem suam in manu patris sui quam nullam calumpniam, nullam injuriam unquam Sancto Nicholao vel monachis ejus de elemosina ista faceret.

Donum elemosinae istius et perdonatio cosdumarum factum est in manu Lamberti abbatis, libenter concedentibus uxore Agnete et filiis, hoc intersigno quod mater dixit filio suo Werrino :

(1) Commune d'Azé.

(2) La grande et la petite Grange, fermes en Azé, près de Chambresais.

« Fili, noli facere sicut fecit Hamelinus de Ingranda[1], qui elemosinam patris sui injuriavit » ; et filius respondit se nullo modo unquam injuriam monachis de hac elemosina irrogaturum, neque in corde illius istud crimen ascensurum.

Lambertus autem abbas concessit patri et matri et filiis beneficium ecclesiae Sancti Nicholai, et si pater aut aliquis illorum moreretur, in monasterio Sancti Nicholai sepeliretur, et pater in martirologio scriberetur, et quod de monacho faciendum esset, de eo perficeretur.

Hujus rei testes sunt isti: Johannes, medicus et monachus, Mauricius monachus frater Savarici monachi, Rotbertus de Puzaugiis monachus, Martinus monachus, Bernerius monachus, Remigius presbiter, Michael camerarius abbatis, Beringerius Agazo marescallus.

Post haec monachilem habitum petiit et apud Sanctum Nicholaum, accepto habitu, portatus aliquantis diebus vixit. Tandem vero mortuus, a monachis sepultus est et monachus inter monachos tumulatus est, et in martirologio scriptus est.

Ad quam sepulturam fuerunt Agnes uxor sua et filius eorum Gerrinus.

VII. — 1102-1118. — CHARTE DE RENAUD DE MARTIGNÉ, ÉVÊQUE D'ANGERS, CONSTATANT LES DONATIONS FAITES A SAINT-NICOLAS PAR GEOFFROY DE RALLAY, DU CONSENTEMENT DE SA FEMME ET DE SES FILS. (B. 51, p. 178.)

Raginaldus, Dei gratia Andegavorum episcopus, omnibus tam praesentibus quam futuris fidelibus, in Christo salutem.

Quoniam vetustate temporis hominum gesta solent aboleri et oblivioni tradi, illustrium virorum praecedentium solertia scripti seriei judicavit ea commendari.

Qua de re Goffridus de Rareio, praesentiam nostram adiens, donum quod ecclesiae Sancti Nicholai Andegavensis contulerat, humili postulatione sigilli nostri munimine corroborari petiit.

Cujus piam petitionem et religiosum votum ut comprehendimus ex visceribus caritatis emanasse, ejus affectuosae voluntati

(1) Ingrandes, château dans la commune d'Azé. A la fin du XV⁰ siècle, le fief d'Ingrandes fut réuni à la seigneurie d'Azé pour former une châtellenie.

non defuimus et, ne irritum duceretur, nostri munimenti robore fulto tradere curavimus, posteris significando quod dictus Goffridus de Rareio dedit sanctissimo Nicholao et monachis ejus, pro salute animae suae et parentum suorum, totam decimam de vineis de Sarilleio et dimidium arpennum vineae quod prius dederat monachis Orbertus Pellifex, et omnes olchias quas habebat juxta Azeium, et quinque solidos de censu ; et, de duobus solidis de censu quos debebant ei monachi, duodecim denarios monachis dedit et duodecim sibi retinuit.

Dedit insuper monachis de Azeio totam decimam panis et vini de tuenitulo[1] ; et omnes cosdumas super quarum redibicione vexabantur monachi in tota terra sua et fevo, praefatae ecclesiae, omni calumpnia postposita, libere et quiete dedit et concessit.

Praeterea concessit ut quidquid monachi in tota terra sua et fevo, quoquomodo vel emptione vel dono, possent sibi adquirere, in ipsorum possessionem libere liceat transire.

Hoc donum factum est et confirmatum in praesentia nostra et domni Lamberti, ecclesiae Sancti Nicholai Andegavensis abbatis, Agnete praefati Goffridi uxore et filiis ejus Verrino et Aimerico concedentibus.

Hujus rei testes sunt : Johannes medicus, Mauricius, Robertus de Puzaugiis, Martinus, Bernerius, monachi, Remigius presbiter, Michael camerarius abbatis, Beringerius mariscallus. *Et sigillatum.*

VIII. — 1102-1118, Angers. — NOTICE DE L'ACCORD INTERVENU EN PRÉSENCE DE L'ÉVÊQUE RENAUD DE MARTIGNÉ, ENTRE SAINT-NICOLAS ET HUGUES DE MATHEFÉLON, RELATIVEMENT AUX DÎMES D'AZÉ. (C. 16 bis, p. 329.)

De Hugone, filio Fulconis domini de Matefelon.

Universis fidelibus notum sit quod Hugo de Matefelon abstulit nobis multis diebus decimam de Azeio quam pater suus Fulco nobis, Sancti Nicholai monachis, quando Iherusolimam perrexit, dederat, et pro qua mille et centum solidos a nobis acceperat, quam etiam ipse Hugo in capitulo nostro concesserat et ibidem

---

(1) Il faut sans doute lire : *deque vitulo.* (Voir la charte précédente.)

de hac concessione tenenda fidem suam in manu Marbodi episcopi [1] et eadem die in ecclesia Sancti Mauricii ante altare Sancti
Renati in manu Goffridi episcopi [2] promiserat.

Ob quam rem abbas Lambertus et monachi multociens cum in
Andecavensi et Cenomannensi dioecesi excommunicari fecerant.

Tandem autem in curiam episcopi Andegavensis, nomine Rainaldi, venire compulsus, primum primicias de Azeio Deo et
Sancto Nicholao et nobis, sine retinaculo, in perpetuum quittas
clamavit, scilicet de agno, de porco, de vitulo, de lana, de lino et
de omnibus rebus quae de praemitiis exire solent.

Deinde medietatem decimae supradictae in praesenti nobis
reddidit, tali pacto quod quando pater suus de Jherusalem rever-
teretur, si nobis totam decimam reddere voluerit, solutam
et quittam illam habeamus ; si vero mortuus fuerit antequam
redeat, et nos medietate decimae contempti fuerimus, solutam et quittam in perpetuum ; si vero de ea et de aliis dampnis
quae nobis idem Hugo causa quaerendae justitiae fecerat, cum
eo placitare voluerimus, Hugo libenter ad judicium in curia episcopi Andecavensis veniet, et si judicium totam decimam nobis
dederit, quittam eam in aeternum possideamus.

Convenentia autem est ut hoc totum uxorem suam concedere
faciat.

De hac conventione fideliter tenenda promisit idem Hugo fidem
suam in manu Rainaldi episcopi in camera sua Andecavis ;

Istis testibus, de monachis : Lamberto abbate, Gosberto priore,
Ingelbaudo, Canuto, Arraudo ;

De clericis : Alberico, decano sancti Mauricii, Warnerio, Willelmo archidiaconibus, Goffrido filio Hugonis thesaurio, Suardo
canonico, Willelmo Musca canonico ;

De canonicis sancti Laudi : Goffrido Caipha, Warino de Azeio,
Goffrido de Restinneo ;

De laicis : Rorigone de Brieuzon, Rorigone de Saceio, Goffrido
de Rareio, Hugone de Pratellis [3], Matheo de Saceio, Pagano Boue,

(1) Marbod, évêque de Rennes, 1098 † 1123.

(2) Geoffroy de Mayenne, évêque d'Angers, 1083-1101, prédécesseur de
Renaud de Martigné.

(3) Préaux, canton de Grez-en-Bouère.

Gosleno de Monte Elbert, Pictavino praeside nostro et multis aliis.

IX. — **1118-1124.** — NOTICE DE LA RENONCIATION PAR GARSIAS DU BIGNON A LA NOMINATION DU CURÉ D'AZÉ, EN PRÉSENCE DE RENAUD DE MARTIGNÉ. (C. 13 bis, p. 316.)

De Garsia de Bugnone et de presbiteratu quae[1] *calumpniabat.*

Propter utilitatem et observationem pacis, scripto tradere censuimus tam futuris quam praosentibus sanctae Dei ecclesiae fidelibus,

Quod super presbiteratu ecclesiae Sancti Saturnini de Azeio inter monachos Sancti Nicholai et Garsiam de Bugnio orta est contentio haec, videlicet quod Garsias dicebat suum esse eligere et ponere sacerdotem in ecclesia Sancti Saturnini et ita habuisse antecessores suos.

E contra domnus abbas Johannes et monachi Sancti Nicholai, testium viva voce et scripto, presbiteragium, quod vulgo nominatur vindragium, suum esse dicebant, ita scilicet ut quem vellent ibi ponerent presbiterum duntaxat legitimum, et sic ecclesiam Beati Nicholai annis sexaginta vel eo amplius tenuisse.

Tandem interveniente spiritu concordiae pacificati sunt, Garsia dimittente et concedente domno Jôhanni abbati et monachis Sancti Nicholai eidem ecclesiae servientibus ac servituris presbiteragium in elemosina.

Et hoc factum est in praesentia domni Rainaldi, Andecavorum episcopi.

Similiter et hunc calumpniam, seu nulla seu aliquâ esset, dimiserunt et concesserunt Deo et Sancto Nicholao duo fratres Garsiae, Guiternus et Rainaldus, et Folchoramnus filius ejus postea, in capitulo Sancti Nicholai.

Testibus hiis : Rainaldo episcopo, Johanne abbate, Petro Sancti Sergii abbate cum duobus monachis suis Godefredo et Johanne, Widone de Daona[2] tunc priore nostro, Walterio de Azeio monacho, Rotberto de Azeio monacho, Rotberto de Bizaio monacho, Hugone de Chimilliaco priore de Genestil, Gosleno de Aleneio

(1) *Sic, pour quem.*
(2) Daon, commune du canton de Bierné.

monacho, Rainaldo Guasconio monacho, Goffrido de Engreia Sancti Mauricii tunc decano, Ulgerio et Richardo archidiaconis, Graffione canonico, Wiberto canonico, Hugone de Matefelou, Goffrido Lostoir, Gaudin de Sereniis, Goffrido filio Guarini, Witone de Super Pontem, Adelelmo Billone, Johanne monacho, Adelardo de Brionello, Rainaldo de Sartrino, Goffrido de Angrahala et aliis multis.

Porro pro hac re habuit Garsias ab abbate in caritate tres centum solidos et unum psalterium, ut semper stabilis et firma sit haec concessio et relictio a se haeredibusque suis omnibus.

x. — 1120, 28 mai, Angers. — CHARTE PAR LAQUELLE RENAUD DE MARTIGNÉ, ÉVÊQUE D'ANGERS, AVANT SON DÉPART POUR JÉRUSALEM, AUTORISE L'ABBÉ DE SAINT-NICOLAS A ÉTABLIR DOUZE MOINES DANS L'AUMONERIE DU GENÉTEIL. (C. 10, p. 309.)

Concessio domni Rainaldi, episcopi, de Genesteil.

In nomine Sanctae et Individuae Trinitatis.

Ego Rainaldus, Dei gratia Andegavorum humilis episcopus, tam praesentis quam futuri temporis hominibus notum esse desidero,

Quod, cum pararem visitare sanctam civitatem Christi Hierusalem, et circa discessum meum, ad ecclesiam Sancti Nicholai, causa postulandi patrocinium pii Confessoris et beneficium fratrum nostrorum monachorum ibi Deo famulantium, venirem, suscepto beneficio a fratribus in capitulo, ipsi supplicaverunt mihi, orantes ut sibi concederem quamdam elemosinariam domum quae aliquantulo temporis ante constituta erat infra metas parrochiae Azei, quae parrochia eorum erat, in vico Genesteil, ad faciendam de domo illa ecclesiam in qua monachi Deo deservirent assidue.

Itaque ego, inclinatus eorum precibus, concessi illis postulata in quantum ad me pertinebat, salvo jure parrochiae ecclesiae, annuente Ulgerio, archidiacono meo, et Radulfo archipresbitero ;

Ea tamen conditione ut, cum ecclesiae illius possessio posset pati ab abbate et a conventu Sancti Nicholai, duodecim monachi ibi constituerentur qui claustralem ordinem ibi servarent.

Et textu Evangeliorum quo me investierant de suo beneficio,

investivi eos ego monachos de hoc dono. Monachi vero benigne hoc suscipientes promiserunt et firmiter stabilierunt ut pro salute animae meae et parentum meorum, et ut Deus sanum et incolumem me et meum comitatum duceret et reduceret, unum monachum sacerdotem, quasi haereditario jure, per successionem facerent, qui specialius aliis et cum aliis pro me et universo comitatu meo oraret et Deo sacrificaret.

Acta sunt haec omnia in capitulum Sancti Nicholai, sexta feria prima post Ascensionem Domini, anno ab Incarnatione Domini millesimo centesimo vigesimo.

Videntibus et audientibus venerabilibus personis quae cum domino episcopo aderant, istis scilicet : Normanno Sancti Mauricii decano, Ulgerio archidiacono et magistro scolarum Sancti Mauricii, Willelmo archidiacono, Radulfo archipresbitero, Wilberto, Willelmo Ficeum Camilliacensi decano, Otberto de Balne, Petro Fulberti filio, Rainaldo capellano Sancti Nicholai, Mathaeo capellano Sancti Laurentii de Morteriis ;

De laicis : Pipino theloneario, Johanne homine Guarini Burgevini, Rainaldo de Sartrino et Pictavino secretario, famulis nostris ;

De monachis vero : Lambertus qui episcopum cum textu de beneficio supradicto investivit, Gosberto, Walterio de Azeio, Warino, Hingando subpriore, qui tunc capitulo praesidebat, et omni capitulo.

Et ut res ista majorem consequeretur firmitudinem, sub praesentis scripti testimonio hoc confirmavi, quod et sigillo meo feci sigillari, et cui Signum Crucis ego propria manu impressi et Ulgerius archidiaconus.

XI. — 1121, v. s., 29 janvier[1]. — NOTICE RELATANT : 1° UNE SENTENCE DU PAPE CALIXTE II, ANNULANT LA CESSION PAR LES HOSPITALIERS DU GENÉTEIL, DE LEUR AUMONERIE, A L'ABBAYE DE SAVIGNY ; 2° UN ACCORD PAR LEQUEL LES HOSPITALIERS ABANDONNENT CETTE AUMONERIE A SAINT-NICOLAS POUR Y METTRE DOUZE RELIGIEUX DONT QUATRE FRÈRES LAIS. (C. 9, p. 305, d'après le Cartulaire de Saint-Nicolas, folio 133.)

(1) Cette pièce est bien datée d'après le style de Pâques, car c'est en 1122 que le 29 janvier a été un dimanche.

De fraternitate quae est apud Azeium in Genesteio.

Habet sanctae Dei Ecclesiae ratio, ut quae fiunt ei dona a fidelibus, ne oblivionis caligine perturbentur, scriptorum notitia ad posteros usque perferantur.

Propterea memoriae litterarum tradendum duximus quod Confratres elemosinariae domus quae est in Azeio, in parrochia Sancti Saturnini, quae juris est Sancti Nicolai, dederunt domno Vitali[1] abbati et monachis ejus hanc domum in habitationem monachorum.

Quod cum audissent monachi Sancti Nicholai clamaverunt ad episcopum, deinde ad dominum papam Calixtum. Porro, definiti judicii sententia, donum quod factum erat domno Vitali et monachis suis irritum remansit.

Et hoc in praesentia domni Calixti papae factum est, praesentibus domno Petro Leonis, Rainaldo episcopo Andegavense, Ulgerio et Willelmo archidiaconibus, Johanne abbate Sancti Nicolai, Gauffrido abbate Sanctae Trinitatis Vindocinensis, Fulcone comite, Adelardo de Castrogunterii.

Tandem Spiritus Sancti interveniente consilio, placuit eisdem Confratribus ut supradictam domum elemosinariam, cum omnibus ad eam pertinentibus, Deo et ecclesiae Beati Nicholai Andecavis donarent ;

Eo pacto et ea consideratione ut usque ad tempus ex utraque parte rationabiliter et caritative, omni quidem dolositate remota, constitutum, duodecim ibidem collocarentur monachi, ex quibus octo essent sacerdotes et quatuor laici ; et ibi quotidie cantaretur una missa pro Fratribus vivis et defunctis et infra quadragesimam cantaret unusquisque quatuor missas ; et quando aliquis Fratrum infirmatus fuerit, nuntiabitur priori et ipse visitabit eum et, si opus fuerit, inunget eum. Quando autem obierit, ibunt ad eum humandum monachi cum cereis suis et infra trigenta dies cantabit unusquisque monachorum duosdecim missas et totidem vigilias ; sacerdotes vero cantabunt pro laicis ; anniversaria Confratrum fient.

Hanc eumdem convenientiam facient Confratres monachis ; et

____

(1) Saint Vital, abbé de Savigny.

si aliquis illorum duodecim pro infirmitate sua ad abbatiam ibit et ex illa infirmitate moriatur, habebit totum suum servitium. Pro abbate Sancti Nicholai facient sicut pro uno illorum duodecim et ipse pro illis confessionibus eorum intererit prior.

Porro de collato Confratrum beneficio, pascentur quatuordecim pauperes, residuum monachis dabitur. Omnes sua debita reddent monachis sicut ante solebant reddere elemosinae [1]. Omnes monachi Sancti Nicholai sunt in benefacto eorum et ipsi omnes in benefacto monachorum.

Omnia quae veniebant ad abbatiam de Parrenaio [2], Gepna [3], Azeio, illis duodecim dabuntur [4]. Si dominus abbas aliquem voluerit inde removere, alius substituetur et Confratribus ostendetur.

Facta sunt haec in aula domini Adelardi prius et postea perfecta in capella Sancti Justi in capitulo Confratrum et ibi reddidit et dedit domnus Adelardus terram de Raoleria [5] et decimam.

Et idem concessit ei domnus abbas Johannes et alii monachi se facturos pro eo quantum pro suo abbate.

Concessit etiam nobis quod, si feria ibi fieret, medietatem haberent monachi inde et quicquid in suo fevo cum consilio suo possemus adquirere.

Acta sunt haec anno a Passione Domini millesimo centesimo vigesimo primo, die dominica quarto kalendas februarii.

Huic dono affuerunt Johannes abbas, Mauricius prior, Goffridus de Chamilliaco, Vido laico, Tetbaldus Cosin, Walterius de Azeio, Goffridus Leberti et alii plures monachi.

De militibus : Adelardus de Castrogunterii et Osathildis [6] uxor ejus, quatuor canonici Sancti Justi, id est : Goffridus Botellarius, Rainaldus Sicardus, Widulfus de Barella, Rotbertus Chaegnun, istis quatuor omnes alii obediunt ; item Rotbertus, presbiter de

(1) Il faut probablement lire : *elemosinariis*.

(2) Parné, paroisse de Saint-Aignan-de-Gennes.

(3) Gennes, commune limitrophe d'Azé.

(4) Le texte porte à tort : *dabitur*.

(5) Les Rouillères, commune de Peuton.

(6) Mathildis.

Sancto Johanne, Warinus Dibon, Hugo de Agponniaco[1], Martinus de Harella[2] et isti quatuor concordantes cum quatuor canonicis ; item Willelmus Barratus, Goffridus Barratus, Widulfus de Chamazeio[3], Herbertus vicarius, Barbas de Sancto Johanne, Radulfus de Gre[4], Walterius de Ductu Salvagii[5], Milo de Chantelo[6], Hugo filius Grosse, Johannes filius Litterii, Adelardus Divius et alii multi.

De famulis vero : Rainaldus de Sartrino, Radulfus filius Rainaldi, Rainaldus Cosin, Tisun, Paganus filius Michaelis Chalopin, Rotbertus Bisai, Radulfus clericus, nepos Rotberti de Azeio, Goaut, Warinus Roella, aliique plures.

Postea statuerunt Confratres ut pars eorum veniret in capitulum Sancti Nicholai ad confirmandum hoc ex utraque parte. Igitur venerunt in capitulum Sancti Nicholai ad indictum et confirmaverunt totam convenientiam et receperunt beneficium pro se et pro omnibus aliis, et concesserunt monachis ex sua parte et omnium qui aberant.

Huic confirmationi affuerunt dominus abbas Johannes et totum capitulum, Adelardus dominus Castrigunterii, Herbertus vicarius, Willelmus Barre, Guidulphus de Chamazeio, Willelmus de Valle, Rainaldus filius Hilberguris, Herbertus Bigot, Willelmus de Fano, Radulfus de Gre et frater ejus Rainaldus, Mauricius de Corzeio, Fulcoius Bomerus et alii plures.

Ex famulis : Rainaldus de Sartrino, Radulfus filius Rainardi, Odo Anglicus, magnus Goffridus de Angrahalla.

XII. — 1118-1125. — GARSIAS DU BIGNON, DU CONSENTEMENT DE SON FILS RAOUL ET DE SON FRÈRE GUITERNE, ABANDONNE A SAINT-NICOLAS TOUS SES DROITS SUR L'AUMONERIE DU GENÉTEIL ET L'ÉGLISE D'AZÉ, ET AUTORISE LES MOINES A CONSTRUIRE UNE ÉGLISE AU GENÉTEIL. (C. 13, p. 314.)

(1) Ampoigné, commune du canton de Château-Gontier.
(2) Une rue de Château-Gontier porte encore le nom de rue de la Harelle.
(3) Chemazé, commune voisine de Château-Gontier.
(4) Grez-en-Bouère.
(5) Le Douet-Sauvage, fief, commune de Bierné.
(6) Chanteloup. — Plusieurs fermes portent ce nom dans les environs.

Concessio Garsiae de Bugnone quam concessit de Genestil et Azeio.

Notum facimus tam praesentibus quam futuris Garsiam de Bugnone concessisse nobis elemosinariam domum quae est in Genestolio in parrochia Sancti Saturnini de Azeio cum omnibus ad eam pertinentibus de fevo suo et quicquid tam ipse quam antecessores sui nobis dederunt seu concesserunt, scilicet ecclesiam Sancti Saturnini de Azeio et presbiteragium et quidquid Garinus de Azeio fevaliter quidem, non jure sacerdotii, de eo tenuerat in eadem ecclesia, id est unum annonae modium.

Concessit etiam ut monachi aedificarent ecclesiam in Genestolio, salvo jure matris ecclesiae.

Et ut hoc majorem firmitatem haberet, osculatus est domnum Johannem abbatem ipse et filius ejus Radulfus et de hac concessione librum quendam super altare posuerunt.

Hoc vidit et audivit et concessit Guiternus frater Garsiae.

Hoc autem vidit Herbertus de Cortillis[1] qui cum eis erat.

Ex parte monachorum : Johannes abbas, totumque capitulum, Ricardus de Valle, Radulfus de Gre, Normandus Pochin, Goffridus de Sance[2], Petrus Mozel, Paganus Burgundus, Walterius faber, Bernardus Tortus, Goffridus de Angrahalla, Rainaldus de Sartrino, Willelmus de Baugiaco, Radulfus Renardi, Oddo Anglicus, Blancardus, frater Holeti, et alii plures.

XIII. — 1118-1136. — DONATION AU GÉNÉTEIL D'UN COURTIL, PAR LOUISE, VEUVE DE PAYEN DE TROUVÉE[3], ET CONFIRMATION DE CE DON PAR SON FILS QUI ÉTAIT MALADE. (C. 20, p. 339, d'après le Cartulaire de Saint-Nicolas, folio 156.)

Mulier quaedam de Castrogunterii, Ludovica vocata, Dei Omnipotentis inspiratione collustrata, sub domni Johannis abbatis tempore, Herberto de Monte Johannis in obedientia Genestolii

---

(1) Le Courtil, commune d'Argentré. (L. Maître, *Dictionnaire topographique de la Mayenne.*)

(2) Fief, commune de Coudray.

(3) Le domaine de Trouée ou Trouvée était situé non loin du Généteil, en remontant la rive gauche de la Mayenne. La rue Trouvée qui y conduisait existe encore dans le faubourg d'Azé. (Voir la charte XXXI ci-après.)

priore, tam Deo quam Beatae semper Virgini Mariae, sanctoque
Nicholao ac monachis ejus curtile quoddam sub eadem obedientia positum, pro patris ac matris atque Pagani de Troicia, viri sui
jam defuncti, simulque sui ipsius ac filiorum, seu caeterorum
omnium amicorum suorum vivorum atque defunctorum salute,
ad opus supradictae Genestolii obedientiae in helemosina
tribuit.

Ipsum itaque locum atque priorem Herbertum, coram pluribus
qui pro hoc ipso convenerant hominibus, in domo sua, de jam
dicta helemosina saisivit atque revestivit.

Testes sunt isti : Herbertus prior, Radulfus monachus qui fuit
de Nuchariis [1], Paganus Faulerii, Paganus Lucas, ambo presbiteri, Hugo Pilusguine clericus noster, Guinebertus clericus, Galterius noster famulus, Bodardus, Herveus Bilien, Radulfus faber,
laici.

Filius autem ejusdem Ludovicae, coram omnibus supradictis
testibus, hoc ipsum concessit donum non multo post, cum infir-
mitatis suae causa domnum abbatem Andegavis expetivisset
Johannem.

In nostrum veniens ipsa capitulum, donum quod Genestolio
fecerat, in ejusdem manibus cum libro capituli in ipso capitulo fecit, idemque donum cum eodem libro super Beati Nicholai
altare posuit.

Testibus istis : abbate Johanne, Tobaldo priore, Johanne secretario, Petro elemosinario, totoque capitulo ; ipsa Ludovica, Olge-
rio de Mailleio, Juliana uxore ejus, Brunone laico.

XIV. — Après 1121. — NOTICE RELATANT L'ABANDON PAR LES
CHANOINES DE SAINT-JUST DE CHATEAU-GONTIER DE LEURS
DROITS SUR DES DÉPENDANCES DE L'ANCIENNE AUMONERIE ET
SUR LES BIENS DONNÉS A SAINT-NICOLAS PAR ROBERT « DE
STOERIIS » ET LOUISE, FEMME DE PAYEN DE TROUVÉE, SOUS CONDI-
TION DU PAIEMENT D'UN CENS DE SEIZE DENIERS. (C. 20 bis,
p. 340, d'après le Cartulaire de Saint-Nicolas, folio 156.)

Quoniam sancta Dei ecclesia hanc habet consuetudinem ut non

____

[1] Noirieux, en Saint-Laurent-des-Mortiers.

possit recte aliquid de jure alterius ecclesiae absque assensu illius accipere, ideo volumus ut successoribus nostris sit manifestum,

Quod venerabiles canonici ecclesiae Beati Justi martiris concesserunt nobis, monachis Sancti Nicholai ecclesiam Beatae Mariae semperque Virginis servientibus, quod cum helemosinaria domo susceperamus, atque illud quod Robertus de Stoeriis et Ludovica, uxor Pagani de Troeia, nobis in helemosina donaverant.

Tali videlicet conditione facta est haec concessio, ut octo denarii de censu, qui annuatim reddebantur illis, duplicentur, et de istis hortis in Nativitate sancti Johannis Baptistae sexdecim de censu reddantur.

Facta est haec concessio ante altare sancti martiris ab istis venerabilibus canonicis, qui, ut haec concessio firmius corroboretur, omnes hoc Signaculum Dominicae Crucis propriis manibus impresserunt et cum uno libro Hugonem, nostrum monachum, investierunt.

Hujus rei sunt testes isti : Hugo monachus et caeteri.

Nos vero dedimus viginti solidos in caritate.

XV. — Après 1121 [1]. — NOTICE RELATANT QU'ANDRÉ BÉRANGER SE DONNA AU GENÉTEIL AVEC DES TERRAINS ET SIX ARPENTS ET DEMI DE TERRE ET DE VIGNE, A CONDITION D'ÊTRE HABILLÉ ET NOURRI PAR LES MOINES. (C. 20 ter, p. 341, d'après le Cartulaire de Saint-Nicolas, folio 157.)

Futuris atque praesentibus monachis Sancti Nicolai sit manifestum quod Andreas Beringerii, Brugelli filiaster, dedit semet ipsum nobis monachis et ecclesiam Beatae Mariae servientibus semper Virginis, cum quadam parte rerum suarum, videlicet cum plateis suis de Genestolio et cum quinque arpennis terrae et dimidio, quos ille de Pagano Maresio et de Reginaldo Guihonoci filio et de Guidone Alneu et de Galbruno de Raleio tenebat, et uno arpenno vineae.

Cum ista parte rerum suarum dedit semet ipsum Deo et Sancto

___

(1) Ce document suit immédiatement le précédent au Cartulaire de Saint-Nicolas et constate la présence du même témoin.

Nicholao et nobis, tali videlicet consideratione ut quandiu in laicali habitu esse placuerit, a nobis vestietur honorifice sicut vestiri debet et quasi unus ex monachis pascetur, et, quando monachus esse fieri voluerit, de nostro vestietur.

Res vero istas supra memoratas dedit Deo, et sancto ejus confessori Nicholao, et nobis monachis suis, pro anima sua et pro animabus patris et matris suae et omnium parentum suorum.

Et cum missale donum super altare posuit sanctae Mariae et cum propria manu hoc Signum Sanctae Crucis Dominicae ad corroborandum donum impressit et nos omnes osculavit.

Ad hoc donum faciendum interfuerunt isti : Hugo monachus.

XVI. — 1120-1125. — GEOFFROY LOSTUR DONNE A SAINT-NICOLAS TOUT CE QUE L'AUMONIER DU GENÉTEIL POSSÉDAIT DANS SON FIEF, ET SON FILS PHILIPPE CONFIRME CET ABANDON. (C. 20 quater, p. 342, d'après le Cartulaire de Saint-Nicolas, folio 157.)

Sciant tam praesentes quam futuri ecclesiae Beati Nicholai filii quod Goffridus cognominatus Lostur dedit et concessit nobis monachis Sancti Nicholai omnia quaecumque elemosinarius in toto fevo tenebat et possidebat.

Post multum vero temporis, Philippus filius ejus, cognomine patris sui Losturis dictus, donum patris sui concessit in manu Tebaldi prioris, donum portans super altare Beatae Mariae de Genestel.

Videntibus et audientibus istis : Tebaudo priore de abbatia, Herberto priore de Azcio, Galterio, Alordando, Radulfo fabro, Johanne furganna, Hildeberto, hominibus nostris.

Et de parte ejus Natale camberario.

XVII. — 1125-1136. — CHIROGRAPHE ENTRE LES MOINES DU GENÉTEIL ET ALARD III DE CHATEAU-GONTIER, PAR LEQUEL ALARD LEUR DONNE LA MOITIÉ DES PROFITS D'UNE FOIRE ET DU DROIT COUTUMIER A EXIGER DE CEUX QUI VIENDRONT HABITER LE FUTUR BOURG DU GENÉTEIL [1], ET S'ENGAGE A CONSTRUIRE UN FOUR PAR MOITIÉ AVEC LES MOINES. (C. 12, p. 343.)

(1) Aujourd'hui le faubourg d'Azé.

Cirographum inter monachos de Genestil et Adelardum.
dominum de Castellogunterii.

In nomine Sanctae et Individuae Trinitatis.

Ego Adelardus, dominus de Castellogunterii, dono Deo et Sanctae Mariae et Beato Nicholao ejusque monachis, pro anima mea et animabus parentum omnium meorum, in elemosina, apud idem castrum meum ad Genestil, scilicet medietatem omnium cosdumarum videlicet de feria, si ibidem advenerit, et de omnibus aliis quibus acciderint, cosdumae omnium hominum qui in terra elemosinarie, in burgo scilicet, ad burgum construendum et aedificandum, habitabunt, undecumque advenerint, excepto hoc quod homines mei castelli non nisi meo consilio ibi habitabunt.

Alteram vero medietatem mihimet ipsi retineo.

Porro omnem capitalem censum et omnes vendas harearum ubi aedificabuntur domus illorum qui ibi habitabunt, et bianium eorum ad prata sua et segetes sine participatione ad integrum monachi habebunt.

Sane si post primam venditionem contigerit ut domus aliqua illarum relicta ab habitatore suo fuerit, seu morte interveniente sine haerede, seu alia qualibet causa, et iterum domus illa a monachis vendenda et tradenda fuerit alteri habitatori, de vendis medietas domini Adelardi erit et medietas monachorum.

Redditis autem his supradictis cosdumis, ab omnibus aliis causis et querelis soluti et quieti erunt homines ibi habitantes.

Porro furni semper medietatem ego faciam et medietatem recipiam ; ipsi vero alteram facient medietatem et recipient medietatem.

Testibus his : ex parte Sancti Nicolai, domno abbate Johanne, Guidone priore, Hugone priore de Genestil, Gualterio monacho, et aliis multis monachorum, clericorum et laicorum.

Ex parte vero domini Adelardi : ipso Adelardo cum omni familia sua, Radulfo de Gro et multis aliis [1].

XVIII. — 1125-1136. — ACTE D'ULGER, ÉVÊQUE D'ANGERS, CONFIR-
MANT A SAINT-NICOLAS LA POSSESSION DE L'AUMONERIE DU

(1) Cette charte ne peut être attribuée qu'à Alard III, parce que son *fils* Renaud confirmera la donation qu'elle contient. (Voir nᵒ XXI.)

GENÉTEIL ET RAPPELANT L'INVESTITURE DONNÉE A L'ABBÉ JEAN
PAR L'ÉVÊQUE RENAUD. (A. 1, p. 1.)

Eorum quae litteris commendantur facile posterorum memoria
recordatur.

Quamobrem ego, Ulgerius, Dei gratia Andegavorum episcopus,
huic scripto mandare curavi, quatinus domum elemosinae de
Genestolio perpetuo jure tenendam monachis Sancti Nicholai
confirmavi, quam videlicet domum venerabilis antecessor noster,
Raginaldus episcopus, eis assensu Confratrum ejusdem domus
donaverat ; et coram totius capituli aspectu, et me praesente,
abbatem Johannem cum textu Evangeliorum eadem domo inves-
tiverat.

Si quis autem huic nostrae concessioni contraire praesumpserit, sciat se iram Dei Omnipotentis incurrisse et nostrae potestati
non minimum derogasse.

XIX. — 1125-1133. — NOTICE D'UN ACCORD ENTRE LES MOINES DE
SAINT-NICOLAS ET LE CURÉ D'AZÉ, AU SUJET DU PRODUIT DE
L'ÉGLISE DU GENÉTEIL, ALORS INACHEVÉE. (C. 4, p. 298, d'après
le Cartulaire de Saint-Nicolas, folio 188.)

Notum sit tam praesentibus quam futuris quia querela quae
inter monachos Sancti Nicholai et Paganum, sacerdotem de Azeio,
fuerat super ecclesia Beatae Mariae de Genestolio, tali modo
finita est :

Dimidium beneficiorum eorum quae ad ecclesiam venient,
habebit presbiter de Azeio, exceptis his festivitatibus quibus
parochiani ad suam matrem ecclesiam venient, Natali scilicet
Domini, Epiphania, Purificatione Beatae Mariae, capite jeju-
niorum [1].

In Ramis vero Palmarum ad processionem utrinque venient et,
adorata Cruce, ad suam unusquisque redeat ecclesiam.

Parasceve autem Domini et in Pascha, Ascensione, Pentecos-
tem, festivitate Omnium Sanctorum et Sancti Saturnini, ad
matrem ecclesiam similiter convenient, ac postquam inibi missa
parochialis percelebrata fuerit, quicumque missam ad Sanctam

---

(1) Mercredi des Cendres.

Mariam cantet, habebunt medietatem offerendae monachi et presbiter aliam medietatem.

Dimissiones itidem quae monachis dimittentur suae erunt et dimissiones presbiteri suae nichilominus erunt. Dimissiones vero ecclesiae ad ecclesiam erunt, donec ipsa peracta sit ecclesia, qua peracta inter monachos et presbiterum per medium dividantur.

Actum est autem in praesentia domni Ulgerii, Andecavorum episcopi, ipso concedente, et Richardo archidiacono ac Radulfo de Buris et Girardo decano concedentibus, domno Petro Sancti Sergii abbate, Mauricio Sancti Nicholai priore, Hugone supradictae ecclesiae priore, Raginaldo de Tirone, Radulfo de Nucariis, Rainaldo de Sartrino, Fulcoio Piguena, testibus.

De militibus vero : Philippo de Salcoigneio, Goffrido de Salcoigneio, Algerio de Murrigneio, Adelardo de Frumentariis, aliisque pluribus.

XX. — 1130-1135. — NOTICE D'UNE SENTENCE RENDUE PAR ULGER, ÉVÊQUE D'ANGERS, ENTRE SAINT-NICOLAS, RAOUL DE BURES ET PAYEN FAUTIER, CURÉ D'AZÉ, AU SUJET DES OBLATIONS DES ROGATIONS ET DE LA CHANDELEUR. (C. 2, p. 293, d'après le Cartulaire de Saint-Nicolas, folio 128, v°.)

Tempore Ulgerii episcopi, volebat Radulfus de Buris, cui abbas Johannes dederat ecclesiam Aziaci, et presbiter suus Paganus Falterius auferre monachis offerendam Rogationum, dicentes eam suam esse debere et non monachorum.

Qua ex re in curiam episcopi venerunt, ibique recitatis causis et rationibus ex parte utraque, dixit episcopus se totum mittere in vero dicto trium legalium sacerdotum, quod et ipsi concesserunt; et elegerunt tres presbiteros legales et qui rem bene noverant et verum inde dicerent, videlicet : Beringerium filium Molendinarii, Warinum filium Beloiae, Willelmum filium Radulfi Fabri, quos conjuravit episcopus per sanctum Mauricium ut veritatem inde dicerent.

Qui paululum ab aliis segregati, simulque loquuti et consiliati, tandem reversi sunt, et dixit Beringerius, pro se et pro aliis loquens quod praesto esset probare sicut curia accordaret, se vidisse monachos de Azeio totam offerendam in Rogationibus accepisse et quinque partes sibi retinuisse et presbitero sextam dedidisse.

His ita finitis, surrexit Richardus archidiaconus et eosdem praesbiteros similiter conjuravit per sanctum Mauricium ut de Purificatione Sanctae Mariae verum dicerent.

Tunc Warinus, pro se et pro aliis, dixit et probare se obtulit quod triginta annis viderit inter monachos et Warinum medietatem de illo festo habere et Orricum Cignulum aliam medietatem.

His interfuere ipse episcopus et Gosfridus decanus, Richardus archidiaconus, Tetbaldus tesaurarius, Radulfus de Buris, Girardus de Bolet, Radulfus de Greio, Herveus Guarlata, Rainaldus Brichet, Mauricius monachus de Credone, Hugo monachus de Chimilliaco, Radulfus monachus de Nucariis et tunc prior de Azi et multi alii.

XXI. — 1162-1178. — CHARTE DE GEOFFROY III, ÉVÊQUE D'ANGERS, RELATANT UN ACCORD ENTRE SAINT-NICOLAS ET RENAUD IV [1] DE CHATEAU-GONTIER, CONCERNANT LE FOUR DU GENÉTEIL. RENAUD AUTORISE SES SUJETS HABITANT LE FAUBOURG, A Y CUIRE LEUR PAIN, ET LES MOINES A VENDRE DU PAIN A LA PORTE DE SON CHATEAU ; IL CONFIRME LES DONATIONS FAITES A L'ABBAYE PAR JEAN DES VIGNES ET ERNOUL GAUDIC, SOUS LA RÉSERVE DU SERVICE FÉODAL ET DE LA TAILLE QU'IL POSSÈDE SUR LES BIENS DE CE DERNIER. (A. 46, p. 93.)

Ego Gaufridus, Dei gratia Andegavensis episcopus,

Notum facio cunctis haec scripta legentibus, quod inter Raginaudum de Castrogunterii et monachos Sancti Nicholai Andegavensis emerserit quaedam contentio, videlicet de furno de Genestullio et de propriis et stationariis Raginaudi hominibus a ponte Meduanae usque ad ecclesiam Beatae Mariae habitantibus, quos ipse a coctione ipsius furni prohibebat.

Raginaldus igitur, cum Jerosolimam ire disponeret, tandem recordatus de dono et elemosina quam pater suus, Adelardus, praedictae ecclesiae fecerat, contentionem dimisit et concessit monachis praedictum furnum in perpetua pace et quod ipsi pro-

____
(1) Renaud V, d'après L. Maître ; VII, d'après Ménage et l'abbé Foucault.

prii homines Raginaudi coquant in eodem furno libere·et quiete.

Concessit insuper ut homines monachorum portent panes suos ad portam domini Raginaudi, et vendant, et residuum, quod ibi non vindiderint, referant ad domos suas et cum aliis mercimoniis suis ad fenestras suas libere et absque calumnia vendant.

Praeter haec, quem [1] ipse Raginaudus fossatum fecerat in terra monachorum, unde ipsi census suos perdiderant, restituit eis alibi tantumdem census quantum illi perdebant.

Concessit etiam eis domum Johannis de Vineis [2] in liberam ac quietam elemosinam, sicut eam tempore patris sui habuerant, terram quoque Ernulphi Gaudic quae est apud Gennam, salvo tamen servitio et taillata sua quam habet in terra ipsius Hernulfi.

Haec autem compositio facta est et confirmata in nostro palacio et in nostra praesentia.

Videntibus et audientibus istis : scilicet Richardo et Stephano archidiaconis, Gaufrido Bevino, Gaufrido Bibente Solem, Peloquino, canonicis Sancti Mauricii, Gaufrido Mainerii, Johanne Carii, Ulrico priore tunc Sancti Nicholai, Gervasio fratre nostro, Gaufrido priore de Adileriis, Gervasio cellarerio, Simone priore de Genestullo, Durando priore de Genna.

Ex parte domini Raginaudi : Adelardo fratre ipsius, Stephano de Coldreio et Pagano Luchas, Ganullo Barre, Gaufrido qui scripsit et aliis pluribus.

XXII. — 1160, 1161, 1173, 1174 ou 1176, un 7 avril, Agnani. — LETTRE PAR LAQUELLE LE PAPE ALEXANDRE III CONFIRME A SAINT-NICOLAS LA POSSESSION DE LA CHAPELLE DU GENÉTEIL ET DE TOUS SES REVENUS. (A. 2, p. 1.)

Alexander episcopus, servus servorum Dei, dilectis filiis abbati et fratribus Sancti Nicolai Andegavensis salutem et apostolicam benedictionem.

Justis petentium desideriis dignum est nos facilem praebere consensum, et vota quae orationis tramite non discordant, effectu sunt prosequente complenda.

(1) Il faut sans doute lire *quia*.

(2) Plusieurs hameaux et fermes des environs s'appellent *les Vignes* ; un fief de ce nom se trouvait en Quelaines.

Quapropter, dilecti in Domino filii, vestris justis postulationibus grato concurrentes assensu, capellam Genestolii cum decimis, oblationibus et aliis pertinentiis suis, quemadmodum eam rationabiliter possidetis, vobis et ecclesiae vestrae auctoritate apostolica confirmamus et praesentis scripti patrocinio communimus, statuentes ut nulli omnino hominum liceat hanc paginam nostrae confirmationis infringere vel ei aliquatenus contraire.

Si quis autem hoc attemptare praesumpserit, indignationem Omnipotentis Dei et beatorum Petri et Pauli apostolorum ejus se noverit incursurum.

Datum Anagniae, septimo idus aprilis.

XXIII. — 1162-1178. — LETTRE DE GEOFFROY III, ÉVÊQUE D'ANGERS, RELATANT UN ACCORD ENTRE SAINT-NICOLAS ET JEAN DE BALLAY, AU SUJET DU MOULIN DE DORDOGNE ET DES PRÉMICES D'AZÉ. (B. 2, p. 97.)

· Goffridus, Dei gratia episcopus Andegavensis, omnibus fidelibus Christi praesentibus et futuris salutem et gratiam.

Notum sit vobis quod inter humilem abbatem Sancti Nicholai et Johannem de Raleio fuerat quaedam discordia de molendino de Hoirnuneria[1] et de aqua et de pratis et de terra et de primitiis de Azeio.

Conventum[2] igitur in mea praesentia abbas et Johannes et fecerunt inde pacem sicut hic subscribitur :

Inprimis dimisit Johannes monachis omnes primitias ; de molendino remansit abbati et monachis tertia pars tota et de monnerio et de monniera et de aqua et de terra et de pratis similiter, et insuper tota decima suae partis. Porta autem molendini talis fiet quod aqua dimittetur in die sancti Florentii quae est kalendas mai et in die Nativitatis Sanctae Mariae iterum exclusoriae reponentur sic quod aqua non noceat amplius pratis monachorum.

Hanc conventionem confirmavit Johannes in mea manu se teniturum semper et in manu Gaufridi archidiaconi.

Et quod ipso ulterius non invadat res monachorum quamdiu in

______

(1) Ce mot est estropié. Il s'agit bien du moulin de Dordogne. Cf. charte XXIX. Ce moulin qui dépend d'Azé, est situé sur le ruisseau de Souverron.

(2) Il faut lire sans doute : *Convenierunt.*

curia Sancti Mauritii abbas et monachi rectum facere voluerint, et quatinus hoc pactum ratum et firmum permaneat, sigilli mei impositione confirmo.

Hii sunt testes : Ricardus archidiaconus, Hugo cantor, Jonas capellanus episcopi, Goffridus Bibens vinum, Stephanus de Coldreio ;

De militibus : Goffridus Chalvellus, Gauterius de Ductu Silvestri[1], Horreius de Estriche, Goffridus de Fano, Fromundus de Fano, Patricius vicarius de Credone.

XXIV. — 1190, Château-Gontier. — ACTE PAR LEQUEL RENAUD V[2] DE CHATEAU-GONTIER RECONNAIT QUE LES BIENS DONNÉS PAR ALARD ET SES SUCCESSEURS AU PRIEURÉ DU GENÉTEIL SONT LIBRES DE TOUTE COUTUME, SAUF UN PRIVILÈGE SUR LE PAIN, ET RAPPELLE QUE LES HOMMES DES MOINES NE PEUVENT EXPOSER A LEUR FENÊTRE QU'UN OU DEUX PAINS, A L'EXCLUSION DE TOUTE AUTRE MARCHANDISE. (A, 3, p. 1.)

Sciant omnes ad quos praesens scriptura venerit, quod omnis elemosina quam Adelardus de Castro Gunterii et successores ejus ecclesiae Sancti Nicholai Andegavensis, ad opus monachorum de Genestelio [dederunt], ab omnibus cosdumis libera est et quieta, excepto quod dominus Castri Gonterii habet de credentia cum hominibus monachorum qui pistores sunt vel erunt de queceia duodecim primas numeratas pro decem nummis, tradendo nummos pistori vel salvum pignus, et si plus sine dampno pistoris erit, et habebit capitaliter vel nummos vel salvum pignus tradendo[3].

Notandum etiam quod in burgo quod dicitur Genestel, non licet hominibus monachorum ad fenestram habere nisi unum

---

(1) Du Douet-Sauvage.

(2) Ce petit-fils d'Alard III n'est pas indiqué par M. L. Maître, qui le confond avec son père. La Généalogie anonyme publiée dans le *Bulletin de la Commission historique et archéologique de la Mayenne* n'en fait pas mention. (Tome III de la 1re série, p. 393.)

(3) Ce membre de phrase est incompréhensible ; en 1669 le marquis de Château-Gontier déclarait avoir le droit de « prendre de chacune fournée de pain cuit au four à ban du prieuré du Genetay, scis audict faubourg, un deniers ».

panem aut duos, pro signo panem vendendi ; residuus vero panis
a duobus predictis erit in domo cum aliis mercimoniis, quoniam
alias merces praeter panem ad fenestram non licet habere ; et
panis erit ad extensionem brachiorum a fenestra.

Ego vero Raginaudus, Raginaudi filii Adelardi quondam filius,
volens totius calumpniae resecare materiam, feci donum istud
vivaci mandari litterae atque mei sigilli testimonio praesentem
cartulam communivi.

Actum publice in aula mea de Castrogunterii, millesimo centesimo nonagesimo Dominicae Incarnationis [anno], Johanne priore
tunc domus de Genestel, Helia priore de Azeio, Willelmo fratre
meo astante, Guenolfo Barre, Gaufrido meo senescallo, Gauterio
de Longneio [1], Rudulfo Pleude, Renerio coquo, et plures alii quos
taedet numerare.

XXV. — 1206. — CHARTE PAR LAQUELLE RENAUD V ET ALARD IV,
SEIGNEURS DE CHATEAU-GONTIER, DU CONSENTEMENT DES BOUR-
GEOIS ET DES HOSPITALIERS, ACCORDENT AU PRIEURÉ DU GENÉ-
TEIL LA FACULTÉ DE CÉLÉBRER LES OFFICES DANS LA CHAPELLE
DE L'HOTEL-DIEU ET ABANDONNENT EN SA FAVEUR LEURS
DROITS SUR UN TERRAIN PRÈS DE L'ANCIENNE AUMONERIE ET
SUR DEUX PARCELLES DE TERRE ET DE VIGNE. (B. 3, p. 98.)

Rainaldus et Adelardus, domini de Castrogunterii, omnibus
praesens scriptum inspecturis, salutem.

Noverit universitas vestra quod nos, assensu et voluntate burgensium de Castrogunterii et elemosinariorum domus Dei de nuovo
constructae super pontem ejusdem castri, concessimus Gosleno,
Dei gratia abbati Sancti Nicholai Andegavensis [2], et conventui
ejusdem abbatiae quod in capella Domus Dei monachi de Genestuil, quandocumque voluerint, divina celebrarunt, et si forte
contigerit parrochianos suos adesse et offerre, oblationes eorum
secum deferent et habebunt ; in cimiterio suo neminem sepelient
[elemosinarii], nisi Fratres ejusdem domus vel pauperes ibidem
receptos quos ibi ad Christum migrare contigerit.

(1) Loigné, commune du canton de Château-Gontier.
(2) Joulain fut abbé de 1202 à 1211.

Parrochianos alienos, si forte ad eorum religionem transire voluerint, non recipient, nisi suorum licentia sacerdotum.

Capellanus vero, qui pro tempore desserviet in capella, antequam serviat in capella, praedicto abbati in suo capitulo praesentabitur, et fidelitatem ei faciet quod omnia ea, quae de jure parochiali consueverunt percipere monachi sui in ecclesia de Azeio et de Genestuil, cum omni fidelitate conservabit.

Praeterea concessimus praedicto abbati et suo conventui terram, quae erat circa antiquam elemosinariam, quam libere eidem domui primitus dederant, ei et conventui suo libere et absolute in proprios usus habendam et sine reclamatione possidendam; insuper arpentum terrae et dimidium quod est inter Crucem de Azeio et Genestuil.

Praeterea concessimus eidem abbati dimidium arpentum vinearum quae [1] dicitur ad Sarpam [2] et est de feudo Guillelmi de Quercu [3], eodem modo quiete et pacifice perpetuo possidendum.

Hanc autem pactionem praedicto abbati et conventui manu cepimus servandam et defendendam.

Actum est anno ab Incarnatione Domini millesimo ducentesimo sexto.

Ut autem praesens pagina perpetua gaudeat firmitate et pace, eam sigillis nostris fecimus communiri.

Testibus his: Gaufrido, senescallo de Castrogunterii, et Hamelino hujus fratre, J. Frarr., J. Hamelino, G. Fues, R. Odoer, G. Euroboad et aliis pluribus. *Et sigillatum*.

XXVI. — 1206. — CHARTE DE JOULAIN, ABBÉ DE SAINT-NICOLAS, RAPPELANT LES FAITS EXPOSÉS DANS LA CHARTE PRÉCÉDENTE ET RECONNAISSANT AUX HOSPITALIERS LE DROIT DE CONSTRUIRE UN HOTEL-DIEU ET UNE CHAPELLE SOUS CERTAINES CONDITIONS. (C. 8, p. 303, d'après le Cartulaire de Saint-Nicolas, folio 200, verso.)

Universis Christi fidelibus praesentes litteras inspecturis, Gos-

(1) *Sic* pour *quod*.

(2) Les Serpes, hameau en Azé, voisin de Chambrezais.

(3) Le Chêne, en Azé, ancien fief mouvant d'Azé et de Saint-Julien de Château-Gontier.

lenus, Dei miseratione humilis minister ecclesiae Beati Nicholai Andegavensis, totusque ejusdem loci conventus, salutem et sempiternam in salutis auctoritate caritatem.

Quae ad perpetuam pacem et utilitatem ecclesiae Dei statuuntur, ut omnis in posterum quaestio et cujuslibet dubitationis scrupulus amoveatur, consueverunt sapientes scripturae testimonio commendare.

Quorum vestigiis inhaerentes, quae pro bono pacis statuta sunt inter nos et Raginaldum et Adelardum, dominos de Castrogunterii, et burgenses ejusdem castri et elemosinarios Domus Dei (scilicet de domo elemosinaria construenda, cum capella et cimiterio, super pontem ejusdem castri, in parrochia nostra de Azeio, quae retroactis temporibus, de assensu et voluntate nostra alibi constructa fuerat sine capella et cimiterio) praesentibus litteris facimus annotare.

Receptionibus ergo pauperum operam dantes, opera caritatis et miseriae quae ibidem debent cohiberi, nolentes impedire, concessimus vobis elemosinariis, cum assensu et voluntate ecclesiae nostrae, quod liceat vobis domum elemosinariam construere cum capella et cimiterio ;

Ita tamen quod capella unam et unicam habeat campanam nec plures, quantiscumque possessionibus et redditibus augeatur ; capellanus vero, qui pro tempore deserviet in capella, nobis in capitulo nostro praesentabitur et fidelitatem nobis faciet quod omnia ea, quae de jure parrochiali consueverunt percipere monachi nostri in ecclesia de Azeio et de Genestuil, cum omni fidelitate observabit.

Monachi vero de Genestuil, quandocumque voluerint, divina celebrabunt in capella ; et si forte contigerit parrochianos suos adesse et offerre, oblationes eorum secum deferent et habebunt.

In cimiterio suo neminem sepelient nisi Fratres ejusdem domus vel pauperes ibidem receptos, quos ibi ad Christum migrare contigerit. Parrochianos suos alienos, si forte ad eorum religionem transire voluerunt, non recipient nisi suorum licentia sacerdotum.

Ipsi vero domini de Castrogunterii et elemosinarii, cum assensu omnium burgensium, terram quae erat circa antiquam elemosinariam, quam libere eidem domui dederamus, nobis et ecclesiae nostrae donant libere et absolute, in proprios usus habendam et sine reclamatione possidendam ; insuper arpentum terrae et dimidium quae est inter Crucem de Azeio et Genestuil.

Praeterea dant ecclesiae nostrae dimidium arpentum vinearum quae dicitur ad Sarpam et est de feudo Guillelmi de Quercu, cum eodem modo quiete et pacifice possidendum.

Actum est hoc anno ab Incarnatione Domini millesimo ducentesimo sexto.

Ut autem praesens pagina perpetua gaudeat firmitate et pace, eam nostro et capituli nostri sigillo fecimus communiri.

His testibus: Godefredo priore, Johanne sacrista, Balduino celerario et elemosinario, Gueberto monacho, Stephano Panetier.

XXVII. — 1206. — SENTENCE ARBITRALE RENDUE PAR HAMELIN ÉVÊQUE DU MANS, NICOLAS ET GUILLAUME, L'UN DOYEN, L'AUTRE ARCHIDIACRE DU MANS, COMMIS PAR LE PAPE INNOCENT III, ET HOMOLOGUANT LA TRANSACTION ÉTABLIE DANS LES DEUX CHARTES PRÉCÉDENTES. (B. 65, p. 203.)

Hamelinus, Dei gratia episcopus, Nicholaus, decanus, Willelmus, archidiaconus Cenomanensis, universis praesentem cartulam inspecturis, in Vero Salutari salutem.

Noverit universitas vestra quod causam, quae inter abbatem et monachos Beati Nicholai Andegavensis, ex una parte, et dominos et burgenses et elemosinarios Castrigonterii, super domo elemosinaria ejusdem loci et ejus cimeterio, ex altera, vertebatur, commisit nos dominus papa Innocentius tertius fine canonico terminandam. Tandem vero fuit concorditer in hunc modum sospita :

Praedicti abbas et monachi concesserunt elemosinariam construi juxta pontem Castrigonterii, cum cimeterio et capella, ita quod capella illa unam solam campanam habitura sit, quantiscumque redditibus augeatur.

Capellanus vero, qui capellae deserviet, in capitulo Beati Nicholai Andegavensis abbati et conventui praesentabitur et faciet eis fidelitatem quod omnia, quae de jure parochiali monachi solebant percipere in ecclesiis de Aceio et de Genestuil, cum omni integritate fideliter conservabit.

Monachi autem de Genestuil in capella praedicta, quando voluerint, celebrabunt divina et obventiones ex parochianis suis provenientes secum deferent et habebunt.

Praeterea in cimiterio elemosinariae nemo sepelietur, nisi Fratres ejus domus vel pauperes recepti in domo ; parochianos enim monachorum nec in vita nec in morte licebit eis recipere sine licentia sacerdotum.

Sane domini Castrigunterii et elemosinarii, de assensu omnium burgentium, dederunt monachis terram quae erat circa antiquam elemosinariam libere et absolute habendam, quae videlicet terra praedictae domui a saepedictis monachis olim fuerat assignata.

Amplius etiam quoddam arpentum terrae et dimidium, quod est inter Crucem de Aceio et Genestuil, et quoddam dimidium arpentum vineae quae dicitur ad Sarpam, de feodo Gaufridi de Quercu, dederunt eisdem monachis quiete et pacifice possidenda.

Hanc autem pacis formam ad preces partium, per majorem firmitatem fecimus sigillorum nostrorum appositionibus roborari.

Actum fuit hoc anno gratiae millesimo ducentesimo sexto. *Et sigillatum tribus sigillis.*

XXVIII. — 1216, Azé. — CHARTE DE THIBAULT DE MATHEFÉLON PORTANT RENONCIATION A SES DROITS SUR DIVERSES DIMES SUR DES DOMAINES A AZÉ, APPARTENANT A SAINT-NICOLAS, SOUS LA RÉSERVE DES MESURES. (B. 4, p. 100, d'après un *vidimus* de Michel de Villoiseau, évêque d'Angers.)

Universis Christi fidelibus praesentem paginam inspecturis, Theobaudus de Mathefelon salutem in Vero Salutari.

Universitati vestrae notum facio quod cum quaedam controversia orta fuisset inter abbatem et conventum Beati Nicholai Andegavensis, ex una parte, et me, ex altera, super quibusdam villicationibus et decimis quarumdam vinearum in parochia de Azeio sitarum et super mensuris in eadem parochia hominibus tradendis, tandem, Deo volente, eadem controversia in hunc modum, me volente et approbante, est sopita.

Videlicet quod praedictis abbati et conventui remanent villicatio et decima de tenemento de Grangia, quae sunt in feodo et elemosina Adlardi de Gobis ; similiter et villicatio et decima quae sunt in feodo Johannis de Raleio, quae sunt de feodo Gaufridi

Ancipitis et villicatio et elemosina quas antecessores Johannis de Raleio dederunt abbati et conventui in feodo quod ipsi tenebant de domino de Mathefelon, remanent saepedictis abbati et conventui libere et quiete, licet ipsi monachi eandem villicationem antea juste possedissent, videlicet in domo Raginardi Aalardi et in Maslonneria [1].

Decima vero de vineis quae plantatae fuerant apud Plancham Oriot [2], scilicet in terra quam Simon Buglel dedit monachis de Azeio, remanet monachis praenominatis libera et quieta in perpetuum possidenda, licet eamdem decimam quoquomodo antea possedissem.

In aliis vero feodis quae monachi habent de dono et elemosina antecessorum meorum, decimas et villicationes et caetera quae possident, salvis aliis eorum libertatibus et tenementis, confirmo.

Verumtamen mensurae quae per totum feodum de quo facta est compositio, similiter et per totum feodum quod tenent de me et antecessoribus meis, sunt necessariae, mihi remanent et haeredibus meis ministrandae, ita scilicet quod jus sive justitia et custodia praedictarum mensurarum et quidquid pertinet ad ipsarum reprobationem, mihi et haeredibus meis remanent exercenda.

Insuper, in illa donatione quam Hamelinus de Gobis dedit prioratui de Azeio, villicatio et decima mihi et haeredibus meis remanent libere et quiete possidenda, sicut continetur inter fossatum de Fraxino et veterem portum.

Huic autem compositioni interfuerunt isti : Gaufridus de Mathefelun, Fulco de Mathefelun, fratres mei, magister Benedictus decanus Sancti Johannis Andegavensis, Guillelmus de Fogere, Mauricius le Boirne, Herveus Grifler, Herbertus de Andolleio, Radulfus de Brée, Gaufridus de Chemens, Joslinus Chauvel, Johannes de Gobis, Gaufridus de Bofeio, Matheus de Ruilleio, Guillelmus Billon, Hugo de Portu, milites ; Hardoinus Hamelini clericus, Aalardus Jacobi clericus meus, Raginardus monachus famulus meus, Gaufridus de Raleio, Gaufridus Jacobi, Simon Jacobi, Johannes Guerrif et plures alii.

(1) La Malonnière, ferme de Gennes.
(2) La Planche, ferme en Azé.

Ut haec autem compositio rata et illabata permaneret, praesentem paginam sigilli mei munimine cum appositioue sigilli venerabilis Guillelmi [1], Andegavensis episcopi, dignum duxi roborandum.

Actum publice apud Azeium, anno graciae millesimo ducentesimo decimo sexto. *Et sigillatum*.

XXIX. — 1219, 7 mai. — CHARTE PAR LAQUELLE THIBAULT DE MATHEFÉLON CONFIRME LA DONATION FAITE AU PRIEURÉ D'AZÉ PAR JEAN DE RALLAY DE TOUS SES DROITS SUR LE MOULIN DE DORDOGNE. (B. 53, p. 182.)

Omnibus praesentibus et futuris ad quos litterae istae pervenerint, Theobaudus de Mathefelon, salutem in Domino.

Noverit universitas vestra quod Johannes de Raleio dedit et concessit duas partes quas habebat in molendino de Dordonia et quidquid juris habebat in eodem loco, videlicet in pratis, in stagno et in terra, monachis de Azeio in eodem loco Deo servientibus in perpetuam elemosinam.

Et ut hoc ratum et stabile permaneat in futurum, ad petitionem utriusque partis, praesentem cartam sigilli mei munimine, salvo jure meo, roboravi.

Actum est hoc anno ab Incarnatione Domini millesimo ducentesimo decimo nono, in crastino festivitatis sancti Johannis ante Portam Latinam. *Et sigillatum*.

XXX. — 1220, Château-Gontier. — SENTENCE D'AUBIN, DOYEN D'ENTRE SARTHE ET MAYENNE, ET DE MAITRE RENAUD DE CHATEAU-GONTIER, REMPLAÇANT GUILLAUME, ARCHIDIACRE D'OUTRE-MAINE, RENDUE ENTRE SCOLASTIQUE, VEUVE DE RENAUD LE NEVEU, ET SA BELLE-SŒUR AGNÈS ET ÉTIENNE GAUCHOT, AU SUJET DE LA PROPRIÉTÉ D'UNE MAISON AU GENÉTEIL ET DE DEUX VIGNES DONT UNE A LA TUBERDIÈRE. (A. 4, p. 2.)

Universis Christi fidelibus ad quos praesens scriptura pervenerit, Albinus, decanus de inter Saltam et Meduanam, et magister Raginaudus de Castro Gonterii, tunc temporis loco domini Guil-

(1) Guillaume de Beaumont, évêque d'Angers, 1202-1240.

lelmi, archidiaconi Transmeduanensis, et nostro, salutem in Vera Salute.

Noverit universitas vestra quod grandis contencio fuit exorta inter Scolasticam, relictam Raginaudi Nepotis, ex una parte, et Agnetem, sororem predicti Raginaudi, et Stephanum Gauchot, avunculum ejusdem Raginaudi, ex altera, super quadam domo de Genesteil, de feodo Dominae[1] Castrigunterii, et quadam vinea de feodo Joslain Chauvel, apud Latibusdière[2] et alia vinea quam acquisierat in eodem feodo Raginaudus Nepos et Scolastica praedicta.

Haec omnia dicebat Agnes praedicta et Stephanus Gauchot ad eosdem de jure patrimoni pertinere ; e contrario Scolastica asserebat quod domus et vinea praedictae legatae fuerant in elemosinam Raginaldo, quondam marito ipsius, a Guillelmo Rossel, avunculo praedicti Raginaudi, et praedictus Raginaudus legaverat in elemosinam domum et vineam eidem Scolasticae ad omnem suam voluntatem faciendam, et insuper parte illius vineae, quam emptionis titulo possidebant.

Cum autem hujusmodi causa inter eos fuisset diucius ventilata, tandem bonorum virorum consilio, sic fuit compositum inter eos :

Scolastica enim reliquit Agneti et Stephano Gauchot domum de qua erat contencio inter eos, et elemosinae quam dicebat se habere in praedicta domo abrenunciavit corporali praestito juramento.

Agnes autem et Stephanus Gauchot et Christiana, uxor ejus, juramenti cautione interposita, in bona pace praedictas vineas reliquerunt praedictae Scolasticae ad faciendum quidquid vellet de eis.

Haeredes autem Stephani et Christianae illud idem concesserunt habitis concessionibus suis. Alii autem qui de genere erant super Agnetem et Stephanum Gauchot concesserant judicio mediante. Scolastica vero praedictas vineas legavit in elemosinam Petro,

(1) Il faut probablement lire *Domini*, car Alard IV n'est mort qu'en 1226.

(2) La Tuberdière, ferme en Azé (*Dict. topographique de la Mayenne*) ; la Truberdière (*Carte du ministère de l'Intérieur*).

marito suo, et haeredibus suis, si supervixerint Scolasticae praedictae.

Hoc totum factum fuit in audiencia et praesentia magistri Raginaudi qui tunc temporis erat in loco domini archidiaconi tunc
temporis et nostro.

Et ne de caetero super hoc posset calumpniosa . . . . . suboriri,
praesentem cartulam sigilli nostri karactere duximus confirmandam, ajuncto sigillo praedicti magistri ad evidencioris testimonium veritatis.

Actum publice apud Castrum Gunterii anno millesimo ducentesimo vigesimo byssextili.

**XXXI. — 1221. — CHARTE PAR LAQUELLE L'ABBÉ HEMERY MET
PIERRE DE VILLAINES EN POSSESSION D'UNE MAISON ET D'UNE
VIGNE SITUÉES AU GENÉTEIL, RUE TROUVÉE, DÉPENDANT DE LA
SUCCESSION DE NICOLAS SAUVELOUP, A CHARGE DE PAYER SIX
SOUS DE CENS AU PRIEUR DU GENÉTEIL. (A. 5, p. 3.)**

Universis Christi fidelibus praesentes litteras inspecturis,
Hamericus, Dei permissione humilis abbas Beati Nicholai Andegavensis, et conventus ejusdem loci salutem in Christo.

Universitati vestrae notum fieri volumus quod nos tradidimus
Petro de Villana cognamento dicto, monacho, tenementum Nicholai de Sauvelou[1] defuncti situm in feodo nostro apud Genesteil,
in ruga quae dicitur Troée, videlicet quamdam domum et
vineam post eamdem domum sitam, ad sex solidos annui census
persolvendos priori nostro de Genesteil in vigilia Nativitatis
Domini, sibi et haeredibus suis in perpetuum possidenda ad
voluntatem suam, salvis nobis nostris redevenciis, modis omnibus faciendam.

Et ne super hoc possit in posterum aliqua dubitatio suboriri,
praesentes litteras, praesentibus Willelmo priore abbatiae, Willelmo sacrista, Raginardo celerario, Constancio elemosinario, Gervasio baiolo, Andrea panetario, et pluribus aliis, sigillorum
nostrorum munimine fecimus roborari.

Actum anno gratiae millesimo ducentesimo vigesimo primo.

(1) Sauveloup, en Azé, ancien fief vassal de la terre des Forges.

XXXII. — 1223. — CHARTE D'HAMELIN DE TROUVÉE, PAR LAQUELLE
IL RECONNAIT DEVOIR AU PRIEUR D'AZÉ NEUF DENIERS DE CENS
SUR UN PRÉ QU'IL A ACHETÉ DE JEAN HARDOUIN ET DE SA
FEMME HERSENDE. (B. 5, p. 102.)

Universis praesentes litteras inspecturis, Hamelinus de Troeia
salutem in Domino.

Noveritis quod ego, Hamelinus de Troeia, priori de Azeio
novem denarios de puris censibus de prato quod emi de Johanne
Harduin et Hersendi, uxore sua, quod est situm inter nemus
Petri de Gaudreia et rotam de Dordel, in festo Sancti Johannis
Baptistae reddere teneor annuatim.

Et ne possem dicere vel haeredes mei in posterum quod aliter
quam censaliter possiderem, dicto priori dedi praesentes litteras
sigilli mei munimine roboratas in testimonium veritatis.

Actum anno gratiae millesimo ducentesimo vigesimo tertio.
Et sigillatum.

XXXIII. — 1243, 1er août, Château-Gontier. — LETTRE DE MICHEL
DE VILLOISEAU, ÉVÊQUE D'ANGERS, CONSTATANT LE BAIL DU
FOUR D'AZÉ CONSENTI PAR SAINT-NICOLAS A MAURICE BOINARD
ET MATHIEU FERRÉ, MOYENNANT UNE RENTE DE VINGT-DEUX
SOUS ET LA CHARGE DE CUIRE LE PAIN DU PRIEUR. (B. 63,
p. 200.)

Universis Christi fidelibus praesentes litteras inspecturis
Michaël, divina permissione Andegavensis episcopus, aeternam
in Domino salutem.

Noverit universitas vestra quod, in nostra praesentia constituti,
Mauricius Boygnart et Mathaeus Ferre recognoverunt coram
nobis in jure se recepisse ab abbate et conventu Sancti Nicholai
Andegavensis, furnum suum de Azeio cum pertinentiis suis, ipsis
eorumque haeredibus tenendum et de caetero pacifice possidendum ;

Pro viginti duobus solidis usualis monetae singulis annis reddendis priori suo de Azeio, videlicet in Nativitate Domini sex
solidos, et in sequenti Resurrectione Domini sex solidos, et in
festo Omnium Sanctorum proximo subsequenti decem solidos ;

Tali modo quod praedicti Mauricius et Mathaeus et eorum haeredes praedictum furnum cum praedictis pertinentiis tenentur in bono statu et legitimo tenere et panem prioris sui de Azeio, qui pro tempore fuerit, ad usus suos facere dequoqui ad expensas omnino eorumdem, quotienscumque a praedicto priore vel ejus allocato fuerint requisiti.

De hoc autem fideliter observando ac tenendo obligaverunt coram nobis praedicti Mauricius et Mathaeus praedictis abbati et conventui se et haeredes et omnia bona sua, mobilia et immobilia, quae possident tam in feudo prioris praedicti quam in aliis feudis, vel in posterum possidebunt, ut ex tunc praedicti abbas et conventus et praedictus prior de Azeio possint se vindicare super praedictis bonis libere, si praedicti Mauricius et Mathaeus vel eorum haeredes noluerunt seu non potuerunt expressa superius adimplere.

In cujus rei testimonium nos, ad petitionem praedictorum Mauricii et Mathaei, praedictis abbati et conventui dedimus et concessimus praesentes litteras sigilli nostri munimine roboratas.

Actum apud Castrumgunterii, anno Domini millesimo ducentesimo quadragesimo tertio, in festo sancti Petri ad vincula. *Et sigillatum*

XXXIV. — 1260, 20 novembre. — ACTE DE NICOLAS, ARCHIDIACRE D'OUTRE-MAINE, CONSTATANT LE DON DE TROIS QUARTIERS DE VIGNE AU CHÊNE EN AZÉ, FAIT PAR MARIE LA TROPINELLE AU PRIEURÉ DU GENÉTEIL. (A. 7, p. 5.)

Universis praesentes litteras inspecturis et audituris, Nicholaus, archidiaconus Transmeduanensis, salutem.

Noveritis quod in nostra praesentia constituta Maria, dicta la Tropinelle, dedit et perpetuo concessit, pro salute animae suae, in puram et perpetuam elemosinam, Deo et abbatiae Beati Nicholai Andegavensis et prioratui ejusdem abbatiae de Genestel, tria quarteria vinearum quae sita sunt in feodo Hamelini de Forgis [1],

(1) Forges, ferme en Chatelain, détruite en 1872. — Ancienne chatellenie importante, relevant des baronnies d'Ingrandes et d'Entrammes.

in parochia de Azeio apud Quercum [1], dictis abbatiae et prioratui habenda et in perpetuum possidenda ;

Ita tamen quod dicta Maria, quandiu vixerit, habebit usumfructum in vineis supradictis, et in morte ipsius medietatem fructuum et exituum dictarum vinearum percipiet et habebit, dictis abbatiae et prioratui medietate altera remanenda.

Post mortem vero ipsius, dicta tria quarteria vinearum dictis abbatiae et prioratui quieta et libera remanebunt in perpetuum possidenda et habenda, ratione elemosinae supradictae.

Et proprietatem dictarum vinearum, juxta tenorem praesentium litterarum, transtulit in dictos prioratum et abbatiam per traditionem praesentis instrumenti, et nos ipsam, coram nobis praesentem et praemissa confitentem in jure et in haec consentientem, expresse ad omnia praemissa et singula tenenda in scriptis diffinitive condempnavimus.

In cujus rei testimonium, sigillum nostrum praesentibus litteris duximus apponendum.

Datum die sabbati ante festum beatae Catharinae, anno Domini millesimo ducentesimo sexagesimo.

XXXV. — 1260, 18 décembre. — ACTE DE NICOLAS, ARCHIDIACRE D'OUTRE-MAINE, PAR LEQUEL HAMELIN DE FORGES DONNE AU GENÉTEIL UNE RENTE DE TROIS FOURNITURES DE SEIGLE, A CHARGE DE SIX DENIERS DE CENS, ET AFFRANCHIT TROIS QUARTIERS DE VIGNE A AZÉ, APPARTENANT AU PRIEURÉ. (A. 6, p. 4.)

Universis praesentes litteras inspecturis vel audituris, Nicholaus, archidiaconus Transmeduanensis, salutem in Domino.

Noveritis quod in nostra praesentia constitutus Hamelinus de Forgis dedit et concessit Deo et ecclesiae Beatae Mariae de Genestelio et priori et prioratui ejusdem loci, in puram et perpetuam elemosinam, tria praebendaria silligeinis ad mensuram de Genestelio, quae idem Hamelinus percipiebat et habebat, seu percipere consueverat a dicto priore, super quadam pecia vineae quam quondam tenuit defuncta Theopheria de Mongeronde, sita in parochia de Azeio, ita quod idem prior, vel ejus successores,

(1) Le Chêne, ferme en Azé, au N.-E. de Château-Gontier.

tenentur reddere dicto Hamelino et ejus haeredibus sex denarios monetae currentis singulis annis in Nativitate beati Johannis Baptistae annui census.

Praeterea coram nobis in jure constitutus, dictus Hamelinus voluit et expresse consensit quod dictus prior de Genestelio teneat et possideat ad voluntatem suam tria quateria vinearum quae sita sunt in feodo Hamelini de Forgis in parochia de Azeio apud Quercum, ita quod dictus Hamelinus aut ejus haeredes non poterunt compellere dictum priorem, aut ejus successores in dicto prioratu, ponere dicta tria quarteria vinearum extra manum suam.

Et ad hoc astrinxit se idem Hamelinus, fide in manu nostra praestita corporali, de non veniendo contra praemissa aliqua ratione, et nos ipsum praesentem coram nobis et in haec consentientem, ad omnia praemissa et singula tenenda, adimplenda et fideliter observanda, in scriptis singulariter condempnavimus.

In cujus rei testimonium, praesentibus litteris sigillum curiae Andegavensis duximus apponendum.

Datum die sabbati ante festum beati Thomae apostoli, anno Domini millesimo ducentesimo sexagesimo.

XXXVI. — 1260, v. s., 15 avril. — ACTE DE L'OFFICIALITÉ D'ANGERS PORTANT DONATION AU GENÉTEIL, PAR HAMELIN DE FORGES, DE DEUX RENTES EN SEIGLE DUES SUR QUATRE QUARTIERS DE VIGNES APPARTENANT AU PRIEURÉ, ET ABANDON DE SES DROITS SUR LES MÊMES IMMEUBLES, SOUS LA RÉSERVE DE NEUF DENIERS DE CENS. (A. 47, p. 94.)

Universis praesentes litteras inspecturis vel audituris, Officialis Andegavensis aeternam in Domino salutem.

Noverint universi quod in nostra praesentia constitutus in jure, Hamelinus de Forges confessus fuit quod Maria dicta la Tropinele dederat et concesserat abbati et conventui Sancti Nicholai Andegavensis et prioratui eorum de Genestolio de Castrogunterii, tria quarteria vinearum sita apud Quercum, in parochia de Adzeio, in feodo ipsius Hamelini, quae erant dictae Mariae et in quibus ipsa solummodo sibi retinuerat usumfructum, super quibus quarteriis vinearum praedictis eidem Hamelino debebantur annuatim tria praebendaria siliginis ad mensuram de, Azeio annui redditus et tres denarios annui census ;

Et quod dicti Religiosi tenebant ibidem unum quarterium vineae, ratione eorum prioratus praedicti, quod quondam solebat tenere defuncta Theofania de Monte Verol in feodo ipsius Hamelini, super quo quarterio vinearum ei debebantur tria praebendaria siliginis annui redditus ad mensuram praedictam.

Prout confessus est idem Hamelinus in jure coram nobis, quod sex praebendaria siliginis redditus annui dictus Hamelinus eisdem Religiosis et eorum prioratui praedicto dedit et concessit in puram et perpetuam elemosinam, transferens in eosdem Religiosos, per praesentis scripti traditionem, quicquid juris, possessionis et proprietatis ipse habebat et habere poterat in quarteriis vinearum praedictis et etiam in dicto redditu, retentis sibi tantummodo novem denariis annui census a dictis Religiosis eidem Hamelino reddendis annuatim in festo Nativitatis beati Johannis Baptistae, et quod ipse possit se vindicare in dictis quatuor quarteriis vinearum, nisi dicti Religiosi aut eorum prior de Genestolio dicto Hamelino dictos novem denarios census annui redderent sua die.

Voluit autem dictus Hamelinus ut ipsi Religiosi et eorum prior de Genestolio dicta quatuor quarteria vinearum habeant, teneant et possideant in perpetuum pacifice et quiete sine contradictione ipsius Hamelini ; nec poterit idem Hamelinus dictos Religiosos, vel eorum priorem de Genestolio, compellere ponere extra manum suam dicta quarteria quatuor vinearum, praetextu consuetudinis vel alia ratione, nec etiam dicti Hamelini haeredes.

Et nos ipsum Hamelinum ad haec observanda condempnamus in scriptis.

In cujus rei testimonium praesentibus litteris sigillum Andegavensis curiae renovatum duximus apponendum.

Datum die Veneris post *Isti sunt dies*, anno Domini millesimo ducentesimo sexagesimo, mense aprilis. GERVASIUS.

XXXVII. — 1262. — ACTE DEVANT GUILLAUME, ARCHIDIACRE D'OUTRE-MAINE, PAR LEQUEL ANDRÉ PULLEGAUT ET SA FEMME

AGNÈS SE DONNENT AU PRIEURÉ D'AZÉ AVEC TOUS LEURS BIENS.
(B. 58, p. 192.)

Universis praesentes litteras inspecturis et audituris, Guillelmus, Transmeduanensis archidiaconus in ecclesia Andegavensi, salutem in Domino.

Noveritis quod, in nostra praesentia constitutus, Andreas dictus Pullegaut et Agnes, uxor ipsius, dederunt seu dedicaverunt Deo et monasterio Beati Nicholai Andegavensis et prioratui de Azeio et monachis ibidem deservientibus, se et sua :

Videlicet herbergamentum suum cum pertinentiis, duo quarteria vinearum, quae omnia sita sunt in feodo prioris de Azeio, medietatem duorum ortorum in feodo Hamelini de Forgis, medietatem cujusdam domus sitae in feodo ipsius Hamelini, et medietatem unius domus in feodo defuncti Mathurini de Porta, et dimidium quarterium vinearum in feodo Richardi de Alleriis[1], medietatem unius petiae vinearum sitae in feodo Johannis de la Chesnaie, et quemdam ortum qui dicitur Ortus Fontis, et omnia alia bona sua mobilia et immobilia, praesentia et futura, ubicumque existentia, specialiter et expresse.

Possessionem[2] . . . .

Et nos ipsos coram nobis praesentes et praemissa confitentes in jure et in hacc consentientes expresse, ad praemissa tenenda in scriptis diffinitive condempnavimus.

Datum die sabbati post . . . . , anno Domini millesimo ducentesimo sexagesimo secundo.

XXXVIII. — 1265, juillet. — CHARTE DE FOULQUES DE MATHEFÉLON, SEIGNEUR D'AZÉ, RECONNAISSANT AUX PRIEURÉS D'AZÉ ET DU GENÉTEIL CERTAINES JURIDICTIONS ET LEUR ACCORDANT PLUSIEURS AVANTAGES. (A. 8, p. 5.)

Universis praesentes litteras inspecturis vel audituris Fulco, dominus de Mathefelon, miles, aeternam in Domino salutem.

---

(1) Les Aillères, château en Azé, en face de Château-Gontier ; le fief de ce nom dépendait d'Ingrandes et de Forges.

(2) Nous remplaçons par des points les formules déjà données dans les titres précédents, et dont la répétition serait sans intérêt.

Noveritis quod cum contencio verteretur inter me, ex una parte, et religiosos viros abbatem et conventum Beati Nicholai Andegavensis, nomine prioratuum suorum de Azeio et de Genestolio prope Castrumgonterii, ex altera, super quibusdam juridictionibus, villicariis et alta justitia, quas proponebam et dicebam me habere, tanquam dominus feodalis, in terra dictorum religiosorum et hominibus mansionariis eorumdem in parochia de Azeio, dictis abbate et conventu praemissa esse vera e contrario negantibus, tandem, post multas atelquationes, de bonorum virorum consilio, super omnibus contentionibus inter nos ad invicem motis, amicabiliter exstitit compositio in hunc modum :

Videlicet quod praedicti abbas et conventus et eorum prior de Azeio, qui pro tempore fuerit, in herbergamento dicti prioratus, scilicet domibus, cellariis, pressoriis et omnibus aliis pertinentiis dicti herbergamenti infra clausuram dicti herbergamenti sitis, et in pressorio dictorum Religiosorum sito prope magnum cimeterium de Azeio, et in omnibus hominibus in eodem manentibus et aliis ibidem delinquentibus, habebunt de caetero et explectabunt et explectare poterunt tria magna forefacta, videlicet murtrum, emptinium [1] et raptum, et omnem aliam juridictionem et villicariam altam et bassam libere et quiete cum omnibus hiis quae ad eas pertinent seu pertinere dicuntur.

Habebunt etiam de caetero dicti Religiosi et penitus explectabunt in omni alia terra sua, dominiis, feudis prioratus sui de Azeio et possessionibus ab antiquo possessis seu de novo acquisitis ab eisdem et in omnibus hominibus suis estagiariis seu mansionariis in praedictis terra, feudis, dominiis dicti prioratus existentibus, necnon etiam in quibuscumque personis aliis in praedictis locis delinquentibus et in omni terra sua, dominiis, feudis et possessionibus ab antiquo possessis seu de novo acquisitis prioratus de Genestolio, in eadem parochia et in feodo meo seu refeudo sitis, et in omnibus hominibus suis estagiariis mansionariis in praedictis terra, dominiis, feudis et possessionibus dicti prioratus de Genestolio existentibus de burgo de Azeio a dextra parte eundo recte ad ulmum de Troeta, necnon in quibus-

(1) *Incendium?*

cumque aliis personis in praedictis locis delinquentibus, juridictionem et villicariam cum omnibus hiis quae ad praedictas juridictionem et villicariam pertinent et pertinere dicuntur, sine contradictione aliqua mei et haeredum meorum, salva tamen mihi et
haeredibus meis remanente alta justitia cum omni jure et districtu
et aliis quae ad ipsam justitiam pertinent seu pertinere dicuntur,
in omnibus et singulis locis, terra et hominibus superius nominatis, quam mihi et haeredibus meis retineo habendum et explec-
tandam, dum ibidem advenerit.

Insuper omnes mensurae bladi et vini et costumae mihi et
haeredibus meis in perpetuum remanxerunt habendae et de
caetero explectandae, cum omni jure et dominio quae ad easdem
pertinent, in omnibus hominibus dicti prioratus de Azeio et praedicto pressorio sitis prope dictum cimiterium et in omnibus aliis
locis et singulis supradictis dicti prioratus, et in omnibus hominibus prioratus de Genestolio, et in omnibus feudis et dominiis
dicti prioratus existentibus seu manentibus, prout dictum est
superius, contradictione dictorum Religiosorum aliqua nonobstante, excepto herbergamento praedicti prioratus de Azeio
cum omnibus pertinentiis ejusdem herbergamenti, in quo herbergamento et ejusdem pertinentiis infra dictam clausuram, idem
prior de Azeio, nomine dictorum Religiosorum, sine contradictione
mei et haeredum meorum, habebit et de caetero explectabit
omnes mensuras et costumas cum omni jure et dominio quae ad
dictas mensuras et costumas pertinere dicuntur.

Praeterea do et concedo dictis Religiosis, pro bono pacis, unum
modium vini puri et legitimi ad mensuram de Azeio percipien-
dum et habendum, singulis annis in vendemiis, in decima mea de
parochia de Azeio, videlicet dicto priori de Azeio dimidium modium vini et dicto priori de Genestolio dimidium modium vini,
persolvendum, nomine dictorum Religiosorum, a perceptoribus
seu collectoribus quibuscumque dictarum decimarum.

Insuper quitto et remitto praedictis Religiosis et priori eorum
de Genestolio quidquid juris habebam vel habere poteram quoquomodo in decima voleriorum eorumdem infra clausuram prioratus de Genestolio sitorum, ita quod in praedicta decima ego seu
haeredes mei non poterimus aliquid juris de caetero reclamare.

Omnes vero conquestas factas ab antiquo seu de novo ab eisdem Religiosis in feodo meo seu refeudo in dicta parochia de Azcio et omnes alias possessiones suas ratas habeo et eisdem confirmo, exceptis praedicta alta justitia et praedictis mensuris et costumis, prout superius est expressum, cum omnibus hiis quae ad easdem pertinent.

Nec ego, nec haeredes mei poterimus dictos Religiosos dictas conquestas et possessiones praedictas compellere ponere extra manum eorumdem, omni consuetudini, statuto aut usagio in contrario inductis et etiam inducendis et omnibus auxiliis et beneficio juris scripti et non scripti, canonici et civilis et omnibus allegationibus et exceptionibus mihi et haeredibus meis competentibus in praemissis renuncians specialiter et expresse, et omnibus hiis quae possent opponi, dici vel obici contra formam seu tenorem praesentis instrumenti.

In cujus rei testimonium praesentibus litteris sigillum meum duxi apponendum.

Actum mense julii, anno Domini millesimo ducentesimo sexagesimo quinto.

XXXIX. — 1265, v. s., 7 janvier. Château-Gontier. — CHARTE DE NICOLAS GELLANT, ÉVÊQUE D'ANGERS, RELATANT UN ACCORD ENTRE LE PRIEUR DU GENÉTEIL ET JEAN ROINNÉ QUI ABANDONNE AU PRIEURÉ DES VIGNES AU NOYER, A MALABRI ET A CHAMBRESAIS. (A. 9, p. 8.)

Universis praesentes litteras inspecturis vel audituris Nicholaus, divina permissione Andegavensis ecclesiae minister indignus, salutem in Domino.

Noveritis quod, cum contencio verteretur coram officiali nostro apud Andegavum, inter priorem de Genestolio ex una parte, et Johannem dictum Roinne ex altera, super quodam quarterio vineae sito apud le Noïer [1], quod quondam fuit defuncti Johannis Mazeline et defunctae Theophilae, quondam uxoris dicti defuncti, et super quodam alio quarterio vineae sito apud Malabri [2], in feodo Guillelmi de Quercu militis, et super quodam dimidio quar-

(1) Le Noyer, ferme en Azé.
(2) Il existe plusieurs fermes de ce nom, notamment en Loigné et Chemazé.

terio vineae sito apud Campum-Brezais[1], in feodo Richardi de
Alleriis, quae petebat dictus Roinne a dicto priore, ea ratione
quia dicebat sibi data fuisse in perpetuam elemosinam a dicta
Theophila, quondam uxore dicti Roinne, dictus vero prior e contrario diceret ea data fuisse prioratui de Genestolio a dicta Theophila, tandem, de bonorum virorum consilio, super dictis contentionibus inter partes compositum extitit in hoc modum :

Quod dictus Roinne quittavit penitus et remisit dicto priori et
prioratui, in perpetuum, et ipsis causam a dicto priore habentibus
seu habituris, quidquid juris habebat seu quoquomodo habere
poterat in praemissis, cedens in jure coram nobis omni actioni
et juri sibi competentibus in mobilibus sive in immobilibus dictae
defunctae, transferens etiam in dictum priorem, nomine prioratus,
possessionem et dominium rerum praedictarum per praesentis
instrumenti traditionem.

Nichil potest etiam idem Roinne a dicto priore de caetero
petere ratione dictae elemosinae et exequtionis dictae defunctae,
nec in mobilibus, nec in immobilibus, remittens etiam idem
Roinne quidquid juris habebat, seu quoquomodo habere poterat
in exequtione dictae defunctae.

Idem vero prior quittavit eidem Roinne omnes injurias eidem
priori a dicto Roinne illatas et penitus remisit.

Renunciantes . . . .

De tenenda vero dicta compositione et fideliter et firmiter
observanda in futurum, idem prior et dictus Roinne, tactis sacro-
sanctis Evangeliis, corporale praestiterunt in nostra praesentia
sacramentum, et nos ipsum priorem et Johannem Roinne praesentes et in hoc consentientes, ad omnia praemissa et singula
tenenda fideliter et firmiter observanda, in scriptis diffinitive
condempnamus.

In cujus rei testimonium nos praesentibus litteris, ad petitionem partium, sigillum nostrum duximus apponendum.

Actum apud Castrum Gonterii die Jovis post Epiphaniam
Domini, anno Domini millesimo ducentesimo sexagesimo quinto.

(1) Chambresais, château voisin d'Azé ; ancien fief de la baronnie d'Ingrandes.

XL. — **1266, 18 juin.** — ACTE DE GUILLAUME, ARCHIDIACRE D'OUTRE-MAINE, CONSTATANT LA DONATION DE TROIS QUARTIERS DE VIGNE AU CHÈNE, EN AZÉ, CONSENTIE AU PRIEURÉ DU GENÉ-TEIL PAR MARIE LA TROPINELLE, FEMME D'HILAIRE. (A. 10, p. 9.)

Universis praesentes litteras inspecturis et audituris, Guillel-mus, archidiaconus Transmeduanensis, salutem.

Noveritis quod, in nostra praesentia constituta, Maria dicta la Tropinele, cum assensu et voluntate Hilarii, mariti sui, et aucto-ritate dicti Hilarii a nobis dictae Mariae in jure prestita inter-veniente, dedit et perpetuo concessit, pro salute animae suae, in puram et perpetuam elemosinam, Deo et abbatiae Sancti Nicholai Andegavensis et prioratui ejusdem abbatiae de Genestolio, tria quarteria vinearum quae sita sunt in feodo Hamelini de Forges, in parochia de Azeio apud Quercum, dictis abbatiae et prioratui habenda et in perpetuum possidenda;

Ita tamen quod dicta Maria, quamdiu vixerit, habebit usum-fructum in vineis supradictis et in morte ipsius medietatem fruc-tuum et exitium dictarum vinearum percipiet et habebit, dictis abbatiae et prioratui medietate altera remanente.

Post mortem vero ipsius dicta tria quarteria vinearum dictis abbatiae et prioratui quita et libera remanebunt in perpetuum possidenda et habenda ratione elemosinae supradictae.

Et proprietatem dictarum vinearum, justa tenorem praesentium litterarum, transiit in dictos prioratum et abbatiam per traditio-nem praesentis instrumenti . . . . . .

In cujus rei testimonium, sigillum nostrum praesentibus litteris duximus apponendum.

Datum die Veneris post festum beati Barnabae apostoli, anno Domini millesimo ducentesimo sexagesimo sexto.

XLI. — **1272, 7 décembre.** — ACTE DE L'OFFICIALITÉ D'ANGERS, PORTANT BAIL PAR LE PRIEURÉ D'AZÉ A JEAN LE MAU, D'UNE MAISON AVEC OSERAIE ET JARDIN A AZÉ, MOYENNANT UNE RENTE DE QUATORZE SOUS. (B. 49, p. 174.)

Universis praesentes litteras inspecturis et audituris, Officialis Andegavensis, salutem in Domino.

Noveritis quod, in nostra praesentia in jure constitutus, Johannes dictus le Mau, confessus fuit quod prior de Azeio, monachus Beati Nicholai Andegavensis, cum assensu et voluntate abbatis et conventus abbatiae Beati Nicholai Andegavensis, eidem tradiderat et concesserat quamdam domum cum oseraia, ortis et aliis pertinentiis ad dictam domum, sitam in feodo abbatis et conventus praedictorum [et] prioratus de Azeio, et in burgo de Azeio, juxta domum defuncti Raginaldi Chevalier, ut dicebat idem Johannes;

Habendam, tenendam et possidendam in perpetuum ab eodem Johanne et ejus haeredibus et ab ipso causam habentibus et habituris, ad quatuordecim solidos annui redditus seu census reddendos priori de Azeio annis singulis, terminis infra scriptis, a dicto Johanne et ejus haeredibus et causam habentibus ab eodem et etiam habituris, videlicet in festo Nativitatis Domini septem solidos et in festo Nativitatis beati Johannis Baptistae septem solidos annuatim.

Et ad hoc obligavit . . . .

Et in hujus rei testimonium et munimen, ad supplicationem dicti Johannis, sigillum curiae Andegavensis praesentibus litteris duximus apponendum.

Datum die Mercurii post festum beati Nicholai hiemalis, anno Domini millesimo ducentesimo septuagesimo secundo. VAALIN. *Et scellé.*

XLII. — 1275, 11 mai. — ACTE DE LAURENT, ARCHIDIACRE D'OUTRE-MAINE, CONSTATANT L'EXPONCE FAITE AU PRIEURÉ D'AZÉ PAR ANDRÉ PAPEGAUT ET DENISE, SA FEMME, D'UN ARPENT DE VIGNE ET D'UN BATIMENT PRÈS DE LA CROIX DE PELINART. (B. 11, p. 107.)

Universis praesentes litteras inspecturis et audituris, Laurentius, archidiaconus Transmeduanensis in ecclesia Andegavensi, salutem in Domino.

Noveritis quod, cum Andreas dictus Papegaut et Dionisia, ejus uxor, de parochia Sancti Johannis Euvangelistae Castrigunterii, tenerent quoddam quarterium vinearum situm in parochia de Azeio, in feodo prioris de Azeio, juxta Crucem de Penlinart, et dicto priori pro dicto quarterio vinearum et quodam atrio sito prope dictum quarterium vinearum quinque solidos monetae currentis nomine census annis singulis reddere tenerontur, et reddere non poterant, ut dicebant ;

Praedicti Andreas et ejus uxor praedictum atrium cum praedicto quarterio vinearum praedicto priori, tanquam domino feodali, dimiserunt et penitus quitaverunt ad voluntatem ipsius prioris et successorum suorum in prioratu praedicto plenarie faciendam, contradictione dictorum Andreae et ejus uxoris seu haeredum aut successorum quos ad hoc obligant expresse et specialiter in aliquo nonobstante.

Et fidem in manu nostra . . . .

Et, ad petitionem ipsorum, sigillum nostrum praesentibus litteris duximus apponendum in testimonium veritatis.

Actum die sabbati post festum beati Michaelis aestivalis, anno Domini millesimo ducentesimo septuagesimo quinto. HERVEUS.

XLIII. — 1277, avril. — ACTE DE LAURENT, ARCHIDIACRE D'OUTRE-MAINE, PORTANT VENTE AU PRIEURÉ D'AZÉ PAR JACQUES BOTIN ET LISÉE, SON ÉPOUSE, D'UN BATIMENT, D'UNE VIGNE ET D'UN CHAMP A PELINART, MOYENNANT CINQUANTE SOUS. (B. 25, p. 132.)

Universis praesentes litteras inspecturis et audituris, Laurentius, archidiaconus Transmeduanensis in ecclesia Andegavensi, salutem in Domino.

Noveritis quod, coram nobis in jure constituti, Jacobus dictus Botin et Lisea, ejus uxor, de parochia de Azeio, in hiis quae sequuntur a dicto marito suo authorisata,

Spontanei et unanimes vendiderunt et perpetuo concesserunt priori de Azeio quoddam atrium cum quadam petia vineae et terra ac arboribus circa dictum atrium existentibus, quae ipsi habebant, ut dicebant, sita in dicta parochia apud Pelinart, prope terram Guilleti de la Corbelière, in feodo dicti prioris ;

Habenda, tenenda et perpetuo possidenda a priore dicti loci de Azeio qui pro tempore fuerit, nomine dicti prioratus de Azeio ;

Videlicet pro quinquaginta solidis monetae currentis, de quibus

dicti Johannes et ejus uxor tenuerunt se coram nobis penitus pro
pagato.

Renunciantes . . . . . .

Datum mense aprilis anno Domini millesimo [ducentesimo]
septuagesimo septimo [1]. *Et sigillatum.*

XLIV. — 1277, décembre, Angers. — CHARTE DE JACQUES, ABBÉ
DE SAINT-NICOLAS, AUTORISANT LE CURÉ D'AZÉ A S'APPROPRIER
UNE MAISON A AZÉ, MOYENNANT UN CENS DE HUIT SOUS A PAYER
AU PRIEURÉ, ET LUI CONCÉDANT UNE VIGNE A MALABRI, POUR
DOUZE DENIERS DE CENS. (B. 12, p. 109.)

Universis praesentes litteras inspecturis et audituris, Jacobus,
permissione divina humilis abbas monasterii Beati Nicholai Andegavensis, totusque ejusdem loci conventus, aeternam in Domino
salutem.

Noveritis quod, cum Yvo dictus Chanterel, rector ecclesiae de
Azeio, augmentationes reddituum competentium magis solitorum
ad utilitatem monasterii nostri nobis fecerit supra rebus infra
scriptis quam [2] tenebat in feodo nostro [de] prioratu nostro
de Azeio ;

Considerata utilitate monasterii et prioratus praedicti, eidem
rectori concessimus et concedimus quod ipse atrium defuncti
Raginardi Alcaune, situm juxta vicum de Azeio, cum omnibus
pertinentiis dicti atrii, videlicet domibus, ortis, sileribus, vineis,
arboribus et aliis pertinentiis dicti atrii, possit appropriare vel
procurare quod approprietur ecclesiae praedictae de Azeio et
sibi tanquam rectori ejusdem ecclesiae et successoribus suis in
eadem, et quod ipse, nomine dictae ecclesiae, et successores sui
in eadem in perpetuum teneant praemissa a nobis et monasterio
nostro praedicto et priore ac prioratu ejusdem loci in perpetuum,
ad octo solidos monetae currentis annui census singulis annis in
perpetuum reddendos, in festo sancti Albini, priori nostro dicti
loci qui pro tempore fuerit, a rectore dictae ecclesiae qui pro
tempore fuerit, salvis jurisdictione et districtu nostro et prioris
dicti loci in omnibus.

(1) On a compté 1277 depuis le 28 mars 1277 jusqu'au 17 avril 1278.

(2) Il faut lire : *quas.*

Verumtamen volumus et consentimus, considerata utilitate dicti monasterii et prioratus praedicti, quod si rector dictae ecclesiae, qui pro tempore fuerit, tempore praecedente assignare voluerit et competenter assignaverit nobis et priori nostro dicti loci septem solidos annui census, monetae currentis, in feodo dicti prioratus vel alibi in loco bono et sufficienti ad utilitatem monasterii nostri et prioratus praedicti, ad voluntatem nostram, quod atrium praedictum cum pertinentiis remaneat ad duodecim denarios annui et perpetui census, salvis jurisdictione et districtu praemissorum.

Verumtamen, considerata utilitate dicti monasterii ac prioratus praedicti, eidem rectori concessimus et concedimus quod ipse et successores sui in dicta ecclesia, nomine ejusdem ecclesiae, teneant in perpetuum a nobis et successoribus nostris dicti monasterii et priore dicti loci, qui pro tempore fuerit, unum quarterium vinearum situm apud Malabri, juxta vineam Calini Gorron, in feodo nostri prioratus praedicti, ad duodecim denarios annui census monetae currentis cum decimis reddendos, videlicet illum censum annuatim.

Ita tamen quod nos non possimus rectores dictae ecclesiae, qui pro tempore fuerunt, compellere, praetextu consuetudinis patriae, ad ponendas res praedictas dictae ecclesiae a nobis amortizatas extra manum suam; dum tamen rectores ecclesiae praedictae, qui pro tempore fuerint, non possint nos nec successores nostros nec priorem dicti loci, qui pro tempore fuerit, compellere ad ponendum extra manum nostram unum quarterium vinearum situm in parochia de Azeio apud Garrinet in feodo rectoris ecclesiae ejusdem loci, quod tenet prior noster praedicti loci, in quoquidem casu.

Si nos vel priorem praedicti loci compelleret ad ponendum dictum quarterium de Garrinet extra manum nostram, similiter super alio quarterio de Malabri praedicto, sito in feodo nostro, rectorem dictae ecclesiae, qui pro tempore esset, cogere possemus.

In cujus rei testimonium praesentibus litteris sigillum nostrum apposuimus.

Datum et actum ac publice accordatum in capitulo nostro, praesentibus omnibus quorum intererat, mense decembri, anno Domini millesimo ducentesimo septuagesimo septimo. *Et sigillatum*.

XLV. — 1279, juin. — ACTE DE LAURENT, ARCHIDIACRE D'OUTRE-MAINE, PORTANT VENTE AU PRIEURÉ D'AZÉ, PAR RENAUD CORMIER ET SA FEMME JEANNE, D'UN BATIMENT AVEC VIGNE ET TERRE A PELINART, POUR LE PRIX DE SIX LIVRES. (B. 57, p. 190.)

Universis praesentes litteras inspecturis et audituris, Laurentius, archidiaconus Transmeduanensis in ecclesia Andegavensi, salutem in Domino.

Noveritis quod, coram nobis in jure constituti, Raginaldus dictus Cormier et Johanna, ejus uxor, de parochia de Azeio, in hiis quae sequuntur a dicto marito suo auctorisata, spontanei et unanimes vendiderunt et perpetuo concesserunt priori de Azeio quoddam atrium cum quadam petia vineae et terra ac arboribus circa dictum atrium existentibus, quae ipsi habebant, ut dicebant, sita in dicta parochia apud Pelinart, prope terram Guilleti de la Corbelière, in feodo dicti prioris.

Habenda . . . . . .

Videlicet pro sex libris monetae currentis de quibus dicti Raginaldus et ejus uxor tenuerunt se coram nobis penitus pro pagatis, renunciantes . . . . . .

Datum mense junii, anno Domini millesimo ducentesimo septuagesimo nono.

Transcripsit magister ALIMUS. *Et sigillatum*.

XLVI. — 1283, 2 juin. — ACTE DE L'OFFICIALITÉ D'ANGERS PORTANT RECONNAISSANCE PAR DROUET L'OLIVET ET PIERRE DU CHEMIN, ENVERS SAINT-NICOLAS, D'UNE RENTE DE DIX LIVRES, PRIX DU BAIL EMPHYTÉOTIQUE DE DIVERS BIENS SUR BAZOUGES ET LAIGNÉ. (B. 26, p. 134.)

Universis praesentes litteras inspecturis et audituris, Officialis curiae Andegavensis, salutem in Domino.

Noverint universi quod, in nostra praesentia constituti, Droetus de Oliveto[1] et Petrus de Camino[2], de parochia Sancti Remigii, ut dicebant, confessi fuerunt in jure coram nobis Andegavis, unanimi concensu, se debere et teneri viris religiosis abbati et conventui Beati Nicolai Andegavensis et monasterio eorumdem, in decem libras monetae currentis annui redditus, dictis religiosis seu eorum monasterio persolvendas singulis annis terminis infra scriptis : videlicet in Nativitate Beatae Mariae Virginis centum solidos et alios centum solidos quolibet anno ad mediam quadragesimam, a dictis Droeto et Petro, et eorum haeredibus et successoribus, seu causam habentibus ab eisdem ;

Pro traditione et concessione facta a dictis religiosis in perpetuam emphiteosim dictis Petro et Droeto rerum inferius scribendarum :

Videlicet pro sex quarteriis vinearum sitis apud Rocheroul[3], in parochia de Bazogeyo, in feodo prioris Sancti Johannis Baptistae de Castrogunterii et Johannis Barre[4] armigeris,

Et pro dimidio arpento vinearum sito apud Lasselles in dicta parochia de Bazogeyo, in feodo domini Castrigunterii,

Et dimidio arpento vinearum quod appellatur vinea ante Bremium[5], sita in feodo prioris Castrigunterii,

Et tertiam[6] partem cujusdam arpenti vinearum sitam juxta herbergamentum de Bremio in feodo domini Castrigunterii,

Et quamdam cortilleriam cum suis pertinentiis, domibus, debitis et aliis rebus ibidem existentibus, sitam ante Bremium in feo abatissae de Nido Avis[7],

Et quatuor costeria vini et dimidium,

Et triginta solidos et tres denarios quos Jacobus de Coceyo, Michael Rousselli praepositus de Credonio, Brenarius de Burgo

----

(1) Olivet, faubourg de Château-Gontier. La rue d'Olivet existe encore ; la porte de ce nom a été détruite.

(2) Le Chemin, ferme en Bazouges.

(3) En quittant Château-Gontier, sur la route d'Ampoigné, on trouve la côte de Rochereul, en Bazouges.

(4) Cet écuyer appartenait probablement à la famille qui a donné son nom au fief des Aunais-Barré, en Bazouges.

(5) Brain, en Laigné.

(6) On ne s'explique pas cet accusatif au lieu de l'ablatif.

(7) Nyoiseau, canton de Segré (Maine-et-Loire).

Raginaldi [1], dicta la Gaudine et ejus filius et Guillelmus Boves debebant annis singulis, videlicet : Jacobus de Coceyo duos solidos et dimidium super quodam quarterio vinearum sito apud Burgum Raginaldi, in feodo dictae abbatissae ; Bernerius de Burgo Raginaldi tres solidos et quatuor denarios super quibusdam vineis sitis apud Burgum Raginaldi, in feodo domini Castrigunterii ; dicta la Gaudine et ejus filius duos solidos super quodam prato sito apud Burgum Raginaldi, in feodo dictae abbatissae ; Guillelmus Boves quatuor solidos et quinque denarios super quadam petia vineae sita apud Burgum Raginaldi, in feodo dicti domini et super feodo de Monte Accuto [2] quod tenetur a domino de la Macheferriere novem solidos censuales ; habenda . . .

Ad quae omnia praemissa universa et singula fideliter observanda dicti Droetus et Petrus obligant se . . . . et maxime obligat praefatus Droetus quinque quarteria vinearum sita in feodo abbatissae de Nido Avis prope Bremium et unam oseriam et unum pratum dictum Unius Hominis et quinque solidos censuales quos Johannes de Brochia [3] debet in festo Omnium Sanctorum.

Praefatus vero Petrus obligat ob praemissa herbergamentum de Bremio cum sex dietis terrae dicto herbergamento pertinentibus et dimidium arpentum vinearum situm in feodo Mauricii de Mauvinet [4] militis, et unum aliud dimidium arpentum vinearum situm in feodo prioris de Castrogunterii et omnia sua . . . .

Datum die Mercurii ante Penthecosten Domini, anno Domini millesimo ducentesimo octogesimo tertio.

XLVII. — **1297, 28 octobre. — VENTE PAR LES ÉPOUX JEANNET FAIL ET ROBIN GARNIER, A ROBIN NOBILLE, D'UNE MAISON A AZÉ. (B. 14, p. 113.)**

« Johannet Fail et Coleyte sa femme et Robin, frère de ladite Coleste, fils feu Thomas Garnier, de la paroisse d'Azé, » vendent à Robin Nobille, moyennant le prix de « seys livres et demi de Tournaes ou de la monnoie courant » payé comptant, « une

(1) Bourg-Renaud, fief dans la paroisse de Bazouges.
(2) Montaigu, ferme de la même commune.
(3) La Brosse, en Menil, ou les Brosses, en Chemazé.
(4) Mauvinet, fief en Ruillé-Froidfont, relevant de Château-Gontier.

messon o les courtiz et o les arbres et o les cloaysons de environ
appartenans à ladite messon et lesquelles chousses furent jadis
feu Thomas Garnier, sise ou bourt d'Azé et au fey monsour Gou-
resse et au fey à la dame de Ralley, entre la messon Audigier et
la messon Robin Hardi. » — Le montant du cens est resté en
blanc.

XLVIII. — 1297, v. s., 2 mars. — VENTE A ROBIN NOBILLE, PAR
 LES ÉPOUX HERBERT LE MAÇON, D'UNE VIGNE A AZÉ. (B. 13,
 p. 111.)

« Herbert Le Maçon et Amélie sa fame, de la paroisse de Azé, »
vendent à Robin Nobille « un quartier de vingne sis en ladite
paroisse, ou cloux des Gaudrées et ou fey monsour James de
Loysson, chevalier, » pour le prix de « oict livres tournaes ou de
monnoie courant, » payé comptant et à la charge de payer au
« seicgneur de fey, quatre deniers en la feste aus mors pour tous
deveirs et pour toutes obéissances. »

XLIX. — 1302, septembre. — APPROBATION PAR LES ÉPOUX ROBIN
 NOBILLE, D'UN PARTAGE ANTÉRIEUR. (B. 55, p. 185.)

Robin Nobille et Jehote, sa femme, de la paroisse d'Azé,
déclarent « qu'ils ont ferme et estable les parties qui autrefois
avaent esté faictes entre Jehan Tritaut et Henry, de l'ostre des
Guenouillez et des appartenances, en ceste mennière qui s'enceit ;
c'est assavoir que les arbres anciens sunt et serunt communaux
tant comme ils durront et des édiffices novelles que ils feront
chescun au sen demouront quittement à eux et à leurs hers, à
chescun de eux en sa partie. »

L. — 1305, 25 novembre. — CONSTITUTION PAR ROBIN NOBILLE,
 AU PROFIT DE MACÉ BRUCHOT, D'UNE RENTE DE QUINZE SOUS.
 (B. 16, p. 116.)

Macé Bruchot, paroissien d'Azé, cède à Robin Nobille « quinze
souls tournaes ou de la monnoie courant en Anjou, de reinte
anuel et perpétuel à aveir, à prendre et à receveir à tousjourmès
. . . . en la feste de saint Denis, sur tous ses biens meubles et

immeubles, présens et avenir, pour le pris de quatorze livres de la monnoie courant que ledit Macé ot et reçut. »

LI. — 1309, 17 août. — DONATION DE DIVERS IMMEUBLES PAR ROBIN NOBILLE ET SA FEMME LAURENCE, A HAMELINE TURTAUT. (B. 17, p. 118.)

« Robin Nobille et Lorence, sa fame, de la paroisse d'Azé, » donnent et « octroient en perpétuel aumosne à Hamelote, la fille Jahan Turtaut, la metié d'une meson . . . . sise à la Turtaudière, ou fey Jahan de la Chesnaie, et une pièce de prez et de courtil . . . . sise de l'autre part de l'estre de la Turtaudière, entre le prey monsour Pierres de Forges d'une part et l'ouseraye au monsour de Mathefélon de l'autre, au fey au prioul d'Azé à un denier. »

LII. — 1311, v. s., 20 février. — DATION EN PAYEMENT PAR LES ÉPOUX MACÉ BRUCHOT AUX ÉPOUX NOBILLE. (B. 18, p. 119.)

« Macé Bruchot et Jahanne sa femme, » pour se libérer de la rente de quinze sous créée par l'acte n° L, abandonnent à Robin Nobille et à sa femme Laurence « un quartier de vigne . . . en ladite paroisse (d'Azé) . . . . sis sur le pré de la Planche-Oriot, joignant à la vigne Jamet Binchat, ès fez monsour Pierre de Forges. »

LIII. — 1314, v. s., 27 janvier. — VENTE PAR LES ÉPOUX JAMET DU PORT, AUX ÉPOUX NOBILLE, DU QUART D'UN PRESSOIR ET D'UNE MAISON A AZÉ. (B. 19, p. 121.)

« Jamet dou Port, mousnier ou celuy de Pendu, et Coloite la Ferrée, sa femme, de la paroisse d'Azé, » vendent à Robin Nobille et à sa femme Laurence « la quarte partie que il avaint en un pressoir et en toute la meson qui est dessus . . . . sis en laditte paroisse, jouto le cimetière d'Azé, davant le pressoir au prioul d'Azé, au fé dudit prioul » à charge de quatre deniers et maille de cens, moyennant « quarante soulz de monnoie courant que ledit Jamet et sa femme orent, receurent et dont ils se tindrent . . . dou tout en tout pour bien paiez. » Le surplus de ces biens appartenait savoir : aux « hers à la feu Loune d'Azé qui y ont la

métié et Macé Pléchart froyre à laditte Coloite qui y a le quart. »
R. DE HOUSS . . . . *Et scellé.*

LIV. — 1316, 9 mai. — BAIL EMPHYTÉOTIQUE DE LA TERRE DE LA
PRÊTERIE PAR L'ABBAYE DE SAINT-NICOLAS A JEAN BRULLÉ,
MOYENNANT SOIXANTE SOUS PAR AN, DONT SIX DENIERS DE
DEVOIR AU PRIEUR D'AZÉ. (B. 70, p. 212.)

Universis praesentes litteras inspecturis et audituris, Officialis
curiae Andegavensis, salutem in Domino.

Noveritis quod, coram nobis in jure constitutus, Johannes dictus Brullé, parochianus de Azcio, confessus fuit et est se recepisse in perpetuam emphiteosim a religiosis viris abbate et conventu monasterii Sancti Nicolai Andegavensis.

Quemdam locum qui vocatur la Presterie [1], in quo solebat esse
herbergamentum, situm in dicta parochia, una cum terris, ortis,
pratis, pascuis, nemoribus, landis et rebus aliis quibuscumque,
sitis in feodo domini de Mathefelon, cum pertinentiis praemissorum.

Habendum . . . .
Pro sexaginta solidis monetae currentis annui et perpetui redditus, de quibus idem Johannes solvet et ejus haeredes et causam
ab eo habituri perpetuo solvere tenebuntur et possessores et
detentores praemissorum, annis singulis, domino de Matefelon
quinque solidos monetae currentis annui redditus pro omni alio
deverio, in qualibet Nativitate Beatae Mariae Virginis, et quatuor
solidos monetae currentis annui redditus domino de Ralay, die
Ramo[rum] Palmarum, anno quolibet, nomine dictorum religiosorum et pro eis ; et eosdem religiosos super hiis servare erga
dictos dominos et eorumdem haeredes et causam ab eis habituros
penitus servare indempnes ; et quinquaginta solidos et sex denarios dictis religiosis vel eorum mandato praesentes litteras deffe-
renti, terminis hiis, videlicet viginti quinque solidos monetae
currentis in qualibet Assumptione Beatae Mariae Virginis anno
quolibet, et viginti quinque solidos et sex denarios in quolibet

____

(1) Il existe encore en Azé une ferme de ce nom.

festo sancti Nicolai hiemalis, et res praedictas in bono et competenti statu ponere et tenere ;

Et ibidem herborgamentum sufficiens seu domum construere aut aedifficari facere suis sumptibus et expensis infra duos annos proximos a data praesentium numerandos, ad haec obligans idem Johannes praefatis religiosis et eorum monasterio unam petiam vinearum sitam in parochia de Genis, inter vineas Mathaei Le Royer ex una parte et vineas Mathaei Auberici ex altera specialiter, et res praedictas et meliorationes earumdem quas faciet in praemissis, et se et haeredes suos et possessores et detentores praemissorum.

Et nichilominus solvet et solvere tenebitur praedictus Johannes, et ejus haeredes et causam ab eo habituri in praemissis perpetuo solvere tenebuntur pro praemissis, annis singulis, nomine dictorum religiosorum et pro ipsis, sex denarios monetae currentis annui deverii priori prioratus de Azeio, terminis ab antiquo consuetis, et dictos religiosos super hiis penitus erga eumdem priorem et ejus successores in dicto prioratu servare indempnes in futurum sub obligatione praedicta.

Et renunciavit . . . .

Datum et sigillo Andegavensis curiae ad petitionem ipsius Johannis sigillatum in testimonium praemissorum, die nona mensis maii, anno Domini millesimo trecentesimo sexto decimo. G. DE GRANELLA. *Et sigillatum in duplici cauda cerae viridis.*

LV. — 1316, 9 mai. — RECONNAISSANCE DU BAIL QUI PRÉCÈDE PAR JEAN BRULLÉ [1]. (B. 71, p. 215.)

LVI. — 1320, juin. — CHARTE PAR LAQUELLE ROBERT DE BEAUMONT, SEIGNEUR DE CHATEAU-GONTIER, RECONNAIT AVOIR REÇU DE L'ABBAYE DE SAINT-NICOLAS, TRENTE LIVRES POUR L'AMORTISSEMENT D'UNE CHAPELLENIE FONDÉE PAR RENAUD DE BRAIN ET JEANNE, SA FEMME, DANS LA CHATELLENIE DE CHATEAUGONTIER. (A. 11, p. 10.)

A tous ceux qui verront et orront cestes présentes lettres

(1) Cet acte écrit en latin est signé G. DE GRANELLA, et plus bas : *Per Granellam, de mandato :* SAGE.

Robert de Beaumont, seigneur de Poencé, salut en nostre Seigneur.

Sachent tous que comme nous vouseission et nous efforcession pourforcier religieux homes et honeste l'abbé et le couvent Saint-Nycholas d'Angiers, de mettre hors de leur main une chapelenie que ils avoient en nostre chastelenie de Châteaugontier, laquelle Regnaut de Breyn et Jouhanne, sa fame, fondèrent sur les chouses de Breyn et de Margues[1] et sur lour appartenances, ou d'en fere vers nous convenable finance, par quey nous la cour fessession tenir . . . .

Nous, par trente livres de monnoie courant que frère Pierres Doeste, moine de ladite abbaie, nous a donnez, et pour la bonne dévotion que nous avons vers ladite abbaie, avons voulu et octroié et encores voulons et octroions que lesdiz religieux et lour successours tiengent et poursiègent perpétuelment et laiement ladite chapelenie, o ses apartenances, sanz ce que ils puissent estre pourforciez dores en avant, de nous ne de nos heirs, de la metre hors de lour main ne d'en fere autre finance à nous ne à noz heirs, sauve nostre seigneurie et susereineté et toute nostre justice haute et basse, laquelle nous y retenon.

En tesmoing de laquelle chouse, nous avons donné ausditz religieux cestes lettres saellées de nostre propre seau, sauf nostre droit et tout autruy.

Donné au meys de Juingn, et l'an de grace mil troys cenz et vint.

LVII. — 1320, 22 décembre. — DONATION PAR MICHEL BOUCAUT AUX ÉPOUX NOBILLE, DE SES DROITS SUR DES VIGNES A AZÉ. (B. 20, p. 123.)

« Michiel Bouquaut, paroissien d'Azé, » donne à Robin Nobille et à sa femme Laurence, ses droits sur « trois quartiers de vigne . . . sis ou cloux des Allières en ladite paroisse, c'est assavoir dous des quartiers entre les vignes Collin Fillesaye d'une partie et le grant chemin, si comme l'on vet à Fromentins[2] achevant

---

(1) Margué, ferme et moulin sur Laigné.

(2) Fromentières. Les Alllières sont séparées de cette commune par le ruisseau du Pont-Perdreau.

au russel, et l'autre quartier sis entre les vignes Morice Mordreit d'une part, et les vignes à la Baudeote, toutes lesdites chousses au fé au seigneur des Allières rennans rerrefez ; lesquelles vignes feûe Nobille mère audit Michiel et André Nobille, fils à ladite Nobille et froyre audit Michiel et père audit Robin, congnistrent[1] ensemble. »

LVIII. — 1323, août. — ÉCHANGE ENTRE ROBIN NOBILLE ET LES ÉPOUX ROBIN DE RALLAY. (B. 21, p. 125.)

Robin de Rallay et sa femme Macée, paroissiens d'Azé, cèdent à Nobille une pièce de terre « sise sus Azé, au Luynonnet, entre la terre Jahan Hamelin, d'une partie, et l'estre à la feue Loune achevant à la Fonteine, ou fé ou prioul d'Azé et tenus doudit prioul à dous souls de cens, » plus la moitié du quart d'un quartier de vigne appartenant à ladite Macée ; et Nobille leur abandonne trois sous de rente dus par « Guillaume Lefornier de la Mote » et deux sous de rente sur « Jahanne la Jouslaine. » PR. R. DE HOUSS. ... *et scellé.*

LIX. — 1331, 24 mai, Angers. — CHARTE DE BENOIT, ABBÉ DE SAINT-NICOLAS, PORTANT EMPHYTÉOSE AU PROFIT DU CURÉ DE LOIGNÉ. (A. 44, p. 90, d'après un *vidimus* de Gaultier et Brignon, notaires en la Cour d'Angers, du 4 août 1467.)

Du consentement d'Hugues, prieur de Sainte-Marie du Genéteil, l'abbé Benoît donne en emphytéose à Jehan, recteur de l'église de Loigné, et à ses successeurs, toutes les dîmes en blé, vin et autres fruits, appartenant au prieuré du Genéteil dans les paroisses de Loigné et de Houssay, moyennant une rente de onze setiers de seigle, mesure de Craon.

LX. — 1331, 24 mai, Angers. — APPROBATION DE CET ACTE PAR L'OFFICIAL D'ANGERS ET Mᵉ ROBERT HÉLYE, CHANOINE DE SAINT-MARTIN D'ANGERS, VICAIRES GÉNÉRAUX DE L'ÉVÊQUE FOULQUES DE MATHEFÉLON, ABSENT[2]. (A. 43, p. 87, d'après le même *vidimus*, que le numéro LIX.)

(1) *Conquistrent.*
(2) Cet acte, en latin, est signé DALIVIER.

LXI. — **1335, 23 juin. — RATIFICATION DE CETTE APPROBATION PAR FOULQUES DE MATHEFÉLON** [1]. (A. 43 bis, p. 89, d'après le même *vidimus* que le numéro LIX.)

LXII. — **1360, v. s., 23 janvier. — VENTE DEVANT L'OFFICIAL D'ANGERS, PAR LES ÉPOUX JEAN LE MEIGNAN A GEOFFROY DE LAUNAY, PRIEUR DU GENÉTEIL.** (B. 23, p. 129.)

Jean Le Meignan, dit de Bretagne, et Jeanne, sa femme, vendent à Geoffroy de Launay un terrain « in villa de Bunneyo, » relevant du fief de la Godière à deux sous de devoir, moyennant deux écus d'or au coin de Philippe, roi de France[2]. ROLLANDUS et plus bas : *P. Rollandum*, GUY *avec paraphe et scellé.*

LXIII. — **1364, v. s., 28 mars, Château-Gontier. — RECONNAISSANCE PAR RICHARD MOLIÈRES, ENVERS GEOFFROY DE LAUNAY, PRIEUR DU GENÉTEIL, ET SES SUCCESSEURS, D'UNE RENTE DE QUATRE SOUS.** (A 13, p. 12.)

Richard Molières, de Château-Gontier, confesse devoir à « Geuffrey de Launay, prieur dou priouré de Nostre Dame de Genesteil, pour lui et pour successours, quatre sols en monnoie courant de rente annuel et perpétuel pour chascune feste de Toussains chascuns ans, au nom et par Jehan Leubaisie et Jahenne, sa femme, et des hoirs feu Jahan de Saint-Oüain [3] et de Guillaume Le Remendoins et de Jehanne, sa femme, et des hoirs feu Michel Douheaume, » en raison des biens dont il a hérité de feu Michel, son père. Cette rente est assise « sur un quartier de vigne sis à Tortyfume [4], entre la vigne Philippon Daoulet d'une part et la vigne Macé Paisson d'autre part, et sur un apentil que ledit Richart tient à rente de Pierre Beauchief. P. J. DELEIGNE, *avec paraphe.*

LXIV. — **1370, 16 décembre, Angers. — CESSION PAR JEAN GODIER**

(1) Ces lettres portent la signature ROUXELLUS.

(2) Dans cet acte, en latin, G. de Launay n'agit pas au nom du prieuré ; néanmoins nous n'avons pas cru devoir le passer sous silence.

(3) Saint-Ouen, près de Chemazé.

(4) Tartifume, en Villiers-Charlemagne, est le seul lieu de ce nom cité par M. L. Maître.

Jean Godier, paroissien d'Azé, cède à « Geuffroy de Launay, prieur de Nostre-Dame du Genéteil, » et à ses successeurs, moyennant cinquante-cinq sous tournois payés, une rente de cinq sous six deniers, due par Etienne Floury « sur un herbergement, o le courtil et apartenances sis en Troüée, entre la meson Jehan Bonnier d'une part et de l'autre part à la meson qui fut feu Hervé Prunier, aboutant à la rue de Troüée. » DESNAULX, *avec paraphe.*

LXV. — 1371, v. s., 1ᵉʳ février. — COMMISSION DE SACRISTE DE LA PAROISSE D'AZÉ, RENOUVELÉE A YVON BREILLINET. (B. 24, p. 130.)

Sachent tous présens et avenir comme Frère Jehan des Quartes, moine de Saint-Nicolas d'Angiers, priour du priouré d'Azé, Jehan Le Mestre, recteur de ladite yglise pour celuy temps, messire Jehan d'Ingrandes, chevalier, Jehan, seigneur de Rallay, Jamet Maillart, clerc, Colin Tachereau et Guillaume le Bar, procureur de la fabrice de ladite yglise pour celuy temps, Jahannin Goyau, Perrin Liévin, Louys Chateil, Jehan Godoul, Jehan de la Mote, Macé Breton, Gillet Breton, Jehan Rallier, Jehan Lenau, Berthelot My, Drouet Lasnier, Jehan Jouces, Lucas Cochereau et plusieurs autres, la plus grande et suffisante partie des paroissiens de ladite paroisse, eussent japieçza donné et ottroyé d'un commun assentement et de leur bonne volonté à Yvon Breillinet, chantre, l'office de la segrétennerie de la dite yglise et paroisse d'Azé, o tous les droits, pouffits et émolumens, deppendances et appartenances d'ycelle, à avoir, tenir, user, exercer et explectier tout le temps de sa vie durant ;

Et de celuy don et ottroy ainsi fait yceulx dessusdits eussent donné audit Yvon unes lettres scellées des sceaulx dont l'en usoit aux contrats de nostre court d'Azé à ce mis à leur requeste, si comme ils dient, avec les sceaulx des dessusdits priour et recteur, qui pour le temps estoient, et de messire Jehan d'Ingrande, chevalier, et Jehan seigneur de Rallay dessusdits, à ce mis pour plus grant confirmation de verité ;

Et depuis par la fortune de la prinse et destruction de la ville de Chasteaugontier faite par les compagnies des Anglois estant au royaume de France [1], ledit Yvon eust perduës ses lettres dessusdites, niantmoins qu'il ait tousjours bien et suffisamment continuellement deservi ledit office, et fait encor de jour en jour ;

En droit pardavant nous présens les dessusdits prieur et gentilshommes et monsr Richart Rebédy, à présent recteur de ladite yglise, et tous les davant dits paroissiens, ovecques Estienne Le Melle et Drouet Pitaut, procureur à présent de la fabrice de ladite yglise, cognurent et confessèrent, d'un commun assentement et de leur bonne volenté, que en ratifflant et confirmant et pour avoir et tenir ferme et estable ladite donaison et tout ce que dessus est dit, ont donné et ottroié et encores donnent et ottroient audit Yvon ledit office, ainsi que dessus est dit, sa vie durant tant seulement, o tous les prouffits, émolumens, appartenances et deppendances d'yceluy et de ce faire deuement li ont donné et donnent tous les susdits, chacun pour tant que li touche, plain povoir et commandement.

Et en témoing . . . .

Ce fut donné le premier jour de février en l'an de grâce mil trois cent soixante et unze, *et scellé.*

LXVI. — 1372, 17 juillet. — SENTENCE DE L'OFFICIAL D'ANGERS CONDAMNANT HERVÉ, CURÉ DE LOIGNÉ, A SERVIR LA RENTE DE ONZE SETIERS DE SEIGLE CRÉÉE PAR LE BAIL EMPHYTÉOTIQUE DU 24 MAI 1331. (A. 35, p. 60.)

A la requête de Geoffroy, prieur du Genéteil, représenté par Jean Dourdouigne, clerc, et cautionné par M⁰ Renaut de Favière, Hervé, recteur de la paroisse de Loigné, est condamné à payer les deux derniers termes échus de la rente de onze setiers de seigle, prix de l'emphytéose donnée ci-dessus (n° LIX). Prononcé en présence de G. Guillopin et B., prieur, professeurs de droit et

(1) Le 17 août 1368, quatre ou cinq cents routiers commandés par Jean Cressewel et Foulques L'Allemand, s'emparèrent de Château-Gontier.

des lois, de Mes N. Fullon et J. de Cherbeye, avocats de la cour
d'Angers ; écrit et publié par Pierre Michon, notaire impérial du
diocèse du Mans et notaire juré de la cour d'Angers. *Et scellé en
queue double de cire brune.*

LXVII. — 1393, 28 juin, Château-Gontier. — BAIL A RENTE AU
PROFIT DE ÉTIENNE GAUTIER, D'UN COURTIL AU FAUBOURG D'AZÉ,
APPARTENANT AU GENÉTEIL. (A. 14, p. 13.)

L'abbé et le couvent de Saint-Nicolas, avec le consentement de
Jean Noëllet, prieur du Genéteil, donnent à bail, moyennant une
rente de dix sous tournois, à Etienne Gautier, demeurant à Château-Gontier, un « courtil o les hayes ... sis ès forbources de
Genestel, entre les courtils dudit prieuré du bout du hault, et au
chemin par où l'en vait de Chasteaugontier à la fontaine de Daudibon[1] d'un bout et joignant d'un costé aux courtils Jehan Le
Debonnaire et d'autre costé aux courtils à la femme et héritiers
feu Perrot Hubbé, ou fié dudit priouré. » LE CHARRON, *avec
paraphe.*

LXVIII. — 1393, 14 décembre. — CHARTE DE RENAUD, ABBÉ DE
SAINT-NICOLAS, PORTANT EMPHYTÉOSE AU PROFIT DES ÉPOUX
GUILLAUME DE L'ÉPINE, D'UN EMPLACEMENT DE MAISON JOIGNANT
LES BATIMENTS DU GENÉTEIL. (A. 15, p. 15.)

Renaud, du consentement de Jean Noëllet, prieur du Genéteil,
et sur l'avis du chapitre de Saint-Nicolas, donne en emphytéose
à Guillaume de l'Épine[2] et Jeanne, sa femme, un emplacement
avec le bois préparé pour y élever une maison, ses murs et clô-
tures et le courtil derrière, le tout joignant d'un côté le prieuré
du Genéteil, de l'autre un emplacement et jardins tenus par
Robert Hamon, touchant d'un bout au grand chemin du Genéteil
et de l'autre, au jardin de Jean Le Debonnaire, dans le fief dudit
prieuré. Comme prix, les époux de l'Épine devront chaque année
payer un setier de froment, mesure d'Azé, et fournir deux faneurs

(1) La rue Daudibon, qui existe encore, longe l'hôpital Saint-Julien.
(2) Il y avait dans la paroisse de Bierné un fief de l'Épine, vassal de la châtellenie de Daon.

et deux vendangeurs[1]. Il leur est interdit ainsi qu'à leurs ayants cause, de céder tout ou partie de leur bail à une église, à un autre monastère ou à des personnes nobles sans le consentement de l'abbé, et de créer de nouvelles charges sur les biens.

LXIX. — 1394, 3 septembre, Château-Gontier. — DONATION DE TROIS RENTES PAR JEAN ERMINEL AU PRIEURÉ DU GENÉTEIL, A CONDITION D'ÊTRE INHUMÉ DEVANT LE GRAND AUTEL DE LA CHAPELLE. (A. 16, p. 17.)

Jean Erminel, demeurant à Château-Gontier, du consentement de sa femme Moricette, pour être inhumé devant le grand autel de l'église Notre-Dame du Genéteil et à la charge de divers services religieux pour lui, ses parents et ses amis, donne au prieuré trois rentes, savoir :

1º L'une de trente sols tournois due en vertu d'un bail à rente par Jehan Tripperel, sur deux maisons sises à Château-Gontier « près les Ponts, sur la Grant ruë pavée » et « devant le petit chemin par où l'en vait aux Trois-Moulins ; »

2º Une autre de soixante sous tournois « que doivent . . . . . Jehan Gévelot et sa femme . . . sur et à cause d'une courtillerie nommée la Fourtinière . . . sise en la paroisse d'Azé, » également ment baillée à rente ;

3º Enfin une rente de trente sous tournois due par « Jehan Portrinel et Gervèse Poullart et les héritiers feu Jehan Joyn, sur et à cause de leurs herbergemens et sur leurs appartenances . . . sises en la paroisse de Bazouges et à Beaumont[2], lesquelles choses furent à feu Regnault Morel et japiecza baillées à cette rente. » LE CHARRON, *avec paraphe.*

LXX. — 1403, 16 octobre, Château-Gontier. — ÉCHANGE ENTRE PIERRE CORBELLIER ET OLIVIER HAUTBOIS, D'IMMEUBLES A AZÉ ET A DOMALAIN. (A. 42, p. 84, d'après un *vidimus* de la cour d'Azé du 6 novembre 1447.)

« Perrot Corbellier, » demeurant à la Grenelle, cède à « Ollivier

(1) . . . Et duos fenatores et duos vindemiatores, gallice deux feneurs et deux vendangeurs.

(2) Beaumont en Bazouges, fief vassal en partie du prieuré de Saint-Jean.

Hautboys, de la paroisse d'Azé, » un quartier de vigne au clos de
la Pinoterie, touchant à la vigne de feu Etienne Foucaut, au chemin du Chêne à la Doitellière, à la vigne de Guillaume Bagory
et au chemin de Château-Gontier à Gennes, relevant de la Chapelle de Chaigne, à deux sols de devoir, et trois quarts de quartier de vigne au clos des Aillères, touchant aux vignes de feus
Geoffroy du Marais, Jean Lambert et Geoffroy Joullain et au
chemin de la fontaine des Aillières, tenus du fief de ce nom à un
denier maille de devoir et treize deniers de service ; le tout en la
paroisse d'Azé et chargé de trois sols six deniers de legs envers
le prieur du Genéteil.

Hautbois lui abandonne en échange une pièce de pré « contenant euvre à un homme pour demy jour ou environ, sise en la
paroisse de Dommaillon [1], ou duché de Bretaigne .... ou flé de
monsieur Bernard de la Sigogne et tenue à un denier de devoir
au terme de Nouel, » plus une pièce de terre arable dans la
même paroisse, au même fief et chargée également d'un denier
de devoir.

Témoins : « Guillaume Le Bigot, Perrin Boutier, monsieur
Mahé Joullain, prestre, et Michelle la Duboise » .... E. GAUL-
TIER, « *et scellé en queuë double et en cire vert du scel dont
l'en use ès contraulx de Chasteaugontier.* »

LXXI. — 1403, v. s., 23 février. — BAIL A RENTE D'UNE VIGNE A
AZÉ PAR LE PRIEURÉ D'AZÉ AUX ÉPOUX COLIN LEPAGE. (B. 67,
p. 205.)

« Colin Lepage et Jahanne sa fame, paroissiens d'Azé, » déclarent prendre à bail, moyennant une rente d'une mine de seigle,
mesure d'Azé, et six deniers de cens, « de religieux homme et
honneste frère Jehan de Foulitourne, priour dou priouré de
Azé ... une pièce de vigne contenant un quartier de vigne ou
environ, si comme il se pourseit o toutes ses appartenances, sis
ou cloux de Vauvert en ladite paroisse, ou flé et seignorie doudit
prieuré ; » en présence de « Jouhannet Rogues et Guillaume

____

[1] Domalain, canton d'Argentré (Ille-et-Vilaine).

Hodiou, paroissiens d'Azé, tesmoings. » DELTOUCHE, *avec paraphe et scellé en queue de cire verte.*

LXXII. — 1405, 17 mai. — TRANSACTION DEVANT RICHARD ASTE-LIN, TABELLION JURÉ DE LA COUR DE SAINT-LAURENT-DES-MORTIERS, ENTRE JEAN FOULITOURNE, PRIEUR D'AZÉ, ET MARGOT D'OLIVET, AU SUJET D'UN BOIS ET D'UN PRÉ A AZÉ. (B. 54, p. 182.)

« Margot Dolivet, dame de Gaudrée, » reconnaît avoir fait couper à tort « et mener par sus l'ayve à son houstel . . . certain boys qui est audit prieur à cause du prieuré . . . sis ou cloux de Gaudrée, abutant au pré Pahen près le gibet de Gaudrée ; » et elle paie au prieur, « en la présence de Jehan Marin, chastelain et sergent d'Azé, Guillaume Bourré, Jamin Le Mau, Jehan Paumier, Macé Audigier, Thomas Le Bannier, Jehan Bérie, Jehan Bruneau de la Roche et son fils, Loys Aubert, Jehan Pélerin, André Martin, Geoffroy de la Haye, Hervé Broessin, Perrin Chebaut du Menail et de plusieurs autres tesmoings ad ce requis, la somme de deux sols six deniers tournois. » Elle reconnaît aussi que le prieuré est propriétaire de la haie de ce bois et d'une « noë de pré » entre le bois et la Mayenne, jadis exploitées par Jean Despiaites [1], alors prieur dudit prieuré. R. ASTELIN, *avec paraphe et scellé.*

LXXIII. — 1405, 16 août — VENTE PAR LES ÉPOUX PIERRE LAN-DAIS, AU PRIEURÉ D'AZÉ, D'UNE PIÈCE DE TERRE AU PONT-DE-TERRE. (B. 28, p. 138.)

« Pierrot Landays et Guillemete, sa femme, paroissiens d'Azé, . . . confessent . . . avoir vendu . . . à religieux homme et honneste Jehan Foulitourne, prieur dou priouré d'Azé et à ses successeurs, une pièce de terre . . . sise au Pont-de-Terre, joignant au pré audit prieur et abutant d'un bout à la terre Loys Cousin et à ses frareschaux, tenuë dudit prieur . . . . pour le pris et somme de soixante souls de tournois, » payé comptant.

____

[1] Sic. Faut-il lire Jean des Quartes, comme à la charte n° LXV ?

Témoins : « Pierrot Lezé du Couldray, Colin Troussier et André Merein. » R. ASTELIN, *avec paraphe et scellé.*

LXXIV. — 1405, 29 novembre. — VENTE AU PRIEURÉ D'AZÉ, PAR LES ÉPOUX LOUIS COUSIN, JEAN COUSIN ET GUILLAUME BRISARD, D'UNE PIÈCE DE TERRE AU BOIS DE DORDOGNE EN AZÉ. (B. 29, p. 140.)

« Louis Cousin et Jamete sa femme, Jehan Cousin et Gilette, sa femme, . . . paroissiens d'Azé . . . et Guillaume Brisart et Jehanne, sa femme, paroissiens de Saint-Rémy . . . . vendent et ottroyent » à Jean Foulitourne et à ses successeurs, « une pièce de terre, . . . joignant d'un cousté au pré audit priour et de l'autre cousté aux terres des dessusdits et abutant à la terre audit priour, qui fut Pierrot Landays, au boys de Dourdogne . . . . pour le pris et somme de soixante souls de tournois, » payé comptant. Témoins Guillaume Pitaut, Perrin Le Taixier et André Martin. R. ASTELIN [1], *avec paraphe et scellé.*

LXXV. — 1411, 17 novembre. — BAIL A RENTE D'UN JOURNAL DE TERRE A AZÉ, PAR LES ÉPOUX ANDRÉ MARTIN, AU PRIEURÉ D'AZÉ. (B. 62, p. 108.)

« André Martin et Johanne, sa femme, paroissiens d'Azé . . . . confessent . . . avoir baillé et ottroyé . . . à tous temps mès . . . à frère Jehan Foullitourne, priour du prieuré d'Azé, pour luy et pour ses successeurs, un journal de terre . . . sis auprès de la Nepveurie [2], joignant à la terre audit priour d'un bout et de l'autre à la terre de Niveau et joignant à la terre Richart Pillier ; » moyennant une rente perpétuelle de huit sous tournois, et la charge de servir et continuer « au priour de Saint-Julien de Chasteaugontier [3] et à ses successeurs douze deniers de debvoir par chacun an. » Témoins : Jehan Le Comte et Jamet Doyen. J. MARIN, *avec paraphe et scellé.*

(1) Malgré cette signature, l'acte est passé en la Cour d'Azé.

(2) La Névourie, ferme en Azé.

(3) L'Hôtel-Dieu de Saint-Julien n'a jamais été un prieuré ; néanmoins le gouverneur ou administrateur s'intitulait parfois prieur.

LXXVI. — 1411, 17 novembre. — QUITTANCE PAR LES ÉPOUX MARTIN A JEAN FOULITOURNE, DE HUIT LIVRES TOURNOIS POUR L'AMORTISSEMENT DE LA RENTE CRÉÉE PAR L'ACTE PRÉCÉDENT [1]. (B. 61, p. 196.)

LXXVII. — 1415, 20 avril. — VENTE PAR MAURICE BÉRON A JEAN BRUNEAU LE JEUNE, D'UNE PIÈCE DE TERRE A AZÉ. (B. 31, p. 144.)

Maurice Béron vend à « Jehan Bruneau le jeune, demourant à la Roche d'Azé .... une pièce de terre avec les haies qui y sont ... sise ou cloux des Rauverts [2], joignant d'un cousté aux vignes Guillaume Bagory et d'autre cousté aux terres de Maudrée [3], et abutant d'un bout au chemin comme l'en va de Chaügontier à Couldray et d'autre bout à la plante Macé Audiger, ou flé ou prieur d'Azé et tenue à dix sols tournois .... et chargée de dix sols tournois de reute deus audit Jehan Bruneau .... pour la vention que ledit Maurice Béron luy en avoit japiecza faite. » Le prix s'élevant à quatre livres dix sols tournois est payé comptant. Témoins : Guillaume de la Haie, Jehan Chalumeau, Jehan Lezin et Geoffroy Clavereul. LEMOUL, *avec paraphe.*

LXXVIII. — 1416, 12 juillet. — RATIFICATION DE CETTE VENTE PAR JEHANNE, FEMME MAURICE BÉRON, DEVANT LEMOUL, NOTAIRE. (B. 32, p. 145.)

LXXIX. — 1423, 17 décembre, Château-Gontier. — BAIL A RENTE PAR LE PRIEURÉ DU GENÉTEIL AUX ÉPOUX JEHAN CHÉHÈRE ET GEFFROY BOISGUÉRIN, D'UN PRÉ ET COURTIL A AZÉ. (A. 17, p. 20.)

« Jehan Chéhère et Jehenne, sa femme, Geffroy Boisguérin et Perrette, sa femme .... demourans en la paroisse d'Azé, » reconnaissent avoir pris à bail, moyennant une rente de huit sous tournois, de Pierre Cornilleau, prieur de Notre-Dame du Genéteil, « o le congé, licence et autorité de Réverend Père en Dieu

---

(1) Cet acte est rédigé en présence des mêmes témoins et porte la même signature que le bail à rente.

(2) Le clos de Vauvert.

(3) Il faut lire Gaudrée.

Simon, humble abbé du Moustier de Saint-Nicholas d'Angiers [1]
... une pièce de terre tant en pré que courtil, laquelle fut Macé
Toutlimmet, autrement dit Demées, joignant d'une part à la
femme et héritiers feu Guillaume Aggremont et d'autre côté au
pré aux héritiers feu Robert Dugrès, abutant d'un bout au pré
Guillaume Bagory et d'autre bout au pré de l'Aumosnerie et
Maison-Dieu de Saint-Julien de Chasteaugontier, ou flé et seigneurie dudit prieuré de Genesteil et tenant de luy à un denier
de cens. » Témoins : Georget Boisguérin, Colin Noël. COPPIN,
avec paraphe.

LXXX. — 1425, 17 décembre, Château-Gontier. — BAIL A RENTE
PAR LE PRIEURÉ DU GENÉTEIL A MACÉ FORGEAIS, D'UN EMPLA-
CEMENT DE MAISON AU FAUBOURG D'AZÉ. (A. 18, p. 22.)

« Macé Forgeays, à présent demourant en la paroisse d'Azé,
.... prent... de vénérable et discret homme frère Pierre
Cornilleau, prieur du prieuré de Notre-Dame de Genesteil ...
o le congé, licence et authorité » de l'abbé Simon, « une veille
place où eut jadis maison o les mazerils et courtils darrière, avecques les harbres, haies et cloaisons ... séans en la paroisse
d'Azé et forbours de Chasteaugontier, joignant d'un costé au
courtil Pierre Piné et d'autre costé au courtil Gillet Davy,
aboutant du bout devant au grant chemin comme l'en vait
de Chasteaugontier à Saint-Laurent-des-Mortiers et d'autre bout
à la ruë de Daudibon ; lesquelles choses dessusdites furent d'an-
cienneté aux prédécesseurs de messire Pierre Damon, chevalier,
ou flé et seigneurie dudit prieuré et tenant de luy à doze deniers
de cens. » Le bail est fait, outre ce cens, moyennant une rente
de vingt sols tournois. Témoins : « Jehan Mordret, escuier, seigneur de Louvonnère, Jehan Marchais, Perrin Le Texier et Jamet
Breillé. » COPPIN, *avec paraphe.*

LXXXI. — 1428, 2 décembre. — QUITTANCE DES DROITS DE VENTE
SUR LE RACHAT DE RENTE CI-DESSUS N° LXXV. (B. 60, p. 195.)

(1) Cette mention est intéressante, car M. Port (I, 66) ne signale l'abbé
Simon de Clef que de 1420 à 1462. Ici on retrouve ce Simon dès 1423 et encore
en 1425.

« Guillaume Fléau, gouverneur, maistre et administrateur de
la Maison-Dieu de Monsr Saint-Julien de Chasteaugontier, ...
confesse avoir eu et reçu de frère Jehan Foulitourne, prieur du
prieuré d'Azé, la somme de quarante souls tournois, » à laquelle
ont été fixés les droits de vente sur l'amortissement de rente du
17 novembre 1411. G. FLÉAU, *avec paraphe et scellé.*

LXXXII. — 1429, 18 juillet, Château-Gontier. — VENTE PAR JEHAN
PIÉTIN, SEIGNEUR DE FESTILLÉ ET SA FEMME, AU PRIEURÉ D'AZÉ,
D'UNE MAISON A CHATEAU-GONTIER. (B. 34, p. 149.)

« Jehan Piétin, escuyer, seigneur de Festillé [1], et Marguerite,
sa femme, demourant de présent à Chasteaugontier . . . vendent
. . . . à frère Jehan Foulitourne priour du priouré d'Azé . . . . pour
lui et pour ses successeurs prieurs dudit prieuré . . . . une meson,
courtils, verger, cave, ... sise . . . ou bout de la ruë de la
Petite-Harelle, en la ville de Chaugontier emprès la place nommée
la fontaine de Pissot et y abutant d'un bout et de l'autre bout et
d'un costé à la meson aux héritiers feu Pierre Ciquot et Jehan
Le Fouldayer [2], lesquelles choses furent feu Perrin Delisle et
paravant feu messire Jehan Boisramé et à un appelé Frotart,
ou flé et seigneurie du maistre gouverneur et administrateur de
la Meson-Dieu et aumosnerie de Saint-Julien . . . . et tenu de luy
à douze sols six deniers de rente . . . . et six deniers de cens. »
Cette vente a été consentie « moyennant trente escus d'or de
poids d'escu de vieil or au poids de soixante et deux escus au
marc, dont lesdits vendeurs se sont tenus pour contens et à bien
poiez. » Témoins : Martin Martin, Geoffroy Bierné et autres.
G. FOURREAU, *avec paraphe, et scellé* [3].

(1) Commune de Quelaines. Le manuscrit porte à tort Gestillé. On écrit
également *Plétin*, qui avait sans doute et aurait encore dans la campagne la
même prononciation.

(2) Il faut probablement lire : *Le Souldayer.*

(3) Jehan Piétin avait acheté cette maison de Perrin ou Perrot Delisle, suivant acte de la Cour de Saint-Laurent-des-Mortiers du 8 avril 1420 ; Delisle
en était possesseur en vertu d'un bail à rente que lui avait consenti messire
Jehan Dornoys, gouverneur de la Maison-Dieu de Château-Gontier, le 7 janvier 1403. Ces deux pièces figurent au manuscrit des archives à la série B,

LXXXIII. — 1430, 14 novembre. — QUITTANCE DES DROITS DE
VENTES DUS SUR L'ACTE PRÉCÉDENT. (B. 35, p. 151.)

« Pierre Gohier, prestre, maistre, gouverneur et administrateur
de la Maison-Dieu et aumosnerie de Saint-Julien[1] », reconnaît avoir
reçu de « frère Jehan Foullitourne, prieur et procureur suffisamment fondé du prieuré d'Azé .... deux escus d'or de poids
d'escu et une pipe de vin valant quatre réaulx d'or du poids de
France, » *pour les ventes et issues exigibles* sur le contrat du
18 juillet 1429; « en la présence de frère Pierre Cornilleau, prieur
du prieuré de Nostre-Dame de Genesteil près Chasteaugontier,
Guillaume Tartroux, tabellion dudit lieu de Chasteaugontier,
et autres. GOUHIER *et* G. TARTROUX, *à la requeste dudit administrateur, et « scellé du scel de ladite Aulmosnerie.* »

LXXXIV. — 1442, 5 décembre, Château-Gontier. — BAIL A RENTE
PAR LE PRIEURÉ D'AZÉ AUX ÉPOUX JEHAN AUDUGIER, D'UN
QUARTIER DE VIGNE A AZÉ. (B. 36, p. 154.)

« Jehan Audugier et Jehanne, sa femme, ... paroissiens d'Azé
.... confessent avoir prins et accepté de réverend père en Dieu
Symon, humble abbé du moustier et abbaye de Saint-Nycollas ...
et du couvent d'iceluy lieu .... un quartier de vigne .... qui de
présent est en gast, situé et assis ou cloux de Monthereul en
laditte paroisse, qui anciennement estoit l'héritage de feu Macé
Auduger et qui est le flé et seigneurie du prieuré dudit lieu
d'Azé, pour en ... poier .... au prieur dudit prieuré .... le
numbre et quantité de deux boisseaux de seigle, mesure dudit
lieu, par chacun an .... avec un denier de cens ... deu audit
prieuré pour raison dudit quartier de vigne et ses droits seigno-
riaulx. » Témoins : *Jehan Le Page, Jamet Garet* et plusieurs
autres. M. COTTEBLANCHE, *avec paraphe et scellé.*

LXXXV. — 1444, 5 décembre. — BAIL A RENTE PAR LE PRIEURÉ

nos 30 et 33, pp. 142 et 147. Si nous ne les avons pas analysées, c'est qu'elles
ne donnent aucun autre renseignement que la vente de 1429.

(1) Dans son Dictionnaire (t. I, p. 584) M. l'abbé Angot ne cite Pierre Gohier
que sous les dates 1449, 1452.

DU GENÉTEIL A JEHAN ERNOUL, D'UN QUARTIER DE TERRE A
AZÉ. (A. 19, p. 25.)

Les « religieux abbé et couvent de Saint-Nycolas près Angiers,
et frères Pierres Cornilleau, prieur du prieuré de Nostre-Dame
de Genesteil, » donnent à bail, moyennant une rente de vingt
sols tournois, outre douze deniers de cens, à Jehan Ernoul,
paroissien d'Azé, « un quartier de terre ou environ qui jadis fut
en vigne, sis ou cloux de la Fougereterie[1], en ladite paroisse
d'Azé, entre la vigne dudit prieur d'un costé et d'autre à la vigne
Johan Marin, et abutant d'un bout à la vigne au seigneur des
Chesnays[2] et d'autre bout au courtil feu Raoullet Chambrier, ou
flé et seigneurie de Chambrezais, et tenu aux charges anciens. »
Témoins : Guillaume Coursier et Ollive sa femme, Jehan Crouyer
et autres. LE MEL, *avec paraphe.*

LXXXVI. — 1444, 7 décembre, Angers. — BAIL A RENTE PAR
SAINT-NICOLAS A JEHAN DÉAN, D'UN TERRAIN INCULTE A
BAZOUGES, APPARTENANT AU GENÉTEIL. (A. 20, p. 27.)

Jehan Déan, paroissien de Saint-Rémi de Château-Gontier,
prend à bail, moyennant chaque année sept sols six deniers de
devoir et deux deniers de cens, « des religieux abbé et couvent
de monseigneur Saint-Nicollas près Angiers ... à la requête de
frère Pierres Cornilleau, prieur du prieuré de Genéteil ... ung
quartier de gast sis en la paroisse de Basoges, ou cloux du Chaf-
fault, joignant d'un cousté à la vigne au seigneur de Donmaigné
et d'autre cousté à la vigne de Jehan Cousin, aboutant d'un bout
à la vigne Jehan Forestier et d'autre bout à une rèse comme l'en
vait de la Fauvellière à la Velletière[3], ou flé dudit prieur de
Genestuil. » Témoins : Raoullet Guiart et Guillaume Maugason.
LENORMANT, *avec paraphe.*

LXXXVII. — 1446, 3 décembre. — BAIL A RENTE PAR L'ABBÉ
SIMON ET LE PRIEUR D'AZÉ A ROBIN MARCHAIS, DE VIGNES A
AZÉ. (B. 56, p. 187.)

(1) La Fougetterie, ferme en Azé.
(2) Probablement la Petite-Chesnaie d'Azé, fief de la baronnie d'Ingrandes.
(3) La Fauvellière et la Belletière, fermes en Bazouges.

« Robin Marchays, à présent paroissien d'Azé ... confesse avoir pris ... de révérend père en Dieu Symon, humble abbé du moustier de Saint-Nycollas près Angers, de tout le couvent et du prieur du prieuré d'Azé ... qui luy ont baillé .... ung quartier de vigne en deux pièces sis ou cloux de Vauvert, en ladite paroisse d'Azé, une pièce de vigne qui est Jamet Saletz de Daon entre deux, joignant ledit quartier de vigne d'un cousté et d'un bout aux vignes dudit Jamet Salez et d'autre cousté à la vigne Estienne Maugny et de l'autre bout au chemin allant à Angers[1], lequel quartier de vigne dessus dit fut feu Guillaume Le Moul et aux frères de la confrairie de Saint-Michel par moitié. » Ce bail est consenti moyennant une rente de cinq sous tournois et un cens d'une maille. Témoins : Jamet Beuchier et André Jehannet. LEMEL, *avec paraphe et scellé.*

LXXXVIII. — **1446, 3 décembre.** — BAIL A RENTE PAR SAINT-NICOLAS ET LE PRIEUR D'AZÉ, A LA VEUVE DE MATHURIN BRUANT, D'UNE MAISON ET D'UN QUARTIER DE VIGNE, A AZÉ. (B. 37, p. 155.)

L'abbé Simon, tout le couvent de Saint-Nicolas et le prieur d'Azé baillent à « Michelle veufve de feu Mathelin Bruant, de la paroisse d'Azé, » savoir : 1° « une maison avec les courtils ... sise près le bourg d'Azé, davant le grand cepmetière, [aboutant] du bout d'avant et d'autre bout aux courtils Macé le Potier, qui furent feu Jannin Lemau et Jehan du Soulail, et joignant d'un cousté aux courtils Jamet Guittet et d'autre cousté aux choses Macé Ernoul, » et 2° « ung quartier de vigne .... sis ou cloux Hamelin près Gaudrée, entre les vignes Jehan Truillot d'un bout et d'un cousté, et d'autre cousté la vigne Jehan Mondeville et de l'autre bout à la vigne dudit Macé Le Potier. » Comme prix, la veuve Bruant payera au prieuré huit sols tournois de rente et deux deniers de cens pour la maison, et cinq sols tournois de rente pour la vigne ; elle lui fournira en outre deux bianneurs[2]

(1) A cette époque, la principale route de Château-Goutier à Angers était sur la rive gauche de la Mayenne et passait par Sœurdres.

(2) Hommes de corvée, journaliers.

un jour par an, l'un pour vendanger, l'autre pour faner. — Mêmes témoins. LE MEL, *avec paraphe, et scellé.*

LXXXIX. — 1447, 13 décembre. — BAIL A RENTE PAR LES MÊMES A JEAN GIRARD, D'ANCIENNES VIGNES A AZÉ. (B. 69, p. 209.)

« Jehan Girart, à présent demourant en la paroisse d'Azé .... prend ... de révérend père en Dieu Simon .... de tout le couvent et du prieur du prieuré d'Azé .... un quartier et demy de gast ou environ, où il eut jadis vigne, sis ou cloux de Bauvert[1], en ladite paroisse d'Azé, en trois pièces : l'une d'icelles joignant d'un cousté à la vigne Guillaume Cherayseau et d'autre cousté et d'un bout aux vignes Jamet Gasles et de l'autre bout aux vignes dudit prieuré ; l'autre pièce joignant d'un cousté à la vigne Michel Le Melle et d'autre cousté à la vigne Jehan Bruneau et abutant d'un bout aux vignes dudit Jamet Gasles et d'autre bout à la vigne Yvon Bruneau ; et l'autre plus[2] d'iceulx gasts ... joignant d'un cousté, aux vignes Pierre Heyrouin et d'autre cousté, aux vignes feu André Godoul et abutant d'un bout à la vigne Guillaume Rabeau, ou fié et seigneurie dudit prieuré. » Ce bail est fait moyennant une rente de sept sols six deniers tournois et « ung soul denier de cens. » BEUCHER *et* LE MEL, *avec paraphes et scellé en queue double de cire verte.*

XC. — 1405, 16 avril. — EXPONCE PAR JAMET GAULTIER AU PROFIT DU PRIEURÉ DU GENÉTEIL, DE L'EMPLACEMENT D'UNE MAISON BRULÉE PAR LES ANGLAIS. (A. 21, p. 28.)

« Jamet Gaultier, tenneur demourant ès forsbourgs d'Azé, » sur la demande que lui fait « Antoine de Brissul[3], » prieur du Genéteil, des devoirs exigibles sur une « place de maison » située audit faubourg devant la maison occupée par Jehan Mesnil, déclare devant « Nicolle Bouvet prestre et Estienne Ernoul, notaires .... que bien étoit vray que autresfois et au temps qu'il avoit maison esd. places, il y avoit demouré et payé, pour raison de ladite petite place, les devoirs qui en estoient deus au prieur

(1) *Vauvert.*
(2) Sans doute il faut lire : *pièce.*
(3) *Sic* pour *de Bussul.*

qui lors estoit par raison dudit prieuré de Genesteil ; mais que
après que les Anglois eurent brullé les maisons desdites places [1],
il se tint pardevers le prieur qui lors estoit, et renunça à ladite
petite place et en fist exponse audit prieur ... et que depuis il
n'avoit point exploité laditte place ; » en conséquence, il renou-
velle son exponce, que le prieur accepte sous la réserve des cens
et devoirs échus « là où il ne apparestra de renunciation faitte
paravant ledit jourd'huy ... Présens à ce religieux et honneste
personne frère Guillaume Le Clavier, Perrine, femme dudit
Gaultier, et autres. » N. BOUVET *et* ERNOUL, *avec paraphes.*

XCI. — **1465, 15 juillet, Château-Gontier, sous les Halles. —
TRANSACTION ENTRE GEORGES DE LA TRÉMOILLE, SEIGNEUR DE
CRAON, BAIL DES ENFANTS DU FEU SEIGNEUR DE GUÉMENÉ-
GUINGAMP, ET LE PRIEUR DU GENÉTEIL AU SUJET DU BOIS DES
ROUILLÈRES, EN PEUTON. (A. 22, p. 30.)**

« Messire Georges de la Trémoille, chevalier, seigneur de
Craon, bail à cause de dame Marie de Montauban, son espouse,
des enfans du feu seigneur de Guémené-Guingamp, » représenté
par Jean Erffroy, l'un de ses mandataires constitués par lettres
données à Rochefort le 18 avril après Pâques 1465, avait actionné
« Jehan et Jehan les Ogiers et Louis Cochart » au sujet de
l'exploitation d'une pièce de terre « en broce et grous chesnes, »
située entre les bois exploitables dépendant de la terre et seigneurie des Rouillères et la pièce des Ferrières faisant partie de
la métairie de la Moniste [2], appartenant au prieuré du Genéteil.
Le prieur Antoine de Bussul prend « en et sur soy l'adveu, garen-
tie et deffense » des sieurs Ogier et Cochart, et il est convenu
« que les groux chesnes et pièce de terre où ils étoient, avec ce
qu'il y a de bois exploictable du cousté devers laditte pièce de
terre des Ferrières, ainsi que le prouchain chemin se poursuit
tendant de la lande du Mortier à la lande du Charnier, ... le tout

(1) Pendant la guerre de Cent Ans, terminée en 1453. — Les Anglais
n'avaient plus de troupes en Anjou quelques années déjà avant la conclusion
de la paix.

(2) Probablement la Monitais, ferme en Peuton, voisine du bois des Rouillères.

du cousté devers ladite terre des Ferrières, sont et demeurent l'éritage dudit prieur et de ses successeurs avec les fruits et les dits bois exploitables et apartenances d'iceulx ; et tout ce qu'il y a de l'autre part dudit chemin … devers lesdits boys exploictables sont et demeurent avec les fruits audit bail et à ses successeurs. » Le prieur devra faire un fossé séparatif dans le délai d'un an ; faute de quoi « le sergent de ladite terre des Raoullières, appelé ledit prieur [et] son métayer audit lieu de la Moniste, …. y pourra mettre, asseoir et appouser bournes et divises par lesdits lieux merchez. » J. DE LA MARE *et* R. MAUCHEVALIER[1], *avec paraphes et scellé du sceau de la Mare.*

XCII. — 1467, 29 juin, Château-Gontier. — BAIL A RENTE PAR LE GENÉTEIL AUX ÉPOUX GUILLAUME RABEAU, DU QUART D'UNE HOMMÉE DE PRÉ A AZÉ. (A. 23, p. 34.)

Antoine de Bussul, prieur du Genéteil, donne à bail, moyennant six deniers de cens et onze sous tournois de rente, à Guillaume Rabeau et Jehanne, sa femme, paroissiens de Saint-Jean-l'Évangéliste de Château-Gontier, « une noualte de pré sise en la paroisse d'Azé avecques les hayes et cloaisons qui y appartiennent, contenant la quarte partie de l'euvre d'un homme faucheur pour ung jour ou environ, joignant d'un cousté au pré au seigneur de Luygné[2] et d'autre cousté au jardrin Jehan Cochin, abuctant d'un bout au jardrin dudit Rabeau, preneur, et d'autre bout au jardrin que tient de présent la Jolivaite par douaire, au flé dudit prieur de Genesteil. » R. MAUCHE^r *et* I. PICEYRE, *avec paraphes.*

XCIII. — 1467, 23 octobre. — LETTRE DE RELATION DE LA SAISIE DE DEUX BŒUFS APPARTENANT A L'ABBÉ DE CLERMONT, MISE A LA REQUÊTE DE GUY DE COSSÉ, PRIEUR D'AZÉ. (B. 68, p. 208.)

(1) Jehan de la Mare, sergent à cheval du Roy en son Chastelet à Paris et commissaire en cette partie. — René Mauchevalier, « notaire et tabellion à la court et jurisdiction du Roy de Château-Gontier. »

(2) Luigné, château en Coudray. — Il appartenait alors à Jean ou à Louis de la Genouillerie ; il est depuis deux siècles et demi dans la famille Déan dont une branche a pris son nom.

« Etienne Ernoul, sergent à cheval du Roy en son Chastelet à
Paris, » informe « Monsieur maistre Thomas de Fernon, licentié
ès loix, juge et garde de la prévosté et conservateur des privillèges royaux de l'Université d'Angers, » qu'en vertu de lettres
de scolarité délivrées à « frère Guy de Cossé, prieur du prieuré
d'Azé, escolier estudiant en laditte Université, » il a saisi, le 16
du même mois, sur « le lieu de Tunneau apartenant aux religieux
abbé et couvent de Clermont [1] ... deux bœufs de harnois ....
jusques à plain poiement du nombre de cinq septiers de seigle
de rente, mesure d'Azé, deus audit prieur : » qu'il les a baillés
en garde à Jehan Pioger, métayer dudit lieu, et que frère Hamelin Touchart, comme procureur desdits religieux, ayant fait opposition à la vente de ces bœufs, il a assigné l'abbé et le couvent
devant ledit Thomas de Fernon. ERNOUL, *avec paraphe et scellé
de cire rouge.*

XCIV. — 1471, 11 novembre, Château-Gontier. — PROCURATION
PAR LES MEMBRES DU CHAPITRE DE SAINT-JUST, POUR LES
REPRÉSENTER DEVANT TOUTE JURIDICTION. (A. 24, p. 30.)

« Les Chanoines, chapitre et collège de l'église collégiale de
Saint-Just de Châteaugontier » constituent et établissent leurs
« bien amez maistre Philippe Poisson, maistre Michel Le Bas,
maistre André du Moulinet, maistre Jehan du Moulinet, maistre
Jehant Bovier, Jehan Tioul, messire Michel du Moulinet, Jehan
Le Malle, Jehan Barrauld, messire Guillaume Rodier, prestre,
Jehan Petit, René Mauchevalier, Jehan Cartin, Guillaume Chace-
bœuf, Jehan Lemaczon, Guillaume Le Melle, Anthoine Hullin,
Jehan Hullin, Guillaume Tual, Jehan Le Melle, Pierre Truillot,
Michel Guibert et Thomas Perraud, » leurs « procureurs généraux et certains messaigers espéciaux » dans toutes leurs
« causes, querelles et négoces meus et à mouvoir .... par devant
tous et checuns juges, lieutenans, commissaires et autres quelx-
conques .... » *Signé : du commandement dudit chappitre,*
J. TAILLEBOYS, *avec paraphe.*

Au dos est écrit : « Présenté aux pletz du prieuré de Genesteil

[1] Abbaye cistercienne, en la commune d'Olivet (Mayenne).

9

par nous Guillaume Durand, licentié ès loix, le douzième jour de novembre l'an mil quatre cent soixante et onze. » PETIT, *avec paraphe.*

XCV. — **1473, 5 juillet, Angers. — TRANSACTION PAR LAQUELLE YVES, ABBÉ DE CLERMONT, RECONNAIT DEVOIR AU PRIEURÉ D'AZÉ LA RENTE MENTIONNÉE DANS LA SAISIE CI-DESSUS RELATÉE[1]. (B. 52, p. 179.)**

« Révérend Père en Dieu Yves, humble abbé du moustier et abbaye de Nostre-Dame de Clermont, d'une part, et frère Jehan Berthelemer, prieur du prieuré d'Azé ... d'autre part, » sur un procès « meu pardavant messieurs des requestes à Paris, où sentence s'estoit ensuye au proufflt dudit Berthelemer, dont il avoit esté appellé par ledit Révérend et l'appel relevé en la court de Parlement, » conviennent que l'abbaye de Clermont servira au prieuré d'Azé la rente de cinq setiers de seigle en question ; « et pour les arreraiges et despens ledit Révérend a poié content la somme de vingt escus en monnoie de Bretaigne à la valleur. » Témoins : Jehan Richomme, Jacquet Lohéac, Olivier Rouault, Guillaume Le Vaxer, Guillaume Hamon. BOITVIN, *avec paraphe et scellé.*

XCVI. — **1475, 4 octobre. — SENTENCE DE L'OFFICIALITÉ D'ANGERS CONDAMNANT LA FABRIQUE DE L'ÉGLISE D'AZÉ A L'ENTRETIEN D'UN ENFANT NOUVEAU-NÉ EXPOSÉ DANS LA CHAPELLE DU GENÉTEIL. (B. 39, p. 159.)**

Un enfant nouveau-né ayant été exposé sur un autel dans la chapelle du Genéteil, le prieuré et la fabrique procèdent à qui n'en aurait pas la charge et l'official d'Angers, commis par l'évêque Jean de Beauvau, rend le jugement dont le dispositif suit :

Diximus et declaravimus, dicimusque et declaramus procuratores fabricae de Azeyo ad onus praedictum teneri, praefatum priorem de super hoc liberum et immunem decernentes, salvo jure prosequendi de parte procuratorum dictae fabricae contra elemosinarium dictae parochiae aut alium seu alios de super dicto

____

[1] Voir ci-dessus n° XCIII.

crimine obnoxium seu obnoxios, contra quem seu quos jus
eorum seu actionem quoad praemissa reservavimus et reserva-
mus ; decrevimusque elemosinarium praefatum ad denuncialio-
nem dictorum procuratorum coram nobis fore citandum, proces-
surum cum eisdem ut suadebit ordo rationis. *Per Rev. Asmy
promotorem* T. BOUTARDI ; *pro registro officii papirei* VI *s., avec
paraphe.*

XCVII. — 1478, 16 mai, Château-Gontier. — ACCORD ENTRE LE
   PRIEUR DU GENÉTEIL ET LE CURÉ D'AZÉ, AU SUJET DE DIVERSES
   CÉRÉMONIES ET DES OBLATIONS. (B. 59, p. 193.)

A tous ceulx qui ces présentes verront, Jacques Giquel, notoire
et tabellion juré soubs les contrats de la Court de Chasteaugontier, salut.

Savoir fais que aujourd'huy seiziesme jour de may, l'an mil
quatre cens soixante dix et huit, en ma présence et aussi en la
présence de noble homme Jehan d'Ingrande, seigneur dudit lieu,
cappitaine de Chasteaugontier, maistre Philippe Poisson, licentié
ès loix, conseiller en court laye, maistre Guillaume Ernoul,
prestre curé d'Azé-le-Riboulle, messire Vincent Blanchouin,
Estienne Beauvoys, prestres, Macé Dassier et autres présens, tous
estans en la maison de frère Pierre de Gennes, prieur du prieuré
de Nostre-Dame du Genestay, prés ledit lieu de Chasteaugontier,

Et avecques ce estoient en laditte maison ledit prieur et messire Guillaume Cheminart, docteur en droit, curé d'Azé, qui par-
loient ensemble de plusieurs matières touchant le fait de ladite
cure d'Azé, et entre autre choses disoit ledit curé que ledit prieur
entreprennoit sur les droits de laditte cure en disant certain service qu'il ne devoit pas dire, aussi que luy ou messire Jehan
Hardouyn, son chappelain, pareillement ad ce présent, se entre-
mettoit de faire noces, amesser commères et plusieurs autres
choses préjudiciables à laditte cure d'Azé ;

Et ledit prieur disoit aussi que les chappelains dudit curé avoit
amené aux darraines processions des Rogations, la procession de
laditte cure et avoient chanté la messe à l'autier de la Trinité
estant en laditte église de Nostre-Dame, et prins les offrandes,

ce qu'ils ne devoient faire, et que de tous temps et d'anxienneté on avoit de coustume que ladilte messe desdites processions se disoit à l'aulier de Nostre Dame et avoit droit ledit prieur de en prendre les offrandes.

Et en avoient les dessusdits prieur et curé, ainsi qu'ils disoient, fourmé complainte en double en cas de saisine et de novalité l'un à l'encontre de l'autre, et illec estoient assemblez, ainsi que tous eux disoient, pour communiquer et appointer desdittes matières.

Lesquels, après plusieurs parolles dittes entre eux, ont appointé desdittes questions en la manière qui s'en suit :

C'est assavoir que au temps avenir, le prieur ne se entremeltra point d'aucunes nôces et ammessailles de commères, ne de faire choses qui peussent ne deussent préjudicier à ladite cure, et qu'il feroit au temps avenir son service de heure licite et convenable, en manière qu'il ne seroit point cause de empescher aux paroissiens d'aller au service de leur paroisse, au mieulx que faire le pourra.

Et aussi ledit curé ou ses chappelains seront doresnavant tenus de dire lesdittes messes de processions desdittes Rogations audit aulier de Nostre Dame, en la fourme accoustumée, et en prendra ledit prieur les oblations et offerendes, et des autres autiers de sadilte église, ainsi qu'il est de coustume, fors de l'aulier de Saint-Sauveur, en faisant audit curé les droits qui luy sont deus d'anxienneté sur ledit prieuré tant par deniers que autrement.

Et demoure en ce faisant ledit prieur en son entier et joyra de ses droits comme paravant lesdittes complaintes, qui, en ce faisant, demourront nulles et comme non advenuës et sans préjudice de l'une ou de l'autre desdittes parties.

Et feront lesdits curé et prieur leurs sergens taxsans chacun celui qu'il aura mis en besongne.

De toutes lesquelles paroles dessusdites ledit prieur me a requis ce présent instrument, ce que luy ay octroyé soubz mon seign manuel et, à plus grant confirmation, scellé des sceaulx des contracts de ladite court ès présences des dessusdits.

Les jour et an dessusdits. J. GIQUEL, *avec paraphe et scellé.*

XCVIII. — 1480, 20 août, Château-Gontier. — DÉCLARATION DES

BIENS DE LA CHAPELLENIE DE NOTRE-DAME DU GENÉTEIL ET
FIXATION A CENT SOUS TOURNOIS DE L'INDEMNITÉ DE FRANC
FIEF, AVEC QUITTANCE DE CETTE SOMME, A LA DATE DU 28
AOUT. (A. 25, p. 38.)

Les Commissaires ordonnés par le Roy, nostre sire, sur le fait
des fransflez et nouveaux acquêts faits par les gens d'église et
non nobles, ès païs et duché d'Anjou, vicomté de Beaumont,
estant deczà la rivière de Loyre, ressort et enclaves d'iceulx,
salut.

Savoir faisons que aujourd'huy s'est comparu et présenté en
jugement pardavant nous frère Pierres de Gennes, chappelain de
la chappellenie de Nostre-Dame de Genesteil, en la paroisse
d'Azé, près Châteaugontier,

A l'assignation qu'il avoit à comparaître pardavant nous à huy,
à la requeste du procureur du Roy, nostredit sire, pour nous bailler, par déclaration par escrit et au vray, tous et chacuns les
domaines et héritages, cens, rentes et possessions noblement
tenuës, et aussi tous les droits, leigs, acquêts et aumosnes faits,
donnez et leguiez à ladite chapellenie de Nostre-Dame de Genesteil, tant admortis que non admortis, pour du non admorty en
avoir et prendre par le Roy, nostredit sire, tel droit de francflé
qu'il luy en appartient selon les instructions et ordonnances
royaulx sur ce faites,

Lequel chappelain, en obéissant à nosdits commandemens,
nous a baillé par déclaration ce qui s'enssuit :

C'est à savoir la maison de laditte chappellenie avecques ung
journau de terre en jardin ou environ ;

Item vingt-cinq journaux de terre ou environ, tant en terres
labourables, boys, hayes, prez, que autres choses héritaux dépen-
dans de deux borderies, l'une d'icelles sise en la paroisse d'Azé
et l'autre en la paroisse de Longné[1], avec deux septiers de
froment et trois septiers de seigle de rente ;

Item de neuf à dix quartiers de vigne sise en ladite paroisse
d'Azé, tant vigne que gast ;

(1) Loigné.

Item de doze à quinze livres en deniers deus par plusieurs particuliers à laditte chapellenie ;

Item une maison en laquelle a ung four à cuire pain ;

Tenuës lesdites choses de vingt cinq seigneuries, chargées lesdites choses c'est à savoir : troys messes par sepmaine, vespres o note par chacun sabmedy, et toutes les festes de la Nostre-Dame la messe et vespres o note, et au seigneur des Aillères, quinze sols tournois et quatre boisseaulx de blé par chacun an.

A laquelle déclaration ledit prieur de Gennes, chappelain de ladite chappellenie de Nostre-Dame de Genesteil, a fait arrest, dont nous l'avons jugé et déclaré, que s'aulcuns autres en y a que les dessusdits, que dès aprésent les avons applicquez et unis au domaine du Roy, nostredit sire, et luy en avons deffendu tous exploits.

Pour raison desquelles choses ledit chappelain de la chappellenie de Genesteil a finé et composé avecques nous et de son consentement à la somme de cent sols tournoys, à laquelle finance et composition l'avons reçu et icelle modéré à laditte somme, eu regard à la grant charge tant du divin service que autres charges qu'il y a convenu faire par commandement de son prélat en saditte église de Nostre-Dame de Genesteil, et autres charges cy dessus déclarées deuës pour raison desdittes choses.

Et partant, satisfaction faite de laditte somme de cent sols tournoys à Jehan de la Rivière, commis de par le Roy, nostredit sire, à lever et recevoir les deniers venans de ladite commission, ou à maistre Jacques de Montortier, son commis, lesdites choses seront et demourront audit chappelain de laditte chappellenie de Nostre-Dame de Genesteil et à ses successeurs chappelains d'icelle, quittes et paisibles dudit droit de francfié, et tout selon la forme et teneur des instructions et ordonnances royaulx, sauf au Roy, nostredit sire, son droit en autres choses et l'autruy en toutes.

Donné à Chasteaugontier, sous nos seaulx et seign manuel de nostre greffier cy mis, le vingt sixième jour d'aoust, l'an de grâce mil quatre cent quatre vingts. JA. DE MONTORTIER, *avec paraphe.*

Plus bas est écrit: J'ai reçu de frère Pierres de Gennes, chappelain de la chapellenie de Nostre-Dame de Genesteil, pour

les causes déclarées cy dessus la somme de cent sols tournoys,
à laquelle somme il a composé.

Fait le vingt huitiesme jour d'aoust, l'an mil quatre cent quatre-
vingts. JA. DE MONTORTIER, *avec paraphe.*

XCIX. — 1480, 2 septembre, Angers. — PROCÈS VERBAL DE
DÉFAUT, A LA REQUÊTE DE PIERRE DE GENNES, PRIEUR DU
GENÉTEIL, CONTRE PIERRE MARTIN, DÉBITEUR D'UN CENS DE
QUATORZE SOLS TOURNOIS. (A. 26, p. 40.)

« Jacques Lohéac, délivrant les causes pour et en l'absence de
honorable homme et saige monsieur maistre Jehan du Chasteau,
licentié ès loix, lieutenant de monsieur le Conservateur des privilèges royaulx de l'Université d'Angiers, » donne défaut, à la
requête de « frère Pierres de Gennes, prieur du prieuré de
Genestay, escollier estudiant en laditte Université, comparant en
la personne de Jehan Louiseau, son procureur, » contre « Pierres
Martin, deffendeur opposant non comparant ne autres pour luy, »
auquel le prieur réclamait un cens de quatorze sols tournois sur
le lieu de la Ferrerie, sis en la paroisse d'Azé ; il commet Jacques
Giquel, greffier de Château-Gontier, pour interroger Guillaume
Goyau et Jehan Perault, recors d'Etienne Ernoul, sergent du Roi
en son Chastelet, présents à l'assignation donnée à Martin en la
personne de sa femme et ordonne sa réassignation. DUPRÉ, *pour
le greffier.*

c. — 1480, 5 septembre, Azé. — LETTRE DE RELATION DE CETTE
RÉASSIGNATION, SIGNIFIÉE A PIERRE MARTIN PAR ERNOUL,
ASSISTÉ DE SES RECORS MACÉ HENRY ET GUILLAUME MISE. (A.
27, p. 41.)

CI. — 1480, 6 septembre. — PROCÈS VERBAL D'INTERROGATOIRE
DES RECORS DRESSÉ PAR JACQUES GIQUEL. (A. 28, p. 42.)

Interrogés par Jacques Giquel, « en la présence de Noüel
Raoul, notoire de la Court de Chasteaugontier, savoir s'ils avoient
esté présens, le dix septiesme jour du mois d'aoust darrain
passé, à veoir bailler par Estienne Ernoul, sergent royal, terme
o jugement à la femme de Pierre Martin de le faire assavoir à son
dit mari .... Guillaume Goyau et Jehan Prault ... ont dépousé

en leur serment qu'ils avoient esté présens à ouyr bailler ledit adjournement .... » J. GIQUEL *et* N. RAOUL, *avec paraphes.*

CII — 1483, 2 juillet. — ACTE DE LA COUR DE SAINT-JEAN DE CHATEAU-GONTIER PAR LEQUEL ROBINE, VEUVE JOLIVET, RECONNAIT DEVOIR CINQ SOUS DE CENS AU PRIEURÉ DU GENÉTEIL ET ASSIGNE DIVERS IMMEUBLES POUR LA SURETÉ DE CETTE SOMME. (A. 29, p. 43.)

« Robine la Jolivette, veufve de feu Michel Jolivet, demourant en la ville de Chasteaugontier, » reconnait devoir au prieuré de Notre-Dame du Genéteil représenté par Pierre de Gennes, son prieur, autorisé de l'abbé de Saint-Nicolas, « cinq sols tournois de devoir ou cens ... deus d'anxienneté sur une pièce de terre contenant un journau ... sise derrière le cloux de la Claverie (en Azé), joignant d'un cousté aux terres Michel Péju et d'autre cousté et abutant des deux bouts au grant chemin tendant de Chasteaugontier à Chastelain ; » et comme elle a fait obéissance au lieu de Chambrezais en raison de cette parcelle, pour laquelle elle doit une rente de quatre boisseaux de blé au seigneur de ce lieu, « elle doubte que audit prieuré soit donné aucun trouble ou empeschement sur lesdits cinq sols. » En conséquence, elle affecte pour leur sûreté « ung quartier et trois quarts de quartier de vigne ... sis ou cloux de Laubrière, en la paroisse d'Azé, lequel quartier est en deux pièces, dont l'une pièce joignt d'un costé à la vigne Jehan Gastineau et Philippot Le Marié, qui paravant fut à la Thibaude, et d'autre costé et abuctant d'un bout à la vigne Philippot Le Mercier et d'autre bout au chemin tendant de Chasteaugontier à Chastellain ; l'autre pièce joignant d'un costé à la vigne Loys Boisguérin et d'autre costé et abuctant d'un bout à la vigne dudit Le Mercier et d'autre bout à la vigne Geoffroy Moulgendre ; et lesdits trois quarts joignant d'un costé a la vigne Jean Moulinet qui fut à feu Beuscher, et d'autre costé à la vigne Bertran Le Clerc d'Entrames et abucte d'un bout audit grant chemin de Chasteaugontier et de Chastelain et d'autre bout à la vigne Thomas Varennes. » LE DUC *et* J. GIQUEL, *avec paraphes.*

CIII. — 1491, 25 décembre. — CHARTE DE FRANÇOIS DE LA JAILLE,

ACCORDANT A JEAN BUSCHER UN TRANSFERT D'AFFECTATION
POUR SURETÉ D'UNE RENTE DE QUATRE SOUS DEUX DENIERS QUI
SERA PORTÉE A CINQ SOLS HUIT DENIERS. (A. 31, p. 48.)

« Maistre Jehan Buscher, secrétaire du Roy » ayant cédé au
prieuré du Genéteil « une pièce de terre contenant cinq boisselées .... au fief des Allières et tenuë d'illec à quatre sols deux
deniers tournois de rente ... laquelle terre joint d'un côté à la
terre du prieuré de Genesteil et de Jehan Guynéheu et d'autre
cousté à la terre de Guillaume Denouaut, d'un des bouts au jardrin dudit Buscher et d'autre bout au grant chemin tendant de
Chaügontier à Gennes, » François de la Jaille, écuyer, seigneur
de Mathefélou, de Coudray et des Aillières, consent que cette
rente, élevée à cinq sols huit deniers, soit reportée sur « une
autre pièce de terre séant près la maison dudit Bucher, ou flé et
seigneurie du prieuré de Genéteil ... joignant des deux coustez
et d'un des bouts aux jardrinaiges et terres dudit Buscher et
d'autre bout au grant chemin tendant de Chasteaugontier à
Sablé, » qu'il a reçue en contréchange. F. DE LA JAILLE, *et scellé
de cire rouge.*

CIV. — 1491, v. s., 5 janvier. — ACTE DE LA COUR D'ANGERS
   CONSTATANT L'ÉCHANGE RELATÉ DANS LA CHARTE PRÉCÉDENTE.
   (A. 30, p. 48.)

Jehan Buscher, ayant reconnu la réalité de l'échange dont il
« dit avoir lettres authentiques de l'abbaye (de Saint-Nicolas) et
du couvent, » s'engage à payer au prieuré du Genéteil « six
deniers tournois par forme de censive, ... et cinq sols huit
deniers tournois de rente à la recepte du lieu des Allières ....
et avecques ce fera transporter à ses dépens la maison du cloteau
qu'il prent maintenant en la terre qu'il baille et icelle maison
reffaire de telle haulteur, longueur et largeur, et d'aussi bonne
valeur ou meilleur qu'elle n'est de présent. » Témoins Ollivier
Gamage, Pierre Debos et autres. MIGNAC, *avec paraphe.*

Au dos est écrit : « Le sixiesme jour de janvier l'an mil quatre
cens quatre vingts et onze, maistre Jehan Buscher ... a fourny
du consentement, amortissement et indempnité du seigneur des

Allières, ainsi que tenu estoit ... Fre GUILL° MÉNART, *avec paraphe.*

CV. — 1493, v. s., 7 mars, Angers. — AVEU RENDU AU ROI PAR PIERRE LAVOCAT, PRIEUR D'AZÉ. (B. 40, p. 161.)

« Frère Pierre Lavocat, religieux de l'ordre de monseigneur Saint-Benoist, hostellier de l'abbaye de monseigneur Saint-Nicolas près à Angiers, prieur commendataire du prieuré d'Azé » s'avoue « subjet et tenir du Roy par le moyen du seigneur d'Azé ... à cause et par raison du temporel de sondit prieuré ; .... au service divin dont est chargé ledit prieuré .... et par le moyen de l'administrateur de Saint-Julien de Chasteaugontier qui tient du vicomte de Beaumont[1] et le vicomte de Beaumont tient de céans, à cause et par raison d'unnes petites maisons et jardrins sis en la ville de Chasteaugontier aux charges et devoirs qu'il en doit audit administrateur.... Fait et donné aux assises royaulx d'Angiers tenuës par nous François Binol, licentié ès loix, juge ordinaire d'Anjou. » P. LAVOCAT, *avec paraphe.*

CVI. — 1494, 10 mai. — SENTENCE CONDAMNANT LE CURÉ DE LOIGNÉ A SERVIR AU PRIEURÉ DU GENÉTEIL LA RENTE CONSTITUÉE PAR L'EMPHYTÉOSE DU 14 MAI 1331. (A. 36, p. 66.)

« Jehan Belin, licentié es loix, lieutenant à Angiers et ou ressort de Mr le Séneschal d'Anjou, juge et conservateur des privilèges royaulx de l'Université dudit lieu, » à la requète de « vénérable religieux frère Péan du Plessis, prieur du prieuré de Nostre-Dame de Genestail .... et escollier estudiant en laditte Université » .... condamne par défaut « maistre Jehan Dupuyz, curé de Longné, » à servir au prieuré la rente de onze setiers de seigle due en vertu du bail emphytéotique du 14 mai 1331 (n° LIX). BELIN *et* BECQUET *pour le greffier, et scellé de cire rouge.*

CVII. — 1494, 18 août, Azé. — AVEU RENDU PAR LE PRIEUR D'AZÉ, A LA SEIGNEURIE DE CE LIEU. (B. 41, p. 162.)

(1) Le vicomte de Beaumont était alors le jeune Charles d'Alençon, sous la tutelle de Marguerite de Lorraine, veuve de René d'Alençon, sa mère.

« Vénérable et discrète personne Pierre Lavocat, prieur et procureur pour le prieuré d'Azé, ... comparant par Guillaume Proger, son procureur ... s'est aujourd'huy avoué nostre subjet en nuesse, à cause et par raison du corps de sondit prieuré et généralement de tous et chacuns les domaines .... dixmes de bleds, cens, rentes, devoirs, féages, bléages et advénages, vin et bled de rente .... et entre autres choses .... du droit de coustume, mesure, espaves et autres droits et prérogatives qu'il a ès choses de sondit prieuré, fondé de nous ....

» Donné à l'assise d'Azé, tenuë par nous Anthoine Hullin, lieutenant de Monsieur le Seneschal dudit lieu .... » PAYNE, *avec paraphe.*

CVIII. — 1494, 20 novembre. — JUGEMENT DU SÉNÉCHAL D'AZÉ AU SUJET DES VENTES SUR UN PRÉ. (B. 42, p. 163.)

« En la cause meuë et pendant par céans entre Jehan Rallay, escuyer, seigneur dudit lieu, ... et Noñel Raoul, ... touchant certaine saisine que fit autresfois faire ledit escuyer sur certain pré contenant une hommée ... sis près le bourg d'Azé, appartenant audit deffendeur, jusqu'à exhibition de contrats et poyement des ventes, contre laquelle requeste ledit deffendeur donna opposition, disant iceluy estre le fié et seigneurie en nuesse du prieuré d'Azé, » le prieur comparant par « Missire Pierre Le Mercier, prestre, son procureur, ... a prins ledit Noel Raoul en garentage ... et partant avons déclaré que iceluy deffendeur demourra en paix, ... et nous a ledit prieur fait présenter par Guillaume Hédelin, sergent ordinaire du Roy, nostre sire, ou baillage de Chasteaugontier, certain mandement de scolarité et nous a fait commandement que voulsissions renvoyer ladite cause pardavant son Conservateur à Angers, attendu qu'il est personne privilégiée ... lequel renvoy ne avons voullu faire et à ceste cause ledit sergent a fait luy mesmo ledit renvoy pardevant ledit Conservateur et assigné jour auxdites parties au lundi d'après l'an neuf .... »

« Donné à l'assise d'Azé, par nous Anthoine Hullin, senneschal ... » PAYNE, *avec paraphe.*

CIX. — 1495, 4 juillet, Angers. — SENTENCE CONDAMNANT LE CURÉ DE CHATELAIN A RESTITUER UNE DIME AU PRIEURÉ DU GENÉTEIL. (A. 32, p. 50.)

Jehan Belin, qualifié comme au n° CVI, à la requête de Péan du Plessis, prieur du Genéteil, condamne « Missire Jehan Noël, prestre, curé de Chastellain, » à rendre au prieuré la dîme d'un quartier de vigne en la paroisse de Châtelain, « ou clos nommé la Malladerie, joignant d'ung costé aux vignes du seigneur du Boisgamaz et d'autre costé aux vignes de Jehan Fesnard, aboutant d'un bout aux vignes de Jean Bydoire et d'autré bout à un petit chemin tendant du Petit-Boys-Hallé[1] au Petit-Genif. » Noël paie à du Plessis la somme de dix sols tournois à laquelle les frais sont taxés. R. LELON, *avec paraphe et scellé.*

CX. — 1498, 14 mai, Angers. — BAIL A RENTE PAR SAINT-NICOLAS A JACQUET RAHIER, D'UN EMPLACEMENT DE MAISON, RUE TROUVÉE, FAUBOURG D'AZÉ. (A. 37, p. 71.)

« Jacquet Rahier, demourant au bourg de Nostre-Dame de Genesteil ... prent et accepte des religieulx abbé et couvent du moustier et abhaye de monsieur saint Nycollas, près à Angiers ... pour luy et pour Guillemine, sa femme absente, ... une place où autresfois eust maison qui autresfois fust à Pierre Moreul, sise sur la rue de Trouvée oudit bourg de Genesteil, contenant en long soixante dix piez ou environ et de travers vingt piez, abuctant d'un bout à laditte rue de Trouvée et d'autre bout au jardin dudit Rahier que tint autresfois Jehan Guyncheu et d'un cousté à la maison aux héritiers feu missire Jehan Clousier, et d'autre cousté à la maison feu Michel Belhomme, ou flé et seigneurie du prieuré de Nostre-Dame de Genesteil, » à charge de payer chaque année au prieuré deux deniers tournois de cens et quatre sols tournois de rente, d'aller « fournoyer au four à ban » du prieuré, de faire construire dans les deux ans « une maison à estaige à l'est en laditte place, » et de fournir la ratification du bail par sa femme avant Noël prochain, sous peine de cent sols tournois. Témoins : Hérard Gehennault, boulanger,

[1] Le Grand et le Petit Bois-Hallé sont deux fermes de Châtelain.

et Jehan Bessonneau de Beaucouzé. HUCHELOU, *avec paraphe.*

CXI. — 1502, 27 avril, Angers. — PROCURATION PAR PIERRE, ABBÉ
DE SAINT-NICOLAS, A DIVERS, POUR AGIR AU NOM DU PRIEURÉ
D'AZÉ. (B. 50, p. 175.)

Pierre [1], humble abbé du monastère de Saint-Nicolas, et tout le
couvent de ce lieu réuni en chapitre constituent Frère Antoine
Lefeuvre, prieur d'Azé, maître Pierre de la Vallée, Simon du Pi-
neau, Barthélemy Dufay, René Mesnier, Jean Poyet, Jacques Lor-
chery, Tassin Mainmarche, maître Pierre Le Mercier, leurs mandataires pour représenter le prieuré d'Azé dans tous procès et
affaires. *Et sigillatum duobus sigillis.*

CXII. — 1504, v. s., 25 janvier. Saint-Laurent-des-Mortiers. —
VENTE PAR PIERRE MARION A PIERRE LE MERCIER, D'UNE PAR-
CELLE DE TERRE A AZÉ. (B. 43, p. 164.)

Pierre Marion, paroissien de Chemazé, vend à m⁾ᵉ Pierre Le
Mercier, prêtre, moyennant une rente de cinq sols tournois,
amortissable à la somme de neuf livres « dedans l'an révolu, ...
deux boisselées et demie de terre labourable ou environ, sises . . .
en la paroisse d'Azé, au lieu de la Gasnerie [2], à luy appartenant
à cause et par raison de la succession et eschette de feu Jehan
Marion, son frère germain, lesdites choses au flé et seigneurie
du prieuré d'Azé, et tenuës de luy francs et quittes sans nulles
rentes ne devoirs, pource que ledit bailleur a retins et retient les
devoirs et charges que pourroient devoir lesdites choses sur le
résidu de son héritage. » Témoins : Jehan Le Melle, Jehan Gillard
et autres. G. REDON, *avec paraphe.*

CXIII. — 1504, v. s., 2 février. — RATIFICATION DE CETTE VENTE
PAR PERRINE, FEMME DE PIERRE MARION, ET CESSION DE LA

(1) Pierre Cornilleau succéda, en qualité d'abbé régulier à l'archevêque de
Reims, Pierre de Laval, qui, abbé commendataire dès avant novembre 1464,
décéda le 14 août 1493.

(2) Les fermes des Gasneries existent encore sur Azé.

RENTE DE CINQ SOUS A MORICE LE MERCIER, MOYENNANT NEUF LIVRES PAYÉES [1]. (B. 144, p. 166.)

CXIV. — 1505, v. s., 31 mars. — DÉCLARATION PAR MORICE LE MERCIER, QUE LES NEUF LIVRES PAYÉES PAR LUI L'ONT ÉTÉ DES DENIERS DE Mre PIERRE LE MERCIER [2]. (B. 45, p. 168.)

CXV. — 1505, 15 avril, Angers. — ÉCHANGE ENTRE PIERRE LE MERCIER ET L'ABBÉ DE SAINT-NICOLAS, D'IMMEUBLES A AZÉ, PARMI LESQUELS LA PARCELLE CI-DESSUS ACQUISE DE PIERRE MARION. (B. 46, p. 169.)

« Messire Pierre Le Mercier, prestre demourant à Azé, » reconnaît « que dès le chappitre général des religieux abbé et couvent du moustier et abbaye de Saint-Nycollas ... darrenier passé, il a fait certain eschange avecques lesdits religieux ; » c'est à savoir qu'il leur a cédé « pour leur prieuré d'Azé deux boisselées et demie de terre sises en ladite paroisse d'Azé, joignans d'un cousté et aboutans d'un bout aux terres du lieu de la Serpe, et d'autre cousté aux terres de maistre Robert Marion, aboutant d'autre bout au chemin dudit lieu de la Serpe à Ingrande, ou fief dudit prieuré et tenues d'illec à franc devoir ; » et qu'il en a reçu une boisselée et demie de terre « joignant d'un cousté au chemin tendant de Chasteaugontier audit lieu d'Azé et d'autre cousté au chemin tendant dudit lieu de Chasteaugontier à Angers, aboutant d'un bout aux terres dudit prieuré d'Azé et d'autre bout au carrefour de la Croix couverte, ou fief dudit prieuré et tenue d'illec à franc devoir. » Témoins : Pierre Gaudin, receveur de l'abbaye, et Gillet Richart, laboureur à la Bérardière en « Sapvonnières. » DE LA VALLÉE, *avec paraphe et scellé.*

CXVI. — 1506, 25 juin, Angers. — COMPROMIS ENTRE ANTOINE LE FEUVRE, PRIEUR D'AZÉ, ET RENÉ DE BAUBIGNÉ, AU SUJET D'UNE RENTE DE QUATRE SETIERS D'AVOINE. (B. 47, p. 172.)

Antoine Le Feuvre prieur d'Azé, « escolier étudiant en l'Uni-

---

(1) Témoins Jehan Le Melle de Saint-Feu, Jehan Amyault et autres. *Signé :* GUINEHEU, *avec paraphe.*

(2) Témoins Jehan Chivalerie, Jehannet Cirycot et autres. *Signé :* GUINEHEU, *avec paraphe.*

versité d'Angers » et René de Baubigné [1], écuyer, seigneur de la
Bignonnière [2], précédemment représenté par M° Jehan du Breil,
son procureur, conviennent, au sujet d'une rente de quatre
setiers d'avoine grosse réclamée par le prieur sur le lieu de la Bignonnière, de « de sabmedy en trois semaines prouchains venans
... comparoir pardavant leurs conseils en cette ville d'Angers,
en la maison dudit maistre Jehan du Breil, heure de dix heures
attendant midy, » et de s'en rapporter à leur décision ; néanmoins
le s^r de Baubigné devra, dans le même délai, payer au fermier
du prieuré une année de cette rente, et il a versé « trois sols
tournois pour deffault qu'il avoit fait de fournir d'escripture dans
les délais sur ce à luy baillez. »

« Donné à Angers pardavant nous, Raoul Le Roy, licentié es
lois, lieutenant général à Angers et ou ressort de monsieur le
séneschal d'Anjou, juge et conservateur des privillèges royaux
de l'Université de laditte ville. » GRIMAUDET, *avec paraphe, pour
le greffier.*

CXVII. — 1527, 24 juillet, Angers. — BAIL A RENTE PAR LE
PRIEURÉ DU GENÉTEIL, A MACÉ POUSTEL, D'UN PRÉ ET PATURE
A AZÉ. (A. 33, p. 53.)

« Vénérable religieux frère Jehan Jauffré, ... allias dit de
Chambrignac, ... prieur du prieuré de Genestay, o le congé,
licence, permission et auctorité de vénérables et discrets les
seigneurs prieur, religieulx et couvent du moustier et abbaye
de Saint-Nicollas-lez-Angiers et bien et deuement congrégez
et assemblez en leur chappistre » ... cède à honneste personne Macé Poustel, marchand, demourant ès forsbourgs d'Azé,
... pour luy et Thomine, sa femme, ... une piecze de pré
et pasture sise en la paroisse d'Azé et proulche Chasteaugontier, joignant d'un cousté au chemin tendant des forsbourgs
d'Azé au moullin de Pendu et à une piecze de terres deppendances du Boys-Prioudé [3] appartenant à Jehan Gaultier, d'autre

(1) Commune de Fromentières, château nouvellement restauré.
(2) Commune d'Azé.
(3) Le Bois-Plaidé, actuellement compris dans la commune de Château-
Gontier.

cousté aux terres d'une chapelle deppendant de Saint-Just de
Chasteaugontier, que tient de présent messire Jehan Maygret,
prestre, aboutant d'un bout au pré dudit Macé Poustel, preneur,
et d'autre bout aux terres du lieu du Buron[1], » moyennant une
rente de cent sols tournois. L'immeuble baillé a préalablement
été visité et expertisé par Jehan Beauvoys et Jehan de Tessé,
religieux de Saint-Nicolas. Témoins : Michel Chesdane, Barthélemy Jauffré, clercs, et Etienne Plancenault, barbier. M. MILLARD,
avec paraphe, et sur le repli : BOULLARD, *pour le scel et scellé
en queue double de cire verte.*

CXVIII. — 1527, 31 octobre, Château-Gontier. — RATIFICATION
  DE CE BAIL PAR THOMINE, FEMME DE MACÉ POUSTEL[2]. (A. 34,
  p. 58.)

CXIX. — 1636, 26 septembre, Angers. — DÉLIBÉRATION DU CHA-
  PITRE DE SAINT-NICOLAS ORDONNANT L'EXPERTISE DES TRAVAUX
  A EXÉCUTER AU FOUR BANAL DU GENÉTEIL. (A. 41, p. 83.)

*Extrait du regitre des conclusions capitulayres de la communauté
observée en l'abbaye de Saint-Nicollas-lez-Angers.*

Du vendredi vingt sixième jour de septembre mil six cent
trente six.

Après que le révérend père Prieur a représenté une requeste
de maitre Pierre Costard, prieur commendataire de Genétay,
fauxbourg d'Azé de la ville de Chasteaugontier, aux fins de
luy estre permis d'accomplir et exécuter le traité auquel il est
de faire bail à rente foncière du four à ban deppendant dudit
prieuré, laditte requeste veuë et leuë et sur ce délibéré,

A esté délibéré que les choses seront vuës et l'estat et apré-
ciation estimé par experts et gens à ce cognoissans, dont sera
fait procès-verbal ; à cette fin député frère Gilles Marie, l'un des
religieux de laditte communauté, pour avec ledit révérend père
Prieur se transporter sur les lieux et y faire procès-verbal et,
iceluy raporté, estre ordonné ce que de raison. *Signé : Par le*

____

(1) Le couvent du Buron n'était pas encore construit.

(2) Témoins : Michel Joubert, clerc, François Lorier et Gervaise Garnier,
prêtr es. *Signé :* LECERCLER, *avec paraphe, et scellé en queue de cire verte.*

commandement de mesdits sieurs, FRONTEAU, *notaire du chapp^re,
avec paraphe.*

CXX. — 1636, 30 septembre, le Genéteil. — PROCÈS VERBAL
D'EXPERTISE DRESSÉ EN VERTU DE LA DÉLIBÉRATION PRÉCÉ-
DENTE. (A. 40, p. 80.)

« Guillaume Ayrault, docteur en théologie de la faculté de
Paris, prieur claustral de l'abbaye de Saint-Nicollas-lez-Angers,
assisté de frère Gilles Marie, prestre religieux de ladite abbaye
... accompagné de Gervais Bellanger, sergent royal et notaire, »
rapporte que les réparations à effectuer au four à ban et à la maison où il se trouve ont été évaluées : pour les murs, four, greniers
et cheminées à 83 livres par Fleury Sérault, maçon à Château-
Gontier ; pour la charpente à 100 livres par René Feillet, charpentier au faubourg d'Azé, et pour la toiture à 100 livres par
Jean Machefer, couvreur d'ardoises au même faubourg, et qu'en
outre le revenu de la maison et du four peut être estimé à 35
ou 36 livres. Témoins : Jean Fougeray, prêtre, et Geoffroy Fougeray, demeurant faubourg d'Azé. F. G. AYRAULT, F. MARIE,
J. FOUGERAY, G. FOUGERAY *et* BELLANGER.

CXXI. — 1637, 2 avril, Angers. — PROCÈS VERBAL D'ADJUDICATION
DU BAIL A RENTE DU FOUR BANAL ET DE LA MAISON OU IL SE
TROUVE, AU PROFIT D'ÉTIENNE MARTINET. — CAUTIONNEMENT
PAR JACQUES LE ROY. — 17 juin 1637. — RATIFICATION PAR LE
CHAPITRE. (A. 38, p. 73.)

Après publications faites « aux prosnes des grandes messes
paroiguiales d'Azé, Grand et Petit Saint-Jehan et Saint-Rémy de
Chasteaugontier » à la requête de Pierre Coustard, prieur commendataire de Notre-Dame du Genestay, autorisé « du Révérend
Père en Dieu messire Henri Arnauld, protonotaire du Sainct-
Siège apostolique, conseiller et aumosnier ordinaire du Roy,
abbé commendataire de l'abbaye Sainct-Nycollas, » ainsi que du
prieur et du chapitre, « le four à ban et la maison qui est pour
l'exercice d'icelluy, situé ès forsbourgs d'Azé ... deppendant du
temporel du prieuré de Nostre-Dame du Genestay ... joignant
d'un costé le logis de Charles Pain et ses cohéritiers, héritiers de

deffunt Marc Thifonnet, . . . d'un bout le jardin de Pierre Drouault
et d'autre bout le pavé de la Grande ruë dudit forsbourg, » avec
une cour qui « a son issuë sur une petite ruë tendant dudit faubourg en la ville de Chasteaugontier, » sont adjugés à Etienne
Martinet, marchand demeurant faubourg d'Azé, moyennant une
rente de soixante-cinq livres, plus la charge des réparations dont
la nécessité a été constatée, conformément aux « marchez qui en
seront faits en présence dudit sieur bailleur ou de Mᵉ Jacques
Blanchet, sieur de la Chesnaye, avocat, sénéchal dudit prieuré. »
Le preneur s'engage en outre à fournir le cautionnement de Jacques Le Roy, et à payer chaque année au prieuré, à cause de son
fief, « une fouasse de pain blanc de valleur de douze deniers de
devoir. » Témoins : René Delaporte et René Symon, praticiens à
Angers. COUSTARD, MARTINET, DELAPORTE, SYMON, SEREZIN *noᵗᵉ*.

— Le même jour, ledit Le Roy s'oblige solidairement avec
Martinet « à faire les réparations et reffections portées et conte-
nues par le procès verbal de monstrée dedans le temps d'un an. »
Mêmes témoins et mêmes signatures, plus celle de Le Roy.

« — Le présent contrat de baillée à rente a été ratiffié et homo-
logué par conclusion capitulaire faite par les révérens prieur et
religieux de la communauté observée en l'abbaye Saint-Nicollas-
lez-Angers, le dix septiesme jour de juin mil six cent trente-
sept, qui est sur le registre des conclusions dudit lieu. » *Par
le commandement de mesdits sieurs*, FRONTEAU, *noᵗᵉ du
chappʳᵉ*.

CXXII. — 1637, 26 mai. — RATIFICATION DE CETTE ADJUDICATION
PAR RENÉE PICHOT, FEMME D'ÉTIENNE MARTINET. (A. 39, p. 78.)

Renée Pichot, femme d'Estienne Martinet, marchand au faubourg d'Azé, après la lecture du procès verbal d'adjudication du
four banal, que lui a donnée Gervais Bellanger, notaire sous la
cour d'Azé, « a iceluy contrat loué, ratiffié, confirmé et aprouvé,
. . . et a pour agréable, » et elle engage tous ses biens pour sûreté
du payement de la rente. Témoins : Charles Marin et Jacques
Frescher, marchands demeurant au faubourg d'Azé. E. MARTINET,
C. MARIN, J. FRESCHER *et* G. BELLANGER, *notaire*.

TABLE DES NOMS PROPRES

---

(1) Les chiffres désignent les numéros des pages. — Les noms de lieu sont en
italique.

B

C

117, 122, 123, 124, 125, 127, 129, 131, 132, 134, 136, 137, 138, 139, 142, 143, 144, 145 ; — foires, 66, 72 ; — halles, 127 ; — pont, 51, 52, 75, 81, 82, 116 ; — seigneurie et justice, 80, 104, 105, 109, 110, 120, 121, 122, 128, 131, 144 ; — Trinité (paroisse de la), 50 ; — Ursulines (église des), 50. Voir Hôtel-Dieu, Saint - Jean - Baptiste, Saint-Jean-l'Évangéliste, Saint-Remi.

Château-Gontier (Alard II de), 51, 53, 65, 66, 67 ; — (Alard III de), 71, 72, 75, 78, 79 ; — (Alard de), frère de Renaud IV, 76 ; — (Alard IV de), 79, 81, 82, 83 ; — (Guillaume de), frère de Renaud V, 79 ; — (Renaud III de), 51, 52, 53, 55 ; — (Renaud IV de), 75, 76, 79 ; — (Renaud V de), 78, 79, 81, 82, 83 ; — (Renaud de), prêtre, 85, 87.

Châteauneuf, 51, 52.

Chateil (Louys), 113.

Châtelain, 139, 140.

Chauvel (Joslain), 86 ; — (Joslinus), 84 ; — (Phelippe), écuyer, 36.

Chauvin (Michel), 45 ; — (Noël), 46.

Chebaut du Menail (Perrin), 118.

Chéhère (Jean), 120.

Chemazé, 141.

Chemazé (Guidulphus de), 68.

Chemens (Gaufridus de), 84.

Chemillé (Geoffroy de), moine, 13, 66 ; — (Hugues de), moine, 75 ; — (Hugues de), prieur du Genéteil, 62, 72, 74.

Chemin (le), ferme en Bazouges, 104.

Chemin (Pierre du), 103, 104, 105.

Chemin d'Assé à la forêt d'Assé, 30 ; — d'Assé à Montigny, 45 ; — d'Assé à Possé, 20 ; — d'Assé à Ségrie, 43, 44 ; — de Château-Gontier à Angers, 125, 142 ; — de Château-Gontier à Azé, 142 ; — de Château-Gontier à Châtelain, 138 ; — de Château-Gontier à

Coudray, 120 ; — de Château-Gontier à la fontaine de Daudibon, 115 ; — de Château-Gontier à Gennes, 117, 137 ; — de Château-Gontier à Sablé, 137 ; — de Château-Gontier à Saint-Laurent-des-Mortiers, 121 ; — de Château-Gontier au Genéteil, 115 ; — de la fontaine des Aillières, 117 ; — de la Serpe à Ingrandes, 142 ; — de Possé au gué d'Assé, 30 ; — des Gauberdières à Lemont, 43 ; — du Chêne à la Doitellière, 117 ; — du faubourg d'Azé à Pendu, 143 ; — du moulin de Fresne à Assé, 40 ; — du Petit-Bois-Hallé au Petit-Génif, 140.

Cherinard (Guillaume), curé d'Azé, 131.

Chênaie (la), en Azé, 124.

Chênaie (Jean de la), 93, 107.

Chêne (le), en Azé, 80, 89, 90, 91, 98, 117.

Chêne (Guillaume du), 80, 82, 83, 90.

Cherayseau (Guillaume), 126.

Cherbeye (J. de), avocat à Angers, 115.

Cherisay, 1, 2, 5, 11, 12, 13, 14, 15, 17, 24, 34, 35.

Chesdane (Michel), clerc, 144.

Chesnays (seigneur des), 124.

Chevalier (Raginaldus), 99.

Chivalerie (Jehan), 142.

Choardum (Herbertus et Robertus de), 13. Voir Revellus.

Chrestien (Guillaume), 41.

Christiane, femme d'Étienne Gauchot, 80.

Chupel (Patricius), 25, 26, 28.

Cignulus (Orricus), 75.

Cignus (Girardus), 52.

Cimetière aux Mestaux (le), 41.

Ciquot (Pierre), 122.

Cirycot (Jehannet), 142.

Clavereul (Geffroy), 120.

Claverie (clos de la), 136.

Clavier (Guillaume Le), moine, 127.

D

E

F

G

H

I

J

L

M

N

O

P

Q

R

(1) L'abbaye de Saint-Nicolas est citée à presque toutes les pages.

MAMERS. — TYP. G. FLEURY ET A. DANGIN. — 1902.

SOCIÉTÉ DES ARCHIVES HISTORIQUES DU MAINE

ARCHIVES HISTORIQUES

DU MAINE

III (2ᵉ FASCICULE)

PLAINTES ET DOLÉANCES

DU

CHAPITRE DU MANS

EN 1562

PUBLIÉES PAR L'ABBÉ A. LEDRU

AU MANS

AU SIÈGE DE LA SOCIÉTÉ, MAISON SCARRON

1903

PLAINTES ET DOLÉANCES

DU

CHAPITRE DU MANS

APRÈS LE

PILLAGE DE LA CATHÉDRALE PAR LES HUGUENOTS

EN 1562

PUBLIÉES PAR L'ABBÉ AMBROISE LEDRU

INTRODUCTION

Le moment ne paraît pas encore venu d'écrire une histoire de la réforme au Mans et dans le Maine. Aussi je n'entreprends pas cette tâche aujourd'hui. Je me contente de donner ici, en guise de préface au document que je publie, quelques détails sur le pillage des églises du Mans par les Calvinistes, en 1562, détails puisés dans l'excellent travail de M. H. Chardon : *Informations et sentences contre les Calvinistes après la prise du Mans, 1562-1563.*

Le vendredi après Pâques, 3 avril 1562, les protestants du Maine, préparés de longue main, avertis par les lettres écrites de Meaux, par le prince de Condé, se décidèrent à une prise d'armes attendue depuis Vassy. Au Mans, l'entreprise était facile ; elle était dirigée par le lieutenant particulier du sénéchal, Jean de Vignolles, le juge criminel au siège présidial, Thibaut Bouju, la plupart des gens du roi, un bon nombre des membres du corps de ville et des officiers du présidial, les chefs et les soldats de la

12

maréchaussée. On comptait sur la neutralité du sénéchal. Des armes avaient été déposées à l'avance chez les principaux adhérents du parti. On s'empara d'abord des portes de ville, puis, en dernier lieu, du château, à l'heure des vêpres. Prétendant agir au nom du roi, les envahisseurs n'éprouvèrent vraisemblablement aucune résistance. Déconcertés par cette brusque prise d'armes, appuyée par tout ce qui disposait au Mans de l'autorité, les catholiques laissèrent le champ libre aux Huguenots. Les enquêtes nous apprennent que l'évêque, Charles d'Angennes de Rambouillet, chef des catholiques, était alors absent du Mans.

Au commencement de mai, les soldats, vrais maîtres de la ville, encouragés plutôt que contenus par les chefs de la rébellion, commencèrent à piller les couvents. La Ménarderie (Charles de Langlée) pille les Jacobins. Prieur et ses bandes, venues de Mamers où la nouvelle secte comptait de nombreux adhérents, mettent à sac et incendient l'église des Cordeliers.

Voyant la brutalité de la soldatesque et de la multitude, les chefs protestants songèrent à mettre à l'abri des fureurs qu'ils avaient eux-mêmes déchaînées, les objets les plus précieux de la cathédrale. Ce n'était pas dans le but de les conserver aux catholiques, mais bien pour s'en réserver une part ou pour les convertir en lingots pour les besoins de leur cause. Le 7 mai, jour de l'Ascension, eut lieu l'enlèvement, les pesées et l'inventaire des trésors de la cathédrale sous la direction de trois magistrats. Un seul homme, le conseiller au Présidial, Dominique Le Roy, eut le courage de s'opposer énergiquement à cette opération sacrilège. On ne peut malheureusement en dire autant des trois chanoines, Nicolas Duchemin, official et grand vicaire de l'évêque, Guillaume Gouaslier et Denis Davenel, qui assistèrent à l'inventaire et à la rupture des châsses, sans trop protester.

L'exemple donné par les chefs du mouvement fut promptement suivi par la populace et les soldats. Dès le 9 mai, les chapes étaient pillées, les titres et les précieux manuscrits étaient lacérés et incendiés. Quelques jours plus tard, vers la Pentecôte, s'accomplissait enfin la mise à sac complète de l'église Saint-Julien, la destruction et le vol de tous les objets d'arts ou de prix qu'elle contenait. En même temps, s'effectuait la dévastation de l'église de Saint-Pierre-de-la-Cour par La Ménarderie et Christophe Prieur. Les femmes des principaux meneurs prirent part elles-mêmes au pillage. Elles excitèrent la soldatesque, déjà trop âpre à la curée, n'ayant à la bouche, remarque M. H. Chardon, « qu'un langage de mauvais lieux dont la plume hésite à donner une idée ! ».

Le 11 juillet, jour de la fête de sainte Scolastique, les Huguenots, sous le coup d'une panique, quittèrent Le Mans en grande hâte. Pendant le peu de jours qui s'écoulèrent entre le départ des Protestants et la rentrée complète des catholiques, la ville presque déserte fut encore exposée à l'avidité de nouveaux spoliateurs. Dès le 20 juillet, les chanoines de la cathédrale demandèrent au lieutenant-général Taron de se transporter à Saint-Julien pour constater l'état de l'église et présider à la visite de ses ruines, en présence de plusieurs artisans et experts, chargés ensuite de présenter leurs rapports et d'estimer les dommages. On possède le procès-verbal de la visite commencée dès le lendemain, en présence des architectes, maçons, tailleurs d'images, vitriers, peintres, menuisiers, serruriers, fondeurs, brodeurs, orfèvres et organistes [1]. Le chapitre de Saint-Pierre-de-la-Cour fit aussi constater les démolitions de son église. Ces expertises sont aujourd'hui perdues, mais il existe encore, pour l'église cathédrale, outre le procès-verbal général de visite, quelques-uns des rapports et des estimations des experts faits d'août à octobre 1562, tels que ceux des brodeurs et des orfèvres. Si d'autres, comme ceux des *architecteurs*, qui furent envoyés au Parlement, ne se re-trouvent pas, leur disparition est, jusqu'à un certain point, compensée par la conservation des *Plaínctes et Doléances des doyen, chanoines et Chapitre de l'église cathédralle du Mans* qui ne sont que le résumé de tous ces rapports.

(1) Ce procès-verbal a été publié in-extenso par dom Piolin, *Histoire de l'Eglise du Mans*, t. V, pp. 705-749. Il est suivi (pp. 720-728) de la *Sentence criminelle rendue par le Présidial du Mans, le 21 novembre 1562*, contre les dévastateurs. — Voir Bibliothèque du Mans, ms. 21/A, t. II, p. 3. *Procès-verbal contenant l'appréciation des pertes du trésor de Saint-Julien occasionnées par les religionnaires en 1562.*

Les *Plainctes et Doléances* jusqu'ici restées inédites[1], se trouvent aux *Archives du Chapitre du Mans*. C'est un petit registre manuscrit du XVI° siècle, de 144 pages, papier, mesurant 0ᵐ 30 cent. de hauteur sur 0ᵐ 20 cent. de largeur. Rongé en partie par l'humidité et souillé à toutes ses pages par de grandes taches d'eau, il est cependant d'une lecture facile et n'a vu disparaître qu'assez peu de mots, qui, pour la plupart, peuvent être restitués, grâce aux contextes et à une copie faite il y a déjà bon nombre d'années, par M. le chanoine Lottin[2], alors que le manuscrit était en meilleur état.

Après la lecture des *Plainctes et Doléances*, on se rendra un compte exact des richesses de l'église *Monsieur Saint-Julien* avant 1562, et des pertes artistiques irréparables causées par la brutalité et le vandalisme des Protestants manceaux.

PLAINTES ET DOLÉANCES DU CHAPITRE DU MANS

EN 1562

Plainctes et doléances que les doyens, chanoines et chapitre de l'église cathédralle du Mans meclent par devers vous messieurs maistres Francoys Briczonnet et Jehan de Lavau, conseillers du roy en sa court de Parlement à Paris, commissaires de Sa Majesté pour l'exécution et entretien de l'édict de paix publié au moys de mars dernier, requerans instamment les dicts plaintifz droict et justice leur estre par vous faictz et administrez, des exceds, forces,

---

(1) Quelques auteurs en ont publié des passages, notamment M. E. Hucher, dans son travail sur le *Jubé du cardinal de Luxembourg*.

(2) Cette copie m'a été communiquée par M. le chanoine F. Pichon, secrétaire général de l'évêché.

violences, ruptures d'église, voleries sacrilèges, injures, oppressions et voyes de faict commises, tant en leurs personnes, biens de leur église que autres à eulx appartenans en général et particulier.

Et, où en tout événement ne pouriez ou vouldriez promptement leur faire droict sur ce que dict est par les preuves tant vocales que litterales, sentences et jugemens ja intervenuz, qu'ilz offrent à ceste fin mettre devers vous, faire procès-verbal et rapport à la dicte Majesté, à son conseil privé, court de Parlement et ailleurs où il appartiendra, des dictes plainctes, pour leur estre sur le tout ordonné telle provision que de raison, offrans vous informer par le menu du contenu en leurs plainctes s'il vous plaist ad ce les recepvoir, par protestation expresse que, ou cas que ne leurs vueilles faire droict présentement, ilz n'entendent se deporter de faire poursuitte de leurs droictz, demandes et interestz, en temps et lieu et partout où il apartiendra, avoir? demander et poursuir l'exécution des jugemens et arrestz par eulx obtenuz comme de raison.

Premièrement, se plaignent [.....] que leur dicte église Sainct Julian du Mans estoit la cathédrale et [église] principalle de tout [le diocèse] du Mans, fort antique, de noble et ample structure en édification, bien dotée, enrichie et décorée tant de reliques [.......] et autres vaisseaux et joyaux précieux et sacrez, imaiges [......] chandeliers, tant d'or [que d'argent et autres] métaux et matières, chasubles, chappes, tunicques, parements d'autelz, tapisserie que autres vestiaires, ornemens et paremens d'église, librairies, libvres, registres, tiltres et enseignemens, que toutes autres choses requises et nécessaires pour la décoration, fondation et dotation d'une telle église cathédralle et entretien du service divin d'icelle.

Et ce jusques au tiers jour d'apvril mil cinq cens soixante et deux que maistre Thibault Bouju [1], juge magistrat criminel au siège

(1) On rencontre en 1550, « un maistre Thibault Bouju, prieur commendataire du prieuré de Saint-Marceau ». Archives de la Sarthe, II. 227. — Le 9 août 1562, Pierre Bouju « filius iniquitatis », fut dépossédé du prieuré de

présidial et séneschaucée de ceste dicte ville du Mans ; Marie Trouillart[1], sa femme ; Jehan de Veignolles, lieutenant particulier[2]; Marie Mestayer, sa femme[3]; Félix Boussard[4]; Guy Davenel[5]; Jacques Liger; Jehan Trouillard, conseillers magistratz au dict siège présidial; René Taron[6] et Symon Legendre, advocatz du roy audict siège; Olivier Brissart, garde des remembrances ; Nicolas Brissart, greffier civil de la dicte seneschaucée ; René de Richot, prévost des mareschaulx en ce pais du Maine ; Francoys Boussart et René Perot, esleuz du Maine; Jehan Berthelot dict Beichereau, recepveur des tailles ; René de Langlée, dict Sauvaigère[7], Loys

Saint-Marceau, pour crime d'hérésie et pour rebellion à main armée. Archives de la Sarthe, *Insinuations*, G 340, aux dates des 9 et 20 août 1562.

(1) Marie Trouillart, qui épousa avant 1557, Thibault Bouju, était fille d'Amaury Trouillart, sieur de Goidres et des Vignes en Crissé, et de damoiselle Claude d'Anthonys. Elle avait deux frères, Nicolas et Pierre, et une sœur, Geneviève mineure en 1557, placée, ainsi que son frère Pierre, sous la curatelle de Me Jacques Richer. Ces Trouillart portaient : *d'azur*, *alias de sable, à trois roses d'or*. (Communication de M. Paul Le Vayer.)

(2) Jean II de Vignolles était fils de Jean de Vignolles, notaire et secrétaire du roi, et d'Anne Guillart, dame de Villaines. Par lettres patentes, datées de Villers-Cotterets, le 7 novembre 1553, le roi Henri II accorda à Jean de Vignolles, « lieutenant-criminel, assesseur civil et criminel en la sénéchaussée du Maine, fils de Jean I de Vignolles, secrétaire du roy » la jouissance de tous les privilèges attribués aux secrétaires du roi. Blanchard, *Compilation chronologique*, col. 706.

(3) Les armes de Marie Mestayer, femme de Jean II de Vignolles, sont sculptées au-dessus d'une des fenêtres de l'hôtel du Louvre ou de Vignolles au Mans : *un chevron renversé soutenu d'un croissant, accompagné de trois roses, deux en chef et une en pointe*. Au-dessus de deux autres fenêtres, on voit l'écusson des Vignolles *(un chevron accompagné de trois grappes de raisin, tigées et feuillées, la tige en haut)*, et celui d'Anne Guillart, morte en 1509 *(deux bourdons posés en chevron, accompagnés de trois montagnes ou roses)*.

(4) Sieur de Congé. H. Chardon, *Registre du Consistoire*.

(5) Probablement parent de Denis Davenel, chanoine de la cathédrale en 1562.

(6) Voir sa notice dans Hauréau, *Histoire littéraire du Maine*, 2e édition, t. X, p. 77.

(7) Ce René de Langlée, sieur de la Sauvagère, receveur du taillon, logeait dans sa maison le prédicant Merlin. Cf. H. Chardon, *Registre du Consistoire*.

Letourneurs, lieutenant du bailly de la prévosté et vairie du
Mans ; Eufraze Flotté, procureur du roy au dict siège ; Jacques
Flotté, contrôleur du grenier à sel ; Anthoine Le[mercier] ;
Guillaume Trouillard, dict [Montchenou] ; sa femme ; Jacques
Richer, s^r [de] Monthéard ; Guillaume Thomas ; Jehan et Pierre
Les Amyz ; [Francoys] Cochery ; sa femme ; Jacques Provost ; sa
femme ; Lezin Thomas [1] ; [......] Bellenger, dame de Loreau ;
Julian Le Vayer et autres le[urs complices] et alliez ou le plus
grant part d'iceulx leurs dicts complices et alliez, auroient à port
d'armes et assemblée illicites [dans cette] ville et [cité du Mans et]
iceulx violentement retenuz, contre [l'édict de sa dicte] Majesté,
du [tiers apvril au on]ziesme jour de juillet ensuyvant [......] et
les vindrent [......] le temps de laquelle détention [......] les dicts
[Bouju, de Vignolles] et alliés ou la plus grant part [d'iceulx], se
seroient transportez en la dicte églize, qui au dict temps du [.....]
estoit [sa.....] munye des dictes reliques [......] sacrez, ornements
et autres choses de ladicte église appartenant [......] et chapitre
d'icelle ; auroient faict plusieurs bris, violence et effractions,
prins et emporté entre aultres choses, les reliques, joyaulx,
biens et choses, desquelz la déclaration ensuyt :

[ARGENTERIE]

Premier, ung image de Notre-Dame d'argent doré qui estoyt
sur le grant aultier de la dicte église [2], icelluy image pesant
quarante et huict marcs d'argent ou environ, et avoit icelluy
image une coronne qui estoit garnye et enrichye de plusieurs
pierres orientalles et fines, et valloient image de la faezon et
composition susdictes comprins la faezon, troys mil livres tournois
ou environ. . . . . III^m liv.

Item, les images saincts Gervays et sainct Prothaise, aussi

____

(1) Le 27 mai 1510, Lézin Thomas, seigneur de Jupilles en Oisé et Yvré-le-
Pôlin, rendit foi et hommage à Jean Dugué, prêtre, chanoine du Mans,
prieur de Fessard. A. Ledru, *Histoire de la maison de Broc*, p. 491, note.

(2) Il ne faut pas confondre le Grand Autel de la Cathédrale dédié aux
SS. Gervais et Protais, placé au milieu du chœur, avec l'autel de saint
Julien, situé au fond du même chœur, derrière l'autel actuel.

estant sur le dict grant aultiel, ayans iceulx imaiges les visaiges et davant de teste d'argent doré, poisant le dict argent deux marcs ou environ, vallant le dict argent faczon et doreure des dicts visages quatre-vingts et douze livres tournois ou environ, cy. . . . . iiii^{xx} xii liv.

Item, un Crucifix d'argent doré qui estoit assis au milieu de l'un des arcs de la cloayson de cuyvre du cueur d'icelle église, lequel Crucifix pesoit cinquante et cinq marcs ou environ sans [......] de la croix d'icelluy, estant [en] partie d'argent do[ré et pour] aultre partye d'argent blanc, qui poisoient en ce qu'il y avoit d'argent, cent dix-sept marcs ou environ, vallant icelluy argent, tout ensemble faczon et doreure, deux mil huict cens soixante libvres tournois ou environ. . . . . ii^m viii^{cc} Lx liv.

Item, la Grant Chasse de mon dict s^r sainct Julian, en laquelle reposoient les os du dict sainct et aultres sainctes reliques ; de laquelle chasse la couverture et garniture estoit en partye d'argent doré pesoit cent douze marcs en argent ; pour aultre partye cuyvre doré. Et le davant de la dicte chasse estoit couvert d'or fin poisant en or vingt huict marcs.

Plus [y avoit en] la dicte chasse soixante-quatre an[neaulx], troys bo[utons] avecques un carquan garny de [pierres] fines, sap[hirs .....] rubis et emeraulides. Lesquelz soi[xante-quatre] anneaulx d'or pouvo[ient poiser] deux marcs d'or ou environ. Davantage y avoit en ladicte chasse et sur icelle deux croix de cristal.

Item, y avoit un parement d'aultier sis entre l'aultier et la dicte chasse sainct Julian, sur lequel parement qui estoit de boys couvert d'argent doré, sur lequel la dicte chasse estoit assise, et y avoit au dict parement d'argent doré jusques au nombre de cent marcs ou plus. Et valloient les or, argent et cuyvre doré de la dicte chasse et parement d'aultier, anneaulx et carquan estans à icelle et croix de cristal et faczons des dictes choses, la somme de quinze mil escuz d'or. . . . . . . XV^m escus.

Sans comprendre les dictes pierres estans esdicts anneaulx, lesquelles, pour l'excellence et rareté d'icelles, valloient et pouroient valloir cinquante mil escuz ou plus. . . . . . L^m escus.

Item, une chasse d'ar[gent doré?] appellée la Petite Chasse sainct Julian, au dav[ant de laq]elle estoient port[raictez] les images sainctz [Gervays [1]], S. Pavace, S. Julian, S. Thuribe et S. D[omnole qu]i pesoient cent cinquante marcs ou environ v[alans], comprins la faczon et doreure, la somme de six mil livres et plus, cy. . . . . vi^m liv.

Plus, y avoit quatre bacins d'argent servans à chandeliers de lampes pendans entre les grands aultiers, pesans douze marcs d'argent, vallans, comprins les faczons des dicts bacins, la somme de cent escuz sol. . . . . c escuz.

Davantaige, y avoit en la dicte église deux anges tenans un pied, avec l'assiette des dictz anges, le tout d'argent doré, poisant dix sept marcs, vallans, comprins les faczons et doreures d'iceulx, la somme de cinq cens livres tournois. . . . . v^{cc} liv.

Item, un baston couvert d'argent doré, au hault duquel y avoit une pomme de cristal qu'on disoit et appelloit le baston de chantre, auquel y avoit et pouvoyt avoir en argent douze marcs ou environ qui valloient, comprins la faczon et doreure, la somme de cinq cens livres tournois. . . . . v^{cc} liv.

Item, un [baston de] croix, couvert d'argent, auqu[el] y avoyt dix [marcs] d'argent, ou environ, vallans, comprins la [faczon] et doreure d'[iceluy], la somme de quatre cens cinquante [libvres] tournois. . . . . iiii^{cc} L. liv.

Plus, un aultre baston de croix couvert d'arg[ent auquel] y avoit quatre marcs d'argent ou environ, vallans, avecques la faczon d'iceluy, la somme de soixante livres tournois. . LX liv.

Item, troys flolles d'argent poysant dix neuf marcs vallans, et la faczon d'icelle, la somme de six cens livres tournois. . vi^{cc} liv.

Item, y avoit au reliquaire de la dicte église deux petites burettes de cristal garnyes d'argent, auxquelles burettes y avoyt d'argent ung marc et demy, vallans, comprins les faczon. et dorreures des dictes burettes et aussi ledict cristal, la somme de soixante livres tournois. . . . . LX liv.

Item, troys boutons de grosses perles enchassées en une table d'argent doré, poysant argent et perles comme à l'estimation d'ung

(1) Interprétation de M. l'abbé Lottin.

marc et demy, vallans, comprins la faczon et doreure d'icelluy, la somme de quatre vingts livres. . . . . iiiixx liv.

Item, une petite boueste à laquelle y avoit plusieurs pièces d'argent doré, et une petite paix et plusieurs autres pierres? petites hardes d'argent, poisant le tout ensemble un marc six onces, comprins quelques pierres fines y estans, vallant le tout la somme de cinquante livres. . . . . L. liv.

Item, un corporalier couvert de taffetas rouge et plusieurs autres petites hardes d'argent poisant deux mares et demy, comprins quelques morceaux de cuyvre couverts d'argent, et pouvoyt y avoir deux mares d'argent, toutes lesquelles choses estoient en une boueste, vallans la somme de cinquante livres tournois. . . . . L. liv.

Item, une aultre petite burette de cristal garnye d'argent doré, poisant le tout ung marc, et y pouvoit avoir en argent quatre onces, et pour faczon, doreure et cristal d'icelle, vallant trente livres tournois. . . . . xxx liv.

Item, plusieurs pierres fines qui estoient en une boueste, vallans la somme de cinq mil escuz et plus. . . . . vm escuz.

Item, un aultier portatif garny d'argent doré sur le davant, et le derrière d'argent tout blanc, poisant cinq mares six onces, et y pouvoit avoir en argent un marc [et] demy et vallant, la faczon et doreure d'icelluy, la somme de cinquante cinq livres tournois. LV liv.

Item, un aultre [aultier] de porphyre aussi garny d'a[rgent], poysant le tout cinq mares, et y pouvoit avo[ir ... marc] et demy d'argent, et pour la faczon d'icelluy, la [somme de] cent livres. . . . . [c liv.]

Item, un sceptre de cuyvre au hault duquel y avoyt un rond garny de deux pierres de Calcidoine, vallant dix escuz. x escuz.

Item, une cuillier d'argent doré avec un manche de cristal pesant une once six gros, et y pouvoit avoir d'argent une once, vallant le tout, comprins la faczon, la somme de soixante solz. . . . . LX solz.

Item, deux mirouers de cristal dont y en avoit un enmanché d'argent doré pesant le tout un marc une once et demye, et y pouvoit avoir d'argent demy marc vallant le tout, comprins la faczon, la somme de dix escuz. . . . . X escuz.

Plus, deux petites croix d'argent doré poisant deux onces et demye, avec pierres et boys estans dedans, et y pouvoit avoir en argent deux onces vallans, comprins la faczon et doreure d'icelles, la somme de cinquante six livres tournois. . . . . . LVI liv.

Item, y avoit des ferremens [1] des douze Apostres enchassez en vaisseaulx d'argent do[ré, poisans] deux marcs cinq onces, vallans, comprins la faczon et d[oreure d'ice]ulx, la somme de cent livres: . . . . C liv.

Plus, troys testes d'[argent] doré estans chaicun en une boueste, poysans deux [marcs] et demy, vallans, comprins la faczon et doreure la somme de cent livres tournois. . . C liv.

Item, y avoit un bras d'argent estant en une cassette de boys attachée à un pillier du costé dextre du grant aultier, poysans, comprins ce qui estoit dedans environ d[.....] marcs, et en argent pesoit, raballu ce qui estoit dedans [.....] marcs, vallans, joincte la faczon d'icelluy, la somme de troys cens cinquante livres. . . . . IIIᶜᶜ L liv.

CUYVRE

Item, auroient aussi les dictz Bouju, de Vignolles, complices et alliez, rompu et desmoly une belle grande cloyson de cuyvre qui estoit à l'entour du grant aultier de la dicte église, faicte en manière d'accoudouer [2] et seincture de moulleures, entre lesquelles y avoit un trillis faict en manière de louzanges, aux quatre coings d'icelle cloayson quatre gros pilliers enrichiz d'anticque, et sur iceulx un pied descrue (sic) [3] enrichy à l'entour

---

(1) Le copiste avait d'abord écrit : « Item y avoit des *os et reliques* des douze apostres ». Les mots *os* et *reliques* ont été rayés et remplacés au-dessus par *ferremens*.

« Item les ferremens des douze Apôtres et la poire ou espi, étant le tout d'argent doré, pesant deux marcs cinq onces, 32 l. » Extrait du procès-verbal de M. Taron, lieutenant général, du dernier octobre 1502. Bibliothèque du Mans, ms. nᵒ 21/A, t. II, p. 5.

(2) Accoudouer, pour s'accouder.

(3) Probablement *Piédestal*.

d'ymaigerie et moulleures, et audessus y avoit quatre grosses colonnes enrichies avec quatre chapitreaux (sic), sur lesquelles colonnes y avoit quatre anges portans les armes de la passion Notre Seigneur Jésus-Christ.

Plus, [y avoit en] la dicte clouayson six aultres pilliers enrichis d'anticques [à chai]cun desquelz y avoit un pied d'estrat, enrichy semblablement, et au dessus y avoit six pet[ites] colonnes sur lesq[uelles y] avoit des populotz, faictz co[mme des] enfans, et ang[elotz], lesquelz tenoient en leurs [mains] plusieurs sortes d'instrumentz de musique, [et] à icelle cloayson y avoit une scincture d'archetz par hault, portant sur toutes les dictes colonnes, enrichie de beaux grands fleurons et chérubins, et l'entrée du dict aultier par la dicte cloayson fermoyt avec deux huissetz de moulleures et tillis de semblable faczon que ladicte cloayson.

Plus, y avoit quatre colonnes de six à sept piedz de haulteur au travers du cueur, derrière la dicte cloayson, et sur deux d'icelles colonnes deux hommes d'armes, une carrye de moulleures avecques un couronnement de chandeliers jusques au nombre de dix-huict ou vingt, et entre iceulx chandeliers des masques et des petits daulphins entreclassez.

Item, des deux costez de la Grand Chasse y avoit deux grands chandeliers à troys branches avec deux petitz chandeliers coudez à mettre deux cierges contre l'aultier du dict sainct Julian, devant lequel aultier y avoit une moulleure de cuyvre avec un couronnement de faillaige portant quatre bacins.

Plus, davant la porte d'[entrée du dict au]ltier y avoit des lampes ausquelles y avoit d[.....es] enrichiz estans sur une longue moulleure [......] estoient suspenduz six longues chaignes.

Item, une aultre cloayson de cuyvre au travers du cueur de la dicte église, faicte en forme d'actoudouer, de la haulteur de quatre piedz ou environ, tant par hault que par bas, à moulleures, entre lesquelz y avoit de grandz panneaulx d'anticques à clerevoyes et à touz paremens de grands piedz d'estatz et la haulteur du dict actoudouer enrichiz d'anticque, et sur le dict actoudouer y avoit douze chandelliers à mettre cierges, et six grands pillastres de la haulteur de sept piedz et demy ou environ enrichiz d'antieque, entre lesquelz y avoit des ballustres et demiz ballustrez portans des arcs de cuyvre, et au-dessus de tous les pillastres des mouleures fort grandes ausquelles y avoit arquitrave, frize et corniche, et au-dessus de la dicte moleure un admortissement de franc fonds d'espic et daulphins, ausquelz fondz d'espiez y avoit des reliques pendantes, et sur chacun fons d'espic un chandelier, et oultre y avoit des chandeliers entre chacun fons d'espic. Davantaige, au melieu de la dicte cloayson un grant arc, lequel portoyt sur deux des dicts pillastres qui estoit de semblable grosseur, et sur ledict arc y avoit d[.....]os sur lesquelz y avoit deux chandeliers à [meetre] cierges, et au melieu des dicts ro[.....] estoit assis ung Crucifix d'argent, cy dessus mentionné.

Item, au dedans du cueur de la dicte église y [avoit] un grant ange de cuyvre à alles estendues pour porter libvres, et tenoit en ses mains un chandelier, icelluy ange estant sur un soubbastement faict en manière de voise et en tiers poinct enrichy de plusieurs choses.

Plus, un grant griffon de cuyvre qui estoyt au melieu du dedans du cueur de la dicte église, où il estendoit ses alles, pour porter grands libvres, icelluy griffon enlevé sur un soubzbastement de cuyvre porté sur quatre petitz tirants enrichy de failleures de moderne, et y avoyt au dict soubzbastement quatre arcs boutans de faczon moderne, et sur deux des dicts arcs y avoit deux chandeliers à mettre des cierges.

Plus, un letrin moyen estant davant le dessus dict griffon qui estoit faict en manière de poterie enrichie de grande quantité de faillage enlevé.

Item, quatre petitz le[trins] estans sur les chères[1] du cueur.

Davantaige, au pul[pitre] de la dicte église y avoit le nombre de trente chandeliers de cuyvre coudez, gros muffles de lyon, de la gueulle desquelz sortoyt une branche coudée au bout de laquelle y avoit un bassin faict en manière de coronne, et y avoyt des fleurs de lys pour goupiller les dictz chandeliers.

Plus, y avoyt au dict pulpitre un grant chandelier coudé ayant

____

(1) *Stalles.*

un gros muffle de lyon de la gueulle duquel sortoit trois branches pour porter trois cierges.

Item, un grant aigle de cuyvre estendant les alles pour porter libvres à dire l'évangile de la messe, icelluy aigle sur un grant soubzbastement de cuyvre.

Item, la grant porte du cueur de la dicte église, près l'entrée du dict pulpitre, estoit aussi de cuyvre faicte en faczon moderne, laquelle a esté mise hors des gonds et transportée en la nef de la dicte église où elle a estée faulcée et corrompue.

Plus, des deux costés de la porte du grant aultier y avoyt d[eux gran]ds chandeliers assis sur deux pieds d'estou [......] à troys pans [......] d'anticque et au-dessus y avoit de gros voyses et ballustrez enrichiz.

Item, une sépulture du conte du Maine[1] enlevée e[ntre deux] des pilliers près le grant aultier, laquelle [sépulture] estoit de marbre et en forme de berceau, quel berceau estoit de cuyvre fort excellent, et au-dessus y avoit grand nombre de petitz ballustres, et aux deux boutz du dict berceau plusieurs grands ballustres, et sur icelluy berceau y avoit grande quantité d'archetz faictz en forme d'arcs boutans, sur lesquelz arcs boutans et ballustres y avoit une grande cloayson de murailles et de panneaulx faictz en manière de trillis de belle fazon et à tous paremens, et au-dessus de la dicte cloayson y avoit un amortissement d'espicz et autres choses propres à mettre les cierges, et d'avantaige y avoit un grant épitaphe de cuyvre bordé de mouleure aussi de cuyvre, armoyé des armoyries du dict seigneur conte.

Item, quatre sépultures[2] des defunct cardinal de Lucenbourg et autres grands seigneurs, parens du dict sieur cardinal, deux d'icelles sépultures sises aux deux costez de la porte du dehors

____

(1) Tombeau de Charles, comte du Maine, mort en 1473, actuellement dans la chapelle des Fonts de la cathédrale, mais dépouillé de ses ornements primitifs.

(2) Thibault de Luxembourg, évêque du Mans. — Philippe, cardinal de Luxembourg son fils. — François de Luxembourg, vicomte de Martigues, frère du cardinal. — François de Luxembourg, évêque du Mans.

du dict cueur, la tierce près la parroisse du Crucifix, et la quarte
de l'aultre costé davant l'aultier sainct Michel, lesquelles sépultures estoient en forme de berceau, portées sur petites colonnes
[.... es] entre lesquelles y avoit de petits arcs, et sur chaicune
des dictes colonnes ung chandelier à mettre cierges ; les dictes
sépultures faictes à paneaulx enrichiz de lyons et estoilles et autres
choses excellentes.

Item, y avoit en la dicte église des fonds baptismaulx de
cuyvre portez sur troys gros lyons aussi de cuyvre dont l'un
d'iceulx portoit les armes du dict défunct cardinal de Lucembourg,
et entre les dicts lyons y avoit une petite colonne de la haulteur
des dicts lyons et sur icelle colonne une estoille.

Item, au sépulchre de la dicte église, dedans la chapelle sainct
Pierre, y avoit une clouayson de cuyvre faicte en manière de
trillis.

Plus, ung grant chandelier coudé portant troys cierges davant
l'aultier sainct Sébastien.

Item, sur l'aultier Notre-Dame du Chevet, deux chandeliers à
mettre cierges et une lampe enrichie de failleure estant davant la
chapelle de la dicte Notre-Dame.

Plus, en la nef de la dicte église y avoit deux lampes ausquelles
[y avo]it un travers portant les dictes lampes enrichies de
faillaige.

Item, en la paroisse du Crucifix [1], au dedans de [la dicte] église
y avoit deux pilliers de cuyvre carrez de la haulteur de deux
piedz et demy ou environ, au-dessus desquelz y avoit de la
poterie et ballustres, jusques à la haulteur de sept à huict piedz,
et sur lesquelz pilliers et ballustres un couronnement de daulphins
et de chandeliers à mettre cierges jusques au nombre de dix-huict
ou vingt, et oultre y avoit à la dicte parroisse cinq bacins à
mettre gros cierges.

Tout lequel cuyvre cy-dessus valloit et ne scauroit estre refaict
en l'estat qu'il estoit à moins de trente-six mil livres tournois,

(1) L'autel du Crucifix avait été fait, « artificiose et munifice », par les
soins de Guillaume Veron, prêtre, chanoine et archidiacre de Château-du-
Loir, peu avant 1538. Bibliothèque du Mans, ms. 244, *Martyrologe*, fol. 316 v°.

comprins en icelluy la tombe de la sépulture de défunct l'évesque de Clinchamp [1], estant au cueur d'icelle église. . . . xxxvi^m liv.

BRODERIE

Plus, estoient en la dicte église, revestiaire et aultres lieux destinez en icelle, les chappes, chassubles, tunicques, tapisseries et aultres vistiaires et ornement qui ensuyvent :

Premier, une chassuble à champ d'or et imagerie fort antique garnie de menues perles à l'orfrairie de davant, vallant la somme de deux cens escuz, pour ce. . . . . II^cc escuz.

Item, une chappe de m[ème] faczon, couverte de perles, donnée et léguée par la dame du Maine de Lucenbourg [2], vallant troys cens cinquante escuz. . . . . III^cc L. escuz.

Item, une chasuble, tunicque et dalmaticque garny d'estolle et phanon [3] à imagerie d'or nue, avec troys paremens d'aulbes, poingnetz et amictz et une chappe de mesme, lesquelles donna defunct monseigneur monsieur Martin Berruyer, évesque du Mans, le tout de brodeure sans orfraie [4] vallans quatre mil escus pour ce. . . . . IIII^m escuz.

Item, une chasuble, tunicque et dalmaticque garniz d'estolle et phanons avec les collières de drap d'or de masse sur satin blanc à figures bleues, vertes et rouges, et quatre chappes de mesmes que donna mondict sieur Martin, vallans la somme de cent escuz, pour ce. . . ' . . . . c escuz.

Item, les chasubles, tunicques et dalmaticques garniz d'estolle et phanons de satin cramoisy rouge avecques paremens doublés et estolles d'argent, poignetz, collières, six chappes de mesme qui servoient le jour saint Jacques et sainct Philippe, lesquelles

(1) Robert de Clinchamp, mort en 1309.

(2) Isabelle de Luxembourg, deuxième femme de Charles d'Anjou, comte du Maine, 9 janvier 1443, nièce de l'évêque du Mans Thibaud de Luxembourg. P. Anselme, t. III, p. 726.

(3) Manipule.

(4) Voir *Province du Maine*, t. 1 (1893), p. 55, « les Ornemens de l'évesque Martin Berruier ».

d[onna] le dict deffunct mons[r] le cardinal [1], vallans la somme de
mil escuz et plus, pour ce. . . . . mil escuz.

Item, une chasuble, tunicque et dalmaticque garniz d'estolles
et phanons de veloux rouge cramoisy, avecques troys chappes qui
furent données et léguées par ma dicte dame du Maine, avecques
quatre chappes de veloux rouge tainct en grenne, vallans plus
de douze cens escuz. . . . . XII[cc] escuz.

Item, une chasuble, tunicque et dalmaticque garniz d'estolles,
phanons, paremens, doubles collières, poingnetz de samy [2] rouge
semé de marges d'or, avec quatre chappes de mesmes fort
anxiennes, qui servoient anciennement à la Toussaincts et sainct
Gervays, vallans cent escuz, pour ce. . . . . . . C escuz.

Item, une chasuble, tunicque et dalmaticque garniz d'estolles
et phanons de drap d'or traict sur jaulne qui avoit esté donné
par la défuncte dame d'Alenczon [3], vallans la somme de cent
cinquante escuz, pour ce. . . . . CL escuz.

Item, une chasuble, tunicque, dalmatique, estolle et un phanon
avec un parement d'aul[be de] drap à champ d'or avecques fleurs
de faillaige de vert [....] et vert brun et rozes de fin or, les dictes
couleurs de veloux qui souloient servir à la sainct Julian, vallans
dix escuz, pour ce. . . . . X escuz.

Plus, une chasuble, tunicque et dalmaticque garniz d'estolles,
phanons et collières avecques quatre chappes de damars rouge,
enrichy de fleurons d'or traict, vallans troys cent cinquante
escuz, pour ce . . . . III[cc] L escuz.

Item, une chasuble de drap d'or rouge, estolle et phanon de pa
rement d'aulbe de damars blanc qui furent donnez par le feu roy
Loys unziesme, et les deux tunicques de drap d'or, avecques
phanons, estolles et collières qui avoient esté adjoustées à la

(1) Philippe, cardinal de Luxembourg.

(2) *Samit*, velours

(3) Il s'agit vraisemblablement ici de Marguerite d'Orléans, duchesse
d'Alençon, morte le 21 décembre 1549, veuve de Charles, duc d'Alençon, pair
de France, vicomte de Beaumont, seigneur de La Flèche. Cf. P. Anselme,
t. I, p. 277.

13

dicte chasuble[1], vallans la somme de deux cens escuz, pour
ce. ii^{cc} escuz.

Item, une chasuble de sanny (samit) jaulne semés d'images
d'or, avec troys chappes desquelles l'une a le fonds d'or semé
d'imageries, les deux autres estoient de sameye jaulnastre
semées l'une et l'aultre de lyons et autres bestions, qui servoient
le jour et feste monsieur sainct Jullian et valloient la somme de
quatre vingts escuz· . . . . iiij^{xx} escuz.

Item, une chasuble, tunicque et dalmaticque garniz d'es[tolles],
phanons et collières, une aulbe parée de mesme et deux
[chappes] de damars vert enrichy de chapelletz de royes de fin
or [et] une aultre chappe de damars un peu plus vert que les
sus[dites chappes] pareillement de branches et rozes de fin or,
vallans la somme de [soixante dix] escuz, pour ce.   LXX escuz.

Item, une chasuble, tunicque et dalmaticque garny d'estol[les
et] phanons avec une chappe, le tout de veloux rouge, que
[donna] defunct monsieur de Bourbon[2], vallans cent cinquante
[escus, pour ce. . . . . CL escuz.]

Item, une chasuble de damars blanc à piedz et testes d'or de
masse, sans estolles, avecques deux tunicques de damars, tout
blanc, garniz d'estolles et phanons, l'orfraye de laquelle chasuble avoyt esté ostée, valloyt la somme de quarante escuz
et plus. . . . . XL escuz.

* Item, deux chapelles de veloux noir garnyes d'estolles, phanons, collières, paremens d'aulbes, dont six chappes, qui est
pour chaicune chappelle troys chappes, une chasuble, deux tunicques garnyees chaicune d'estolles, phanons et collières, avec
paremens doubles, lesquelles furent données par mon dict sei-

(1) « Item, une chasuble de drap d'or sur veloux cramoisi à beaux orfraiz
o les armes de France dedans un souleil d'or, que donna le roy Loys, l'an
mil quatre cens soixante sept, avecques aulbe et amit parez de mesme,
estolle et fanon doublez de samit blanc figuré. » Ern.-L. Dubois, *Inventaire
de la sacristie de la cathédrale du Mans, au XVe siècle* dans la *Province du
Maine*, t. I, 1893, p. 85.

(2) Louis de Bourbon qui se trouvait au Mans en 1392, avec Charles VI.
Voir l'*Inventaire de la sacristie de la cathédrale du Mans au XVe siècle*, dans
la *Province du Maine*, t. I, 1893, p. 53.

gneur le cardinal de Lucembourg pour ses fondations, qui valloient
quatre centz quatre vingts escuz, pour ce.   IIII^{cc} IIII^{xx} escuz.

Item, une chasuble, tunicque et dalmaticque, estolles, phanons et collières avec troys chappes de damars noir qui avoient
esté depuis peu de temps remontées de drap seullement, valloient
la somme de soixante escuz, pour ce. . . . . . . LX escuz.

Item, quatre chasubles qu'avoyt données le dict défunct sieur
cardinal, l'une de drap d'or sur veloux rouge, les orfrayes de
drap d'or violet, une aulbe parée de mesme, l'aultre de drap
d'or tirant sur violet, les orfrayes à imaigerie de fin or, l'aultre
de veloux rouge, les orfrayes à imaigerie de fin or, une aulbe
parée de la couleur, la quarte de satin noir l'orfraye de fin or,
en laquelle y avoit testes de morts, âmes en feu et autres choses,
une aulbe parée de la coulleur, les orfrayes des ornemens susdits
tout de fin or fillé [sur] soye ainsi que les brodeux en usent, les
unes d'icelles [[.....] qu'elles valloient la somme de huict vingt
escuz, pour ce. . . . . VIII ^{xx} escuz.

Item, une chasuble, tunicque et dalmaticque garniz d'estolles,
phanons et collières, avecques troys chappes damars blanc
enrichy de fleurons de soye de plusieurs couleurs, les orfrayes
d'or de masse, que donna le defunct sieur Boussart, vallans la
somme de quarante escuz, pour ce. . . . . . . XL escuz.

Item, une chasuble, tunicque et dalmaticque garniz d'estolles,
phanons et collières, et troys aulbes parées de la coulleur, avec
troys chappes de veloux rouge semé de fleurettes qui servoient
au jeudy absolut, vigilles de Pasques et Penthecoste, ayant
orfrayes de tavelle d'or fin à la coustume, comme dessus, et
valloient soixante escuz, pour ce. . . . . LX escuz.

Item, deux manteaux rouges, l'un de samye et [l'autre] de
bocassin qui servoient aux dicts chanoines le vend[redi] saint,
et valloient deux escuz, pour ce. . . . . II escuz.

Une chappe de drap d'or raix figuré de blanc, vallans la somme
de troys cenz escuz, pour ce. . . . . III ^{cc} escuz.

Autre chappe de drap d'or raye figuré en rouge, vallant troys
cens escus, pour ce. . . . . III ^{cc} escuz.

Item, aultre chappe de damars violet enrichy de chappeletz et fleurons d'or, vallans troys centz escuz, pour ce. III^{cc} escuz.

Item, aultre chappe de damars rouge enrichy de chappeletz et fleurons d'or, lesquelles estoient riches et orfrayes de fin or, que donna le dict defunct s^r cardinal de Lucembourg, vallant la somme de troys cens escuz sol. . . . . III^{cc} escuz.

Item, aultre chappe à champ de veloux rouge traict en graine, enrichy d'un arbre Jessé de bordure à or nué, avecques orfraye, hytoire de la vie de Notre-Dame tout à or nue, qui fut donné par defunt maistre Félix de Brye, doyen du Mans [1], vallant la somme de huit cens escutz [2], pour ce. . . . . VIII^{cc} escuz.

Item, aultre chappe de drap d'or sur veloux vert, avec orfraye de fin or qui fut donné par le defunct monsieur de Tréanna [3], archidiacre du Mans, vallant cent escuz, pour ce. . c escuz.

Item, aultre chappe de drap d'or sur veloux vert, avecques orfrayes de fin or, qui fut donnée par feu maistre Jehan des Hays, archidiacre de Sablé [4], vallant cinquante escuz. L escuz.

Item, aultre chappe de drap d'or rays figuré de rouge, les orfrayes de fin or historiés de la vie de sainct Jehan, qui fut donnée par defunct Jehan Rousart, archidiacre de Laval [5], vallant deux cens escuz, pour ce. . . . . II^{cc} escuz.

Item, aultre chappe de drap d'or sur veloux verd avec orfrayes de fin or, historiez de la Passion, qui furent données par Me Guillaume Veron, archidiacre du Château-du-Loir [6], vallant deux cens escuz, pour ce. . . . . II^{cc} escuz.

(1) Mort en 1546.

(2) 2400 livres selon dom Piolin, t. V, p. 293, et Cauvin, *Géographie*, p. 164.

(3) Guezenot, Yves ou Allain de Tréhanna, tous trois archidiacres du Mans.

(4) Jean des Hayes, archidiacre de Sablé et docteur en médecine, vivait encore en 1519.

(5) Jean de Ronsard, archidiacre de Laval, mourut en 1535, et fut inhumé à la cathédrale, dans la chapelle de Saint-Nicolas. Cf. abbé Froger, *Nouvelles recherches sur la famille de Ronsard*, dans la *Revue historique et archéologique du Maine*, t. XV, pp. 98-99.

(6) Guillaume Véron, prêtre licencié en lois, chanoine du Mans et archidiacre de Château-du-Loir, vivait encore en 1511 (Archives de la Sarthe, G 19, fol. 287.) On trouve dans le *Martyrologe de l'Église du Mans*, Ms. 244

Item, aultre chappe semée de pommes de grenades, bordée par bas de veloux vert enrichy, l'orfraye anticque, le tout faict à or fin, vallant cent escutz. . . . . c escuz.

Item, quatre autres chappes de damars verd enrichy de chapelletz et fleurons d'or fin ausquelles avoyent [esté] mises des orfrayes de quatre chappes anticques, scavoir est de troys qui souloient servir à la feste sainct Julian, qui estoient à champ de veloux noir fueillaige dessus de veloux verd gay et verd brun, avecques rozes de fin or, en deux desquelles chappes avoient esté prins plusieurs rozes du dict fin or pour mettre au parement qui servoit au grant aultel à tous les jours, et depuis en avoyt esté prins presque les restes d'[icelles] entières pour mettre aux chappes des dymanches, vallans cent escuz, pour ce. c escuz.

Item, deux autres chappes, une chasuble, deux tunicques, estolles, phanons et collières de mesme drap de damars à fleurs d'or, adjoustées ausdictes quatre chappes de damars verd, vallans la somme de quatre cens cinquante escuz. IIII^{xx} L escuz.

Item, quatre autres chappes sur veloux rouge de drap d'or avecques orfrayes de fin or, que donna defunct M° Jacques Brahier [1], depuis adjousté deux chapes de mesme drap, vallans cinq cens escutz, pour ce. . . . . v^{ce} escuz.

Plus, une chasuble et tunicques avec estolles, phanons et collières, adjoustées aux choses susdictes, avecques deux chappes de satin blanc broché d'argent, pour servir au commun aux festes doubles, vallans la somme de douze vingts escuz, pour ce. . . . . XII^{xx} escuz.

Item, quatre chappes de damars blanc enrichy de chappelletz de soye de coulleur, fleurettes et fleurs d'or fin, avecques orfrayes de fin or pour servir aux festes de Pasques, l'Assomption Notre-Dame et de Nouel, vallans la somme de troys cens escuz. . . . . III^{ce} escuz.

de la Bibliothèque du Mans, fol. 317 : « Idem ipse archidiaconus unam capam de panno aureo donavit ac piscinam revestiarii edificari fecit. anno Domini 1539. »

(1) Probablement le même chanoine que le *Jacques Brehin* cité par dom Piolin en 1507, *Histoire de l'Église du Mans*, t. V, p. 277.

Item, une vieille chappe rouge semée et figurée de fleurettes et branchaige de fin or, les orfrayes anticques d'or fin, et qui servoyt au commun, vallant dix escuz, pour ce. . . x escuz.

Item, deux aultres chapes de damars verd semées de heaulmes d'argent, d'oyseaux et fleurettes d'or, les orfrayes de satin enrichy de feuillaige anticque, avecques troys autres parées dudict drap et deux collières, vallant la somme de quatre vingtz escutz, pour ce. . . . . IIII.^{xx} escuz.

Item, une vielle chape de veloux pers figuré des[sus] en manière de drap d'or, les orfrayes anticques faictes [de fin] or, quelle chappe servoit au commun, vallant deux escuz. II escuz.

Item, quatre autres chapes de damars cramoisy fort usées, dont l'une d'icelle estoit de drap de plus basse couleur que les autres, vallans quarante escuz, pour ce. . . . . XL escuz.

Item, quatre autres chappes de damars de basse couleur rouge auxquelles chappes avoient esté mises les orfrayes de quatre vieilles chappes de drap d'or sur veloux, une fort usée, vallans trente escuz, pour ce. . . . . XXX escuz.

Item, troys chapes de damars verd, deux fort usées, et de damars de basse couleur, la tierce assez bonne et le damars en bonne coulleur, lesquelles chappes avoient orfrayes et soleil de fin or avec le fonds de veloux rouge, fort deschargé de coulleur, vallans quarante escuz, pour ce. . . . . XL escuz.

Item, quatre chappes de damars bleu brun avec orfrayes de veloux rouge tainct en graine, d'un fillaige d'anticques d'or fin, où ont esté mises les rozes de fin or prinses ou vieil drap qui souloit servir à sainct Julian dont est faict mention cy davant, vallans six vingts escuz, pour ce. . . . . VI.^{xx} escuz.

Item, quatre chappes de damars verd à la grant figure avec orfrayes à soleilz d'or fin, vallans six vingts escuz, pour ce. . . . . VI^{xx} escuz.

Item, cinq chappes de damars blanc, une telle quelle, quatre presque neufves de drap, vallans quatre vingt escuz, pour ce. . . . . IIII^{xx} escuz.

Huict chappes de damars noir les orfrayes à testes de morts faictes d'or de Paris, le drap fort usé, troys adjoustées du depuis, vallans cent escuz, pour ce. . . . . C escuz.

Item, troys chappes de damars violet, dont l'une est l'orfraye d'or de masse, les deux aultres de satin de Bourges verd semées de chardons d'or de bassin, fort usées, tant drap que orfrayes, vallans vingt escuz, pour ce. . . . . XX escuz.

Item, une aultre chappe de damars bleu de peu de valleur, orfraye de drap, vallant un escu. . . . . I escu.

Item, quatre chappes de veloux rouge figuré, toutes cassées, vallans troys escuz, pour ce. . . . . III escuz.

Item, neuf chappes de satin de Bourges, troys blanches et troys vertes, estant de fort basse coulleur de drap et [fort] cassé, avec orfrayes, petites vignettes sur satin de Bou[rges] faictes d'or de masse, vallans vingt escuz, pour ce. . . . . . . XX escuz.

Item, une chappe de damars brun my usée à orfrayerie de veloux noir semée de chardons d'or de bassin, vallant deux escuz, pour ce. . . . . II escuz.

Item, deux chappes de satin blanc de Bourges avec orfrayes de veloux noir et chardons d'or de bassin fort usées, vallans deux escuz, pour ce. . . . . II escuz.

* Item, deux chappes de drap figuré bien menu, l'une de damars et l'autre de veloux, orfrayes d'une vieille tavelle, vallans six escuz, pour ce. . . . . VI escuz.

Item, une chappe de damars turquin bleu l'orfraye d'ung vieil drap de cuir doré rouge, vallant un escu, pour ce. . . I escu.

Plus, deux chappes rouges, l'une de satin de soye, l'aultre de satin de Bourges, à l'une y avoit des orfrayes de veloux noir et chardons dessus d'or de bassin, à l'aultre une vieille tavelle, qui estoient telles quelles, vallant deux escuz [pour ce]. II escuz.

Item, troys vieilles chappes blanches figurées à testes et piedz d'or de masse, vallans troys escuz, pour ce. . . . III escuz.

Item, cinq chappes vertes à piedz et testes figurées à pans d'or de masse et autres bestions, telles quelles, les deux autres de coulleur, plus une semé de lyons, cerfz et autres bestions d'or de masse, telles quelles, vallans dix escuz, pour ce. . . X escuz.

Item, une chappe semé d'imaiges de saincte Catherine; aultre chappe de drap d'or de masse sur rouge, inutille de service, avecques troys chappes rouges à piedz et testes de masse, vallant le tout six escuz, pour ce. . . . . VI escuz.

Item, une aultre chappe de veloux rouge d'estainct, inutille de service, avecques une chappe à feuille d'or fin en manière de lyere, vallans quatre escuz, pour ce. . . . . . . IIII escuz.

Item, une chappe de veloux pers semée de fleurs de lys, telle quelle, vallant deux escuz, pour ce. . . . . II escuz.

Item, une chappe de drap pers, fort usée, semée de léopards et griffons, d'or fin, telle quelle, vallant dix escuz, pour ce. . . . . X escuz.

Item, une aultre chappe perse figurée de petitz arb[res] de soye verte et oyseaulx de fine or, vallant troys escuz, pour ce. . . . . III escuz.

Item, deux autres chappes de camelot blanc, vallans un escu, pour ce. . . . . I escu.

Item, six chappes d'ostade noires dont y en avoit deux presque neufves, les autres telles quelles, et servoient aux anniversaires solennelz, pour le commun vallant dix-huict escuz, pour ce. . . . . XVIII escuz.

Item, quatre aultres chappes que Berthe avoyt faict faire, vallans vingt escuz, pour ce. . . . . XX escuz.

Item, deux vieilles chappes toutes rompues, l'une de veloux noir, et l'aultre de damars gris avecques orfrayes, des drap de cuir doré sans orfrayes, vallans un escu, pour ce. . . I escu.

Item, une aultre vieille chappe de damars noir, fort cassée, à orfrayes de veille tavelle, vallant un escu, pour ce. . . I escu.

Item, deux aultres chappes, l'une d'un drap jaulnastre couverte de faillaige violet, avec orfraye d'une tavelle, l'aultre d'un drap pers, figuré, dessus d'or de masse, avec orfrayes à imaigerye où y avoit portion d'or fin, vallans six escuz, pour ce. VI escuz.

Item, une vieille chasuble noyre dont le drap estoit cassé, semé de petitz fleurons de bestions et croysettes à bezans d'or fin, vallant troys escuz, pour ce. . . . . III escuz.

Item, plusieurs chasubles et tuniques qui estoient en d[eux] fenestres du revestiaire, dont y en a deux de drap jaunastre moucheté, deux d'un samyt violet, deux de damars rouge semé de fillaige de soye verte et fueilles d'or fin, en manière de lyere, avecques une chasuble, vallans dix escuz, pour ce. . X escuz.

Item, deux tunicques de damars gris de drap, desquelles estoit cassé l'orfrays d'or de bacin, vallans un escu, pour ce. . I escu.

Item, deux chasubles, une violette de samy, pareillement une de veloux noir, avec orfrayes de tavelle, sans estolle ne phanons, vallans cinq escuz, pour ce. . . . . V escuz.

Item, deux aultres chasubles noyeres, une de taffetas cassé, l'aultre d'ostade, telle quelle, avec orfrayes de tavelle, vallans la somme de deux escuz, pour ce. . . . . II escuz.

Y avoit aussi quelques aultres chassubles et tunicques [......] vieilles estolles, phanons, collubes, paremens d'aulbes, orf[rayes] de vieille tavelle et aulcuns draps vieulx et cassez, quelles choses pourroient valloir ung escu, pour ce. . . . . I escu.

Item, troys petitz parementz blancs à piedz et tesle d'or de masse, vallans un escu, pour ce. . . . . I escu.

Item, deux petitz et estroictz (sic) de veloux noir en l'un desquelz y avoit un Crucifix, Notre-Dame et Sainct Jehan, en l'aultre un Dieu et une Magdeleine, vallans huict escuz, pour ce, ... VIII escuz.

Item, un parement blanc semé d'estoilles d'or, ouquel y a un Dieu sur un asne, vallant deux escuz, pour ce. . . II escuz.

Item, un parement de chaire de bocassin noir et jaulne faict aux armoyries du Sʳ Gontier[1] qui le donna, vallant un escu, pour ce. . . . . I escu.

Item, deux paremens noirs à piedz et testes d'or de masse, vallans troys escuz, pour ce. . . . . III escuz.

Item, quelques autres petitz paremens fort usez, vallans un escu, pour ce. . . . . I escu.

Quatre dalmaticques de taffetas blanc dont y en avoit deux fort ancienne, le tout à orfrayes de petite tavelle faicte de fil d'or fin, fermans à petitz boutons d'argent doré, vallans six escuz, pour ce. . . . . VI escuz.

Item, deux dalmaticques de taffetas rouge doublées de taffetas violet, fermant à boutons d'argent doré, défault les orfrayes et boutons, vallans troys escuz, pour ce. . . . . . . III escuz.

(1) L'évêque Gontier de Baigneux, 1367-1385. Il portait pour armes : *d'or à trois orles de sable.*

Item, deux dalmaticques rouges semées de piedz et testes d'or de masse à petitz orfrayes de tavelle d'or traict, avec boutons d'argent doré, vallans dix escuz, pour ce. . . . . . X escuz.

Une chasuble de mesme drap, vallant deux escuz, pour ce. . . . . II escuz.

Item, deux dalmatiques de taffetas noir tout cassé, les orfrayes de tavelle d'or traict, fermans à boutons d'argent doré, vallans quatre escuz, pour ce. . . . . IIII escuz.

Troys chasubles garnyes d'aulbes parées, estolles, phanons, desquelles l'une estoit de veloux rouge tainct en graine, l'aultre de veloux noir, et l'aultre de damars blanc, esquelles estoient les armoiries dudict défunct cardinal [1] qui les [a] données pour célébrer les messes qu'il a fondées à [dire par les] vicaires, secretain, diacres et soubz diacre, vallans quarante escuz, pour ce. . . . . XL escuz.

Item, une chasuble de damars changeant rouge et vert, que donna feu maistre Jehan Heurtelou, secretain de ladite église, vallant, tant drap que orfraye, deux escuz, pour ce. . II escuz.

Plus, y avoit en ladicte église un poille de drap d'or raix figuré de rouge que l'on portoit sur le corps de Notre Seigneur, que donna ledict deffunct cardinal, vallant cent cinquante escuz, pour ce. . . . . CL escuz.

Item, un drap mortuaire de drap d'or sur veloux rouge bordé autour de veloux noir, donné par ledict sr cardinal, vallant soixante escuz, pour ce. . . . . LX escuz.

Item, deux draps mortuaires de veloux noir qui servent sur les sépultures dudict defunct cardinal et du sr de Martigues, son frère [2], vallans quarante escuz, pour ce. . . . . XL escuz.

Plus, six petitz paremens d'aultelz de taffetas noir à croix blanches qui servoient à la funéraille dudict sr de Martigues, et en après furent lavez et nectiz pour servir à l'obsèque du dict sr cardinal au bas des aultelz, vallans vingt escuz, pour ce. . . . . XX escuz.

(1) De Luxembourg.

(2) François de Luxembourg, vicomte de Martigues, frère du cardinal de Luxembourg.

Item, un aultre plus grant parement de la faczon mesme,
vallant quatre escuz, pour ce. . . . . IIII escuz.

Item, troys autres esquelz estoient les escusson du dit s^r cardinal, vallans dix escuz, pour ce. . . . . X escuz.

Item, deux autres de taffetas noir doublez de toille rouge
et une croix blanche au melieu d'iceulx, vallans six escuz,
pour ce. . . . . VI escuz.

Item, un parement bas de toille de taffetas noir paré d'un
toille qui servoit aux anniversaires solennelz, où y avoit une croix
blanches avecques les armoyeries du dict defunct cardinal,
vallant sept escuz ou environ, pour ce. . . . . . . VII escuz.

Item, un petit rideau de taffetas noir qu'on souloyt mettre sur
les paremens au grant aultel, vallant un escu, pour ce. I escuz.

Item, une courtine de taffetas rouge que donna le dict cardinal
pour mettre sur Notre-Dame-du-Chevet, vallant quarante escuz,
pour ce. . . . . XL escuz.

Item, deux rideaux de taffetas rouge qui servoient aux festes
doubles au grant aultel, donnez par le dict sieur cardinal, vallans
six escuz, pour ce. . . . . VI escuz.

Item, une bannyère de satin cramoysy en laquelle estoit
l'ymaige de Notre-Dame d'un costé et sainct Julian de l'aultre,
faicte de fin or, vallant quatre cens escuz, pour ce. IIII^c escuz.

Item, deux hucques de veloux perts semées de fleurs de
lys de fin or, clefz d'argent[1], dont les sergeans se revestoient
aux festes doubles pour faire leur office, vallans douze escus,
pour ce. . . . . XII escuz.

Item, un drap de satin de Bourges pers qu'on souloit mettre
soubz les paremens de drap d'or au grant aultel, vallant quatre
escuz, pour ce. . . . . IIII escuz.

Plus, le taffetas changeans duquel estoit doublé un drap de
damars rouge enrichy de chappelletz de soye verd et bleue,
rozes, fleurons d'or fin, bordé autour de frange de soye verd et or
de Chippre, pour couvrir le théart sur quoy l'on porte le *Corpus*

(1) Armes du Chapitre du Mans.

Domini [1] et le chef monsieur sainct Julian, vallant le dict taffetas troys escuz, pour ce. . . . . III escuz.

Item, un drap de veloux pers, ayant frange de soye d'un costé, pour couvrir le grant autel aux festes doubles, et valloit dix escuz, pour ce. . . . . X escuz.

Deux paremcnts d'autelz couvers de perles à fons d'or et imagerie au diadesme des sainctz, perles et pierreries enchassée en petitz chastons d'argent doré, à l'un desquelz avoit esté adjousté un bort de veloux grainne enrichy de soleilz et fleurs de lys d'or fin et perles, lesquels donna la dame du Maine de Luxembourg [2], vallans deux mil quatre cens escuz, pour ce. . II ᵐ IIIᶜ escuz.

Item, aultre parement ouquel y avoit un porte croix faict à haulte lesse tissu d'or fin, vallant troys cens escuz, pour ce. . . . . III ᶜᶜ escuz.

Item, aultre sur veloux noir où y avoit âmes en feu, enrichy d'une nue au melieu et au tour de broderie de fin or, par ledict defunct cardinal donné, vallant six cens escuz, pour ce . . . . VI ᶜᶜ escuz.

Item, deux autres paremcnts de drap d'or rouge en l'un desquelz y avoit au melieu un Crucifix, Notre-Dame et sainct Jehan, en l'aultre une Annonciation, et estoient bordez de veloux pers, semez de soleilz, fleurs de lys de fin or, vallans cent cinquante escuz, pour ce. . . . . CL escuz.

Item, aultre petit parement de drap d'or de masse sur blanc bordé de damars verd, où estoit escript autour: *Bonus es tu*, etc., vallant trente escuz, pour ce. . . . . . . XXX escuz.

Plus, deux autres paremcnts de toille d'or tainctez sur noir, l'un par hault, l'aultre par bas, en l'un d'iceulx estoient les [figures] du Crucifix, Notre-Dame et sainct Jehan, en l'aultre une [Notre] Dame de Pitié et une Magdalaine, le tout de

---

(1) Voir dans le Missel du cardinal de Luxembourg (Bibliothèque du Mans, ms. 254, fol. LX verso) la miniature de la procession de la Fête-Dieu, où le Saint Sacrement est porté sur un brancard.

(2) Isabelle de Luxembourg, femme de Charles, comte du Maine, sœur de Thibault de Luxembourg, évêque du Mans, et tante du cardinal de Luxembourg.

broderye [de] fin or nue bordé de veloux rouge, enrichy d'une antique de toille d'or fin sur jaulne, au dedans des armoyries du s^r Loys, cardinal de Bourbon [1], qui valloit huict cens escuz, pour ce. . . . . VIII^{cc} escuz.

Deux autres petitz parements rouges qui servoient anciennement aux festes sainctz Gervays et Prothaise, qui valloient quarante escuz, pour ce. . . . . XL escuz.

Aultre parement de damars blanc à fleurs de soye de plusieurs coulleurs, bordé de satin de Bourges semé de fleurons d'or de masse, qui fut donné par defunct Roussard, chanoine, vallant vingt escuz, pour ce. . . . . XX escuz.

Aultre parement de taffetas rouge auquel y avoit un Crucifix, Notre-Dame, et sainct Jehan au melieu, avecques fleurons autour, d'un bort de satin verd de Bourges semé d'un rameau de feuillaiges, le touts faict d'or de Paris, fors les rozes qui estoient de fin or, vallant vingt escuz, pour ce. . . XX escuz.

Aultre parement d'aultel faict de tapisserie d'or de soye, fil d'argent, et saïette, au melieu duquel y avoit un trespassement Notre Dame, auquel parement estoient les armes [de] maistre Jehan du Gué, chanoine [2], qui l'avoit donné, vallant six centz escuz, pour ce. . . . . VI^{cc} escuz.

Plus, troys parements de tuailles faictz de broderie tout de fin or, vallants dix escuz, pour ce. . . . . X escuz.

Aultres de damars vert à chappeletz d'or fin, vallans troys escuz, pour ce. . . . . III escuz.

Plus, deux petitz parements à piedz et testes d'or de masse, l'un blanc, l'aultre noir, vallans un escu, pour ce. . . I escu.

Aultre parement de viel veloux rouge à armoyeries en lousanges, avecques aultre petit parement de veloux noir où y avoit

---

(1) Louis, cardinal de Bourbon, évêque du Mans de 1519 à 1585. Il portait pour armes : *d'azur à trois fleurs de lys d'or au bâton de gueules brochant sur le tout.*

(2) Jean du Gué, prêtre et chanoine du Mans, fils d'Adam du Gué, procureur du roi, fonda, en 1531, la fête de la Présentation à la cathédrale. (Cf. *Martyrologe,* n° 214, 11 des calendes de décembre.) Ses armes étaient : *deux chevrons avec trois étoiles ou commètes à huit branches, deux en chef et une en pointe.*

testes et os de morts, qui avoit esté donné par le dict defunct cardinal, vallans la somme de troys escuz, pour ce.   .   III escuz.

Item, deux corporalliers faictz en forme de gybecière, l'un de brodeure en faczon de coueffe et dessoubz or trinquant, l'aultre de drap d'or de masse et autour boutons d'argent, vallans six escuz, pour ce. . . . . VI escuz.

Item, un grant corporallier de broderye qui servoit aux festes doubles, vallant deux escuz, pour ce. . . . . II escuz.

Aultre corporallier qui avoit le dessus de satin rouge cramoysy, et y avoit *Jésus*, avecques petitz dracons autour de la broderye et fleurettes de perles, vallant troys escuz, pour ce.   .   III escuz.

Deux autres corporalliers de drap d'or sur veloux rouge, vallans quatre escuz, pour ce. . . . . IIII escuz.

Aultre de broderye faict à l'anticque qui servoyt aux messes sainct Sebastien, vallant deux escuz, pour ce. . . . II escuz.

Plus, aultre corporallier couvert de veloux noir, une croix de broderye dessus et armes de la Passion, vallant un escu, pour ce. . . . . I escu.

Item, quatre couvercles de calices bordez de soye et or fin, vallans un escu, pour ce. . . . . I escu.

Une guymple de linge qui servoit pour leur tenir la plataine au grant aultel, aux festes doubles, estoit la dite guymple enrichie de soye de plusieurs couleurs avecques or fin à oyseaux, lyons et autres bestions, vallant quatre escuz, pour ce. IIII escuz.

Deux autres guymples de linge enrichyes au boutz de soye et or fin à rozes et aultres fleurettes, vallans siz escuz, pour ce. . . . . VI escuz.

Plus, quatre guymples d'aultre faczon, deux faictes de soye, l'une verte et l'aultre violette, barrées de soye noyre, blanche et or, vallans huict escuz, pour ce. . . . . VIII escuz.

Deux autres de mesme faczon de linge fort doulge, l'une de linge blanc barré de soye avecques or fin; l'aultre de toille d'orthye barrée de soye de plusieurs coulleurs, vallans troys escuz, pour ce. . . . . III escuz.

Item, deux petites de linge blanc frangées au bout de soye, vallans un escu, pour ce. . . . . I escu.

Plus, un grant linge blanc doulge, auquel y avoit plusieurs armoyeries et escripture en grec autour d'icellui avec une toille ouvrée par carrez, quelles choses servoyent à faire le paradis au jeudi absolu, vallant deux escuz, pour ce. . . . . II escuz.

Quatre tunicques pour les enfans avecques une chappe et une aultre chappe pour celuy qui porte la croix, le tout de taffetas rouge, servans à la feste sainct Jacques et sainct Philippe, vallans douze escuz, pour ce. . . . . XII escuz.

Plus, quatre autres chappes et quatre tunicques de satin de Bourges pour les dits enfans, vallans douze escuz, pour ce. . . . . XII escuz.

Quatre aultres tunicques de satin de Bourges vert avecques des chappes et une pour la croix, aux dits enfans, vallans huit escuz, pour ce . . . . VIII escuz.

Item, quatre tunicques blanches semées de petiz branchage et florettes faitz à capiton de soye de plusieurs couleurs, et l'aultre pour la croix, que donna le dict defunct Boussard, vallans trois escuz, pour ce. . . . . III escuz.

· Quatre petites tunicques blanches, deux de satin de Bourges, qui furent faictes d'une chappe d'un commun, deux de demye hostade blanches avecques orfrayes de taffetas verd, vallans deux escuz . . . . II escuz.

Quatre tunicques et quatre chappes de demye hostade noyre, vallans quatre escuz, pour ce. . . . . IV escuz.

Deux petites chappes, l'une verte, l'autre blanche de satin de Bourges, vallans deux escuz, pour ce. . . . . . II escuz.

Item, y avait au petit revestiaire plusieurs vieilles chappes et tunicques pour les enfans, qui pouvoient valloir deux escuz, pour ce . . . . II escuz.

Ung viel poille figuré de verd à or, de cuir doré, qui servoit anciennement à la Feste Dieu, vallant quatre escuz, pour ce. . . . . IIII escuz.

Deux petitz draps à parer le cueur au dossier, vallans un escu, pour ce. . . . . I escu.

Aultre à parer chaire, portant figure autour, vallant un escu, pour ce. . . . . I escu.

Item, troys draps qui servoient à parer la chambre du chef monsieur saint Julian, deux figurez par longueur de bleu, vert et rouge, et l'aultre totallement de coulleur presque blanche, et sur icelles longueurs petit feillage en proteture (portraiture), vallans six escuz, pour ce. . . . . VI escuz.

Aultre drap totallement couvert de fil d'or de masse tirant sur le jaulne, tant à l'endroict que à l'envers, vallant deux escuz, pour ce . . . . II escuz.

Plus, deux aultres draps longs et estroictz faictz de fil d'or de masse de soye verte en forme de damars, vallans cinq escuz, pour ce. . . . . V escuz.

Un aultre drap qui souloit servir sur le beart[1] où l'on portoit le *Corpus Domini* et le chef monsieur sainct Julian, le dit drap frangé par le bas et deux boutz de fine soye, vallant un escu, pour ce. . . . . I escu.

Item, un aultre petit de la mesme sorte sans frange, duquel on paroit le coffre du pardon, vallant un escu, pour ce . . . I escu

Item, un drap à champ bleu figuré de diverses sortes, duquel on paroit la chaire à prescher, vallant deux escuz, pour ce. II escuz.

Item, y avait encores plusieurs aultres vieulx draps qui pouvoyent valloir deux ou troys escuz, pour ce . . . . . II escuz.

Item, la robe du Crucifix d'argent, quelle robe estoit de drap d'or de cuir, figuré, avecques les couvertures de sainct Gervays et sainct Prothais, qui estaient de taille taincte en pers, vallans deux escuz, pour ce . . . . II escuz.

Item, la robe Notre-Dame qui estoit de samyt rouge, et la couverture de l'ange de samyt violet, avecques un grand rideau de taffetas que l'on tendoit davant le cueur, vallans quinze escus, pour ce . . . . XV escuz.

Plus, un grant tappiz velu que l'on mettoyt au grant autel soubz les piedz quant l'évesque officyoyt, vallant troys escuz, pour ce . . . . III escuz.

Aultre tappiz qu'on mectoit sur le grand chappier pour parer les chappes aux festes doubles, vallant dix escuz. pour ce. x escuz.

_____

(1) Plus haut, on lit *théart*.

estoit de marbre blanc et noir, qui avoyent esté touz cassez, et
en ce faict doumaige, en l'esgard de la maczonnerie, de mil livres
tour., pour ce. . . . . mil liv.

Au dessoubz, du mesme costé, y avoit une table d'autel en la
chapelle Sainct Mor, avecques une sépulture d'évesque[1] de
marbre blanc et noir, lesquelz table d'autel et sépultures estoient
couverts d'une chapelle de pierre de taille portée par quatre
pilliers et amortye d'un grant tabernacle fort hault tout percé à
jour et enrichy de crestes et fueillaiges, avecques une cloayson
faisant séparation d'entre le dict cueur et l'allée, toutes lesquelles
choses auroient esté rompues et demolyes et faict doumaige, en
l'esgard de la maczonnerie, de la somme de deux mil livres
tourn., pour ce. . . . . п^m liv.

Davantaige, y avoit, entre les dictes chapelles Sainct Mor et
Sainct Fiacre, un pieddestal de pierre de taille qui portoit une
relicque du bras sainct Gervais, lequel pieddestal auroit esté
cassé et démoly, et faict doumaige de quinze livres tournois,
pour ce. . . . . xv liv.

Plus, au dict cueur y avoit une chaire pour le reverend
évesque, enrichie de picquetaige par le dehors, le tout de pierre
de taille avecques les cloaysons faisant la séparation d'entre le
cueur et les deux allées, icelles cloaysons de pierre de Bernay,
portans parpaing et parement de chacun costé, toutes les quelles
choses avoient esté cassées, brisées et demolyes, et faict doumaige de la somme de quinze cens livres tournois, pour
ce. . . . . xv^{cc} liv.

Item, au costé dextre du dict cueur, au dedans de la grande
allée, y avoit un autel Sainct Berthelemy, garny de table et
contretable avecques une sépulture enlevée de deux pieds et
demy de hault, le tout de pierre de taille, qui avoient esté dé-
molyes et mins en pieczes, et faict doumaige, en l'esgard de la
maczonnerie, de cent cinquante livres tourn., pour ce. cL liv.

Item, au dessoubz de la dicte sepultures estoyt l'autel de Sainct
Sébastian, où y avait table et contretable enrichiz de pillastres

<hr>

(1) De l'évêque Geoffroy de La Chapelle, mort en 1347, oncle du cardinal de
La Forêt.

nornez de pieddestal, basse, chappiteau, arcquitrave, frise et corniche et mouleures enrichies, les dicts pillastres aussi enrichiz de pantes de fueilles garniz d'une grant niche, et quatre petites, . le tout enrichy, tant hault que bas, à la mode antique, lequel autel avoit et a esté du tout cassé et brisé, et faict doumaige de quatre cens livres tourn., pour ce. . . . . iiii^c liv.

De l'aultre costé du dict cueur, aussi en la grant allée du dict costé, y avoit une sépulture enlevée de deux piedz et demy ou environ, enrichie de mouleures hault et bas, le tout à pierre de taille, rompue et brisée, et faict doumaige de cent livres tourn., pour ce. c liv.

Au dessoubz de la dicte sépulture y avoit une table et contre-table d'autel Saincte Barbe enrichy tant hault que bas, faict de troys tabernacles avecques guimberges doubles enrichies d'un revers de grand saillye couronné, le tout à la moderne, les mon-teures enrichies de fueillaiges, tant hault que bas, le tout cassé et demoly, et faict doumaige de sept cens livres tournois, pour ce. . . . . vii^c liv.

Au revestiaire de la dicte église y avoit une piscine[1] partie de marbre et albastre, l'aultre partie de pierre de taille de Bernay, et encore aultre partie de pierre de raiasse, laquelle picine auroit esté pour la plus grand part brisée et demolye, et faict doumaige de cinq cens livres tourn., pour ce. . . . . v^c liv.

Plus, auroient rompu et brisé troys fenestres estans en espoisseur de muraille, avecques le chauffouer aux enfans, et · faict doumaige de dix livres, pour ce. . . . . x liv.

Item, en la chapelle Notre-Dame de soubz terre y avoit autel, table et contretable, avecques un tabernacle ouquel estoyt l'imaige Notre Dame et une picine, le tout de pierre de taille, demoly et faict perte de cinquante livres tourn., . . . L liv.

Aussi, auroient rompu et démoly au hault de la tour de l'église six bestions et une gargouille de pierre de Bernay, vallans cinquante livres. . . . . L liv.

(1) La fontaine du revestiaire « piscina revestiarii » avait été faite en 1539, aux frais de Guillaume Véron, prêtre, chanoine et archidiacre de Chàteau-du-Loir. Bibliothèque du Mans, ms. 244, *Martyrologe*, fol. 317.

[IMAGERIE]

Item, les dicts Bouju, de Veignolles, leurs complices et alliez avoient avec bastons invasibles piccoté et esgratigné le visaige de la representation Notre Seigneur Jésu Crist, biffé et rompu dix visaiges d'aultres représentations faisant partye des images d'un Jugement en placte paincture et à huille, qui estoit au dedans de la principalle porte de la dicte église [1], et en ce faict doumaige de soixante solz tourn., pour ce. . . . . LX s.

Aussi, auroient rompu et brisé ès faces, piedz et mains, vingt aultres des imaiges de pierre de taille qui estoient au portail appellé le portail de la *Pierre au laict* [2], et faict doumaige de trente livres tourn., pour ce. . . . . XXX l.

Plus, auroient rompu, brisé et démoly un Crucifix de bosse ronde qui estoit en la contretable de l'autel de la dicte paroisse, ensemble le fonds et derrière d'icelle qui estoit garny de basse taillé et de paisaige avecques une armée de Juifz, le tout de tuffeau de Saulmur, vallant la somme de quarante livres tourn., pour ce. . . . . XL. liv.

Semblablement, auroient cassé et brisé un imaige de *Ecce Homo* qui estoit en une niche au bout du dict autel, vallant huict livres tourn., pour ce. . . . . VIII liv.

Davantaige, cassé et brisé une Annunciacion Notre-Dame et six petitz angelotz portans les armes de la Passion, qui estoient au hault du dict autel, vallans la somme de dix-huict livres tourn., pour ce. . . . . XVIII liv.

Plus, rompu et brisé une Magdalaine, avec une Véronicque, qui estoient sur la corniche du dict autel, vallans vingt et deux livres tournois, pour ce. . . . . XXII liv.

Oultre, avoient brisé et démoly une frise de basse taille, régnant par le davant et costé du dict autel, peu au-dessoubz dudict Crucifix, en laquelle frise estoient plusieurs hystoires de la Passion ; ensemble une aultre frise estant au-dessoubz de la

(1) Aut bas de la Nef. Ces peintures ont été découvertes dernièrement sous le badigeon, mais dans un état lamentable.

(2) Porche du midi en face de la Grande-Rue.

table du dict autel, où estoient taillez de basse taille deux anges portans armes, vallans trente livres tournois, pour ce.   XXX liv.

Plus, avoient cassé et brisé deux aultres imaiges, l'un desquelz estoit de sainct Gilles, qui estoient sur deux corbeaux, au costé gauche dudict autel, et valloient la somme de dix livres, pour ce. . . . . X liv.

Item, auroient brisé les imaiges qui estoient à l'autel Nostre-Dame basty contre un pillier, près le dict autel de paroisse, quelz images estoient une hystoire appellée *Ortus conclusus*, qui estoit de basse taille; à la contretable dudict autel, un imaige Nostre-Dame qui estoit au-dessus dudict autel avecques deux aultres imaiges, l'un desquelz estoit de saincte Avoye, vallans la somme de cinquante et cinq livres tournois, pour ce. . LV liv.

Item, auroient brisé et démoly à l'autel sainct Denys la table dudict autel, en laquelle estoit taillé en bosse un Corónnement de Nostre-Dame et aultres imaiges de demye bosse; ensemble l'imaige dudict saint Denys, qui estoit de pierre de taille; un Crucifix; une Nostre-Dame et sainct Jehan, de platte paincture, faictz à huille, contre la muraille, vallans vingt et deux livres tournois. . . . . XXII liv.

Item, cassé, rompu et brisé les imaiges qui estoient à l'autel sainct Jehan l'Evangéliste, scavoir est : à la table, troys hystoires dudict sainct Jehan, enlevées de demye bosse; un imaige sainct Claude, avec troys aultres imaiges ; le tout de pierre, vallans quarante cinq livres tournois, pour ce. . . . . . . XLV liv.

Item, auroient brisé et rompu la représentation dudit cardinal de Lucembourg, qui estoit sur une colonne jouste le pillier contre lequel estoit basty ledict autel Sainct Jehan, laquelle représentation estoit de terre paincte, fort bien faicte et portraicté, vallant soixante-dix livres tournois, pour ce. . LXX liv.

Item, cassé et brisé des imaiges qui estoient à l'autel Saincte Catherine, scavoir est: plusieurs hystoires de ladicte saincte, qui estoit de demye bosse; à la contre-table, une saincte Catherine et quatre aultres imaiges de mesme haulteur, vallans soixante et sept livres dix sols tournois, pour ce. . . . . LXVII liv. X s.

Plus, avoient enlevé et spolié la représentation des sept

Planettes, qui estoient faictes de boys doré de fin or breny, qui estoient au pillier de la petite horloge de la dicte église, signifflans les sept jours de la sepmaine, vallant vingt une livre tournois, pour ce. . . . . XXI liv.

Davantaige, avoient cassé et brisé les imaiges qui estoient à l'autel des Martyrs, scavoir est : troys histoires de la Passion de Nostre Seigneur, enlevées et demye bosse, à la contre-table, et six images de diacres, qui estoient au-dessus de ladicte contre-table, vallans soixante et six livres tournois, pour ce.   LXVI liv.

Item, à l'autel Sainct Yves, près les petites orgues[1], estoit l'imaige de sainct Yves avecques deux aultres imaiges des deux costez et de mesme haulteur, qui ont aussi esté cassez et brisez, vallans vingt-quatre livres tournois,. . . . XXIIII liv.

Davantaige, avoient cassé et brisé les imaiges qui estoient à l'autel Nostre-Dame de Pitié, scavoir est : la contretable dudict autel ; troys hystoires de Nostre-Dame, de demye bosse ; uneg imaige de Nostre-Dame de Pitié, au-dessus d'icelle table, et deux aultres imaiges, de chacun costé ; et au dessus dudict imaige Nostre-Dame, un imaige de Dieu en jugement, des deux costés d'icelle deux anges tenans chacun une trompe en main, et au-dessus une aultre ange faignant tenir le paveillon ; et au costé dudict autel, soubz les dictes petites orgues, le reliquaire du pied de sainct Philippe, et deux anges estans des deux costez, de platte paincture à huille, qui représentoient ledict pied, plus un aultre histoire enlevée de basse-taille, avecques un imaige de sainct Denys qui estoit au-dessus dudict reliquaire, vallans six vingt sept livres dix solz tournois, pour ce. . VI^{xx} VII liv. X s.

Semblablement, avoient brisé et cassé les im[aiges] qui estoient à l'autel appellé l'autel des Miracles sainct Julian, scavoir est : quatre histoires dudict sainct Julian enlevées de demye bosse ; troys imaiges estant sur la dicte table, l'un de sainct Julian, le second de sainct Ambroyse, le tierce de sainct Augustin, plus un imaige de la Trinité, qui estoit au-dessus soubz un paveillon, à chaicun costé duquel y avoit un ange tenant chaicun un encensier, et au-dessus dudict paveillon aultre ange faignant tenyr

____

(1) À l'entrée du déambulatoire du chœur, côté de l'Évangile.

icelluy paveillon, le tout vallant six vingts dix livres tournois, pour ce. . . . . vɪˣˣ x liv.

Item, cassé et brisé la table faicte à platte paincture et huille à l'autel Sainct Michel, où y avoit troys histoires des miracles sainct Julian et au-dessus un imaige de sainct Michel, faict de pierre de taille, avec un imaige sainct Pierre qui estoit assis sur le chappiteau du pillier contre lequel estoit basty ledict autel, et un aultre imaige qui estoit à cousté, le tout vallant cinquante cinq livres tournois, pour ce. . . . . ʟv liv.

Plus, avoient cassé et brisé les imaiges de la lignée saincte Anne, qui estoient à l'autel de la dicte saincte, vallans la somme de six vingts dix livres tournois, pour ce. . . . . . vɪˣˣ x liv.

Item, rompu et brisé les imaiges de l'autel soubz les grandes orgues, à scavoir : une Nativité Nostre-Seigneur avecques les pastoureaux, qui le venoient visiter, un imaige saincte Marthe, un imaige sainct Ambroys, les imaiges d'une Annonciation Nostre-Dame, deux prophètes, un imaige de Dieu le Père, et deux planches estant audict autel, enrichiz d'or et d'asur, et faict doumaige en l'esgard de l'imaigerie et paincture de la somme de deux cens soixante et quinze livres tournois, pour ce. ɪɪᶜᶜ ʟxxv liv.

Item, auroient rompu et brisé les imaiges qui estoient audict pulpitre et jubé en ladicte église qui estoient des douze apostres, une histoire de la résurrection Nostre-Seigneur, douze prophètes, cinquante petitz imaiges situez ès ballustres entre lesdicts apostres et prophètes, le tout de pierre de tuffeau de Saumur, un Crucifix qui estoit sur ledict pulpitre, et une montaigne figurée d'herbes, fleurs et ossemens, comme un cimetière, les imaiges de treze évesques, deux pryans, desquelz l'un estoit cardinal, l'aultre évesque, à chaicun desquelz y avoit un imaige qui les représentoit, plus deux anges portant les armes dudict feu cardinal de Lucembourg, le tout vallant quatre cent trente six livres tournois, pour ce. . . . . ɪɪɪɪᶜᶜ xxxvɪ liv.

Item, auroient rompu un tableau faict à huille de la représentation de saint Grégoire, qui estoit à un autel vers la chapelle Sainct Jehan en l'allée de ladicte église, du costé gauche, en entrant, vallant ledict tableau cent sols tournois. . . . . c s.

Plus, auroient rompu et brisé les imaiges de l'autel saincte
Barbe, qui estoient l'imaige de ladicte saincte et deux aultres,
desquelz l'une estoit de saincte Genevcusve, troys hystoires de
basse taille, qui estoient à la contre table dudict autel, avecques
l'hystoire saincte Apolline, qui estoit en platte paincture à huille
contre la muraille du costé du cueur de ladicte église, vallans
soixante livres tournois, pour ce. . . . . LX liv.

Davantaige, auroient démoly et brisé troys hystoires des martyrs sainct Jehan Baptiste, enlevées en bosse ronde, à la contre
table de l'autel de la chapelle dudict Saint Jehan, vallans cinquante
livres tournois, pour ce. . . . . L. liv.

Oultre, l'imaige sainct Martin, qui estoit painct et estouffé en
la chapelle dudict sainct, vallant vingt cinq livres tournois, pour
ce. . . . . XXV liv.

Plus, l'imaige sainct Christofle, de pierre de Saumur, painct et
estouffé, estant à l'autel de la chapelle dudict sainct, vallant vingt
et cinq livres tournois, pour ce. . . . . XXV liv.

Item, l'imaige sainct Mor, estant en sa chapelle, vallant dix
livres tournois, pour ce. . . . . X liv.

Aultre imaige sainct Fiacre estant en sa chapelle, avecques
aultre imaige dudict sainct et une Annonciation, de platte paincture à huille, et des testes de unze imaiges de pierre qui estoient
en la maczonnerie soubz la clouayzon de meunyserie de ladicte
chapelle, vallans vingt sept livres tournois, pour ce. XXVII liv.

Aussi, auroient brisé un petit imaige Nostre-Dame qui estoit à
l'autel Nostre-Dame de Bonnes-Nouvelles, près ladicte chapelle
sainct Christofle, vallant cinquante sols tournois, pour ce. L. s.

En la chapelle sainct Gatian auroient rompu et brisé les imaiges
qui ensuyvent, c'est à scavoir : quatre hystoires qui estoient à la
contre table, un imaige d'un évesque faict de pierre de Bernay,
avecques l'imaige dudict Sainct Gatian, aultrement sainct Fautin,
vallans trente six livres tournois, pour ce. . . . . XXXVI liv.

Plus, en la chapelle Sainct Georges, rompu et brisé les imaiges
qui ensuyvent, à scavoir : un grant sainct George monté sur un
cheval bardé, combatant un dragon, une manière de château,
auquel y avoit la semblance d'un roy, d'une royne et cinq ou

six aultres personnaiges, oultre, une figure de fille de roy faignant attendre le dict dragon, le tout de boys paincturé et estouffé, vallant quatre vingts livres tournois, pour ce.   III^{xx} liv.

En la chapelle sainct Jacques ont rompu et brisé les imaiges qui ensuyvent : saint Jacques et saint Christofle, avecques deux pryans, faitz à demye bosse en la contretable de l'autel de ladicte chapelle, et davantaige deux imaiges de pierre de taille, qui estoient sur ledict autel, desquelz l'un estoit de saint Jacques, vallans quarante cinq livres tournois, pour ce. . . . . XLV liv.

Auroient, aussi rompu et démoly un imaige Nostre-Dame et aultre de sainct Aldric, qui estoient à la contretable de l'autel Nostre-Dame du Chevet, et un grant crucifix de boys qui estoit contre la muraille au costé dextre, en entrant en ladicte chapelle, vallans vingt huit livres dix solz tournois, pour ce. . . . . XXVIII liv. X s.

Item, en ladicte chapelle Nostre-Dame du Chevet, auroient et ont faict bris et effraction des imaiges qui ensuyvent, à scavoir est : un Crucifix qui estoit à l'entrée et sur le portail, un trespassement Nostre-Dame, taillé et enlevé en bosse ronde, estouffé d'or brun et autres bonnes matières et couleurs, estant à la contretable de l'autel de ladicte chapelle, avecques plusieurs hystoires de Nostre-Dame, faictz de platte paincture à huille aux guischetz de ladicte contre table, et un imaige Nostre Dame, faict de pierre sur ladicte contretable, icelluy imaige estouffé de blanc, poly, enrichy d'une bordeure estouffée d'or et d'asur, et davantaige un gisant de marbre, représentant un évesque[1] qui estoit sur un sépulchre de marbre blanc et noir, au milieu de ladicte chapelle, vallans plus de cinq cents escus, pour ce. . . . . V^{cc} escuz.

Plus, avoient rompu l'imaige sainct Loys, qui estoit faict de pierre de taille estoffée, au pied d'estal, près ladicte chapelle Nostre Dame du Chevet, vallant quinze livres tournois, pour ce. . . . . XV liv.

Aussi, auroient brisé et démoly deux escussons de platte paincture à huille faictz sur cuyvre, dont l'une estoit du roi de

_____

[1] Goutier de Baigneux.

Sicille, l'aultre du conte du Maine, vallant ladicte paincture sept livres dix sols, pour ce. . . . . vii liv. x s.

Plus, auroient brisé et démoly troys histoires de la vie et miracles sainct Julian, d'aultre imaige de platte paincture faicte au derrière de ladicte clouayson du cueur vis-à-vis de ladicte chapelle Nostre-Dame du Chevet, vallans trente livres tournois, pour ce. . . . . xxx liv.

Davantaige, auroient brisé et cassé l'imaige sainct, Nicolas et l'imaige sainct Anthoine, avec ung aultre qui estoit sur l'autel de la chapelle sainct Nicolas, vallans vingt quatre livres tournois, pour ce. . . . . xxiiii liv.

Item, une hystoire faicte de platte paincture qui estoit à une contre table d'autel, sise entre les chapelles Sainct Nicolas et Sainct Eutrope, icelle hystoire brisée et démolye, vallant douze livres tournois, pour ce. . . . . xii liv.

Item, auroient aussi démoly et brisé en ladicte chapelle Sainct Eutrope les imaiges qui ensuyvent, à scavoir : un imaige dudict sainct, un tyrant, avec un évesque, vallans seize livres tournois, pour ce. . . . . seize liv.

Auroient brisé aultre imaige sainct Julian, qui estoit à la porte de la dicte église, vallant cinquante sols tournois, pour ce.   L s.

Et, au dedans dudict Chapitre, rompu et démoly un évesque de pierre de taille, servant de letrin, vallant seize livres tournois, pour ce . . . . xvi liv.

Plus, deux imaiges de pierre de Saumur estans en la chapelle sainct Laurens, desquelz l'un estoit dudict sainct, vallans seize livres tournois, pour ce. . . . . xvi liv.

Aussi, auroient brisé et corrompu une picine qui estoit au revestiaire de ladicte église, garnye d'une imaige sainct Julian, troys angelotz portant des festons de fruictz, avec troys termes de marbre, vallant les dictz imaiges, angelotz et termes, soixante dix livres tournois, pour ce. . . . . lxx liv.

Plus, auroient cassé et brisé six hystoires de bosse ronde de pierre de Bernay qui estoient à la clouayson dudidt cueur, au droict dudict revestiaire, entre deux tombes, vallans dix-huit livres tournois, pour ce. . . . . xviii liv.

Oultre, cassé et brisé deux angelotz tenans chaicun un encensier, qui estoient à l'un des costez dudict revestiaire, vallant quarante sols tournois, pour ce. . . . . XL s.

Davantaige, brisé et démoly en la chapelle de la Magdaleine, une hystoire de *Noli me tangere*, paincte et estouffée de blanc polly, enrichye d'or fin, vallant cinquante livres tournois, pour ce. . . . . L liv.

Plus, auroient brisé un imaige d'un Dieu en jugement, avec deux aultres imaiges, de haulteur de deux pieds et demy, qui estoient davant ladicte chapelle de la Magdalaine contre la cloayson du mur, vallans dix livres tournois, pour ce. . X liv.

Davantaige auroient illec près, rompu une contre table d'autel faicte de platte paincture à huille, vallant la somme de cent solz tournois, pour ce. . . . . C s.

Item, en la dicte chapelle Sainct Pierre, avoient brisé et mis par pièces et au menu les imaiges qui ensuyvent, à scavoir: plusieurs hystoires de basse taille painctes et estouffées, estans à la frise de la contre table de l'autel de ladicte chapelle, une hystoire de la Fontaine de Miséricorde, avecques plusieurs imaiges les ungs de bosse ronde, les aultres de basse taille, le tout bien painct, fort beau et estouffé, avecques un paissaige en derrière, de platte paincture à huille, plus, les imaiges saint Hiérosme, Marie Egyptianne, sainct Pierre, sainct Paul, iceulz imaiges faictz de terre cuitte, avecques plusieurs chérubins autour d'un arc comprenant ladicte fontaine, vallans deux cent livres tournois, pour ce. . . . . IIᶜᵉ liv.

Plus, avoient rompu et brisé en ladicte chapelle Sainct Pierre, un sépulchre, auquel y avoit neuf imaiges, chaicun d'iceulx de haulteur de six piedz ou environ, très beaulx, et bien painctz et estouffez de fin or et aultres bonnes coulleurs; la doreure de fin or et aultres coulleurs d'une voulte de pierre estans audict sépulchre, et quatre imaiges de gens d'armes faignant garder ledict sépulchre, lesditz imaiges et painctures vallans huit cent soixante et dix livres tournois, pour ce. . . . . VIIIᶜˢ LXX liv.

Item, avoient à l'autel Sainct Sébastian, rompu et brisé l'imaige dudict sainct, avecques deux aultres imaiges et deux anges

portans une couronne, vallans cinquante cinq livres tournois,
pour ce. . . . . LV liv·

Aussi, auroient brisé et rompu cinq hystoires des miracles
sainct Julian et une Nostre-Dame, qui estoient en une frize
soubz le tabernacle de la châsse dudict sainct Julian [1], vallans
vingt livres tournois, pour ce. . . . . XX liv.

Plus, la représentation de deux évesques de haulteur de quatre
pieds ou environ, vallant trente livres tournois, pour ce. XXX liv.

Aussi, deux guischetz de la couverture de ladicte grande
châsse, par le dehors, y avoit deux hystoires des miracles sainct
Julian, et, par le dedans d'iceulx guischetz, une Annonciation
de Nostre-Dame, faictz de platte paincture, qui avoient esté
annichillez en brisant ladicte châsse et couverture d'icelle ; la
couverture estoit symenté à huille de damars, vallans quarante
deux livres tournois, pour ce. . . . . XLII liv.

Davantaige, avoient cassé et brisé deux imaiges, l'un d'un
homme d'armes, l'aultre d'une damoyselle pryant, sur la
cloayson du derrière dudict cueur, vallans dix huit livres
tournois, pour ce. . . . . XVIII liv.

Les deux petites châsses ci-dessus déclarées estoient et
painctes par le davant, icelle paincture et doreure valloient
quinze livres tournois, pour ce. . . . . XV liv.

Davantaige, auroient cassé et du tout séparé du corps les testes
de unze grands imaiges et brizé et démoly les testes de deux
aultres imaiges estant sur les haultes galleries du cueur de
ladicte église, tellement que le reste desdicts imaiges n'est plus
de valleur, ou du paravant lesdictz effractions, iceulx valloient
six vingt dix livres tournois, pour ce. . . . . . VI^{xx} x liv.

Semblablement, auroient demoly les testes et braz de douze
aultres grands imaiges de pierre de taille, qui estoient ès
galleries faisant le tour de la nef de ladicte église, et faict dommaige en ce de six vingts livres tournois, pour ce. . VI^{xx} liv.

Oultre, ont rompu et brisé douze aultres imaiges de pierre,
qui estoient autour de la grosse tour de ladicte église, et en
ce faict dommaige de sept vingts dix livres. . . . VII^{xx} X liv.

____

[1] Au fond du chœur.

Plus, rompu et brisé ès basses galleries dudict cueur vers le Doyenné et les Jacobins, treze aultres imaiges de pierre, vallans six vingts dix livres tournois, pour ce. . . . . VI[xx] x liv.

Davantaige, avoient rompu les armoyries de deux cardinaux et deux anges des deux costez qui estoient en deux tableaux de boys à l'entrée du dehors de la porte de ladicte église vers la maison épiscopal [1], vallant unze livres tournois, pour ce. XI liv.

Aussi, avoient rompu et brisé deux aultres tableaux qui estoient attachez au dehors de la grande porte de ladicte église, èsquelz tableaux estoient les armoyries des deux cardinaux ; semblablement rompu et démoly les armoyries du roi, qui estoient de pierre de taille sur ladicte grande porte, et un angelot qui estoit en la gallerie au dessus d'icelle porte, vallans les dictz imaiges la somme de quinze livres tournois. . . . xv liv.

Plus, rompu et demoly les armoiries dudict cardinal de Lucembourg, qui estoient en bosse à une petite tourelle de ladicte église, vers le chasteau de ceste dicte ville, vallant douze livres tournois, pour ce. . . . . XII liv.

Item, auroient brisé et rompu les quatre gisans desdicts sepulchres desdicts cardinal de Lucembourg, conte de Martigues et aultres leurs parents, et huict anges, tout de pierre d'albastre, vallant cinq cens livres tournois, pour ce. . . . . . V[cc] liv.

Aussi, auroient rompu et brisé les gisans de pierre de taille d'un homme et d'une femme, qui, audict sepulchre ou sepulture, près la petite orloge, valloient la somme de quarante livres tournois, pour ce . . . . XL liv.

Plus, rompu et brisé en quelques endroictz et parties le gisant representant le conte de Maine, qui estoit à la sépulture faicte en forme de berceau, au-dedans du cueur de ladicte église, et faict en ce dommaige de soixante dix livres tournois, pour ce. . . . . LXX liv.

Davantaige, auroient brisé un aultre gisant de marbre blanc, representant un cardinal [2] inhumé en ladicte chapelle Sainct Fiacre, vallant icelluy gisant. . . . . (néant)

(1) Au bout du transept nord.
(2) Pierre de La Forêt.

Et semblablement auroient faict· d'un aultre gisant de marbre blanc, représentant un évesque et cardinal inhumé en ladicte chapelle sainct Mor, vallant icelluy gisant la somme de troys cens écus et plus. . . . . iii^{cc} escuz.

Et finablement auroient aussi brisé et fragmenté un aultre gisant de pierre de marbre blanc d'un aultre évesque et cardinal inhumé en ladicte chapelle de Notre-Dame du Chevet, à l'entour des testes desquelz gisans y avoit de chaicun costé un ange tenant chappeaulx de cardinal de pareille estoffe que les dicts gisans, lesquelz troys derniers gisans, anges et chappeaux valloient la somme de six cent livres tournois, pour ce. vi^{cc} liv.

MÉNUYSIERS (sic)

Item, lesdicts fonds baptismaux de ladicte église avoient cloayson de boys à l'entour de ladicte marche de pierre portant lesdicts fonds, icelle cloayson faicte d'assemblage de menuyserie de deux piedz de haulteur ou environ, à sept pans, chaicun pan de trois piedz de largeur; et estoit icelle cloayson faicte en forme orbiculaire à huissetz brisés en deux endroictz d'icelle, laquelle cloayson a esté rompue, brisée et enlevée par lesdictz de Veignolles, Bouju et alliez, et en ce fait dommaige de la somme de sept livres dix sous tournois. . . vii liv. x s.

Au cueur de ladicte église y avoit chaires[1] en nombre de quarante huit de chaicun costé, tant hault que bas, icelles chaires ayant grant beaulté de faczon et revers, et de haulteur de douze [pieds] ou environ, le tout a esté brisé, rompu, et [ravy], et ce faict dommaige de la somme de deux mil cinq cent livres, pour ce. . . . . ii^m v^{cc} liv.

Plus, en ladicte chaire de l'évesque, y avoit tabernacles et cloaysons de menuyserie autour d'icelle chaire enrichies de fueillaige et aultres beautez, qui ont été rompues, briséez et démolyez, et faict dommaige de cent livres tournois, pour ce. . . . . c liv.

Davantaige, y avoit audict cueur deux grands pulpitres tournans sur deux pilliers, iceulx pulpitres à deux paremens,

---

(1) Stalles.

enfaczonnéz par bas de carreau, qui valloient la somme de dix livres tournois, pour ce. . . . . x liv.

Au bas dudict cueur y avoit des sièges de menuyserie pour les enfans, enfoncéz de carreau, aussi y avait fond de carreau en droict de l'aigle où l'on chantait ; quelles choses ont esté brisées et enlevées, et valloient dix livres tournois, pour ce. . x liv.

Ladicte chapelle du roi estoit faicte de menuyserie portant revers autour d'un pillier , ledict revers portant saillye de troys. piedz ou environ et de deux piedz de haulteur, qui valloient en l'esgard de ladicte menuyserie, qui a esté rompue et brisée, trente cinq livres tournois, pour ce. . . . . xxxv liv.

Entre les deux pilliers dudict cueur, joignant ledict autel, y avoit une cousche de menuyserie, tant d'un costé que d'aultre, où couscheoit l'un des sergeans de ladicte église, laquelle cousche estoit aussi couverte de menuyserie par hault, ayant cinq piedz et demy en carré, et un siège hors ladicte menuyserie, lesquelz cousche, coffre et menuyserie avoient et ont esté tous brisez et corrompuz, et en iceulx faict dommaige de la somme de quinze livres tournois, pour ce. . . . . xv liv.

Près ladicte cousche, y avoit un buffet et armoyres servans à apposer les reliquaires aux festes doubles et demyes doubles et lesdictes fenestres à retirer les chandelles et oblations, icelluy buffet, faict d'assemblaige à doubles fenestres et double fonds, lequel buffet, qui valloit du moins dix livres tournois, a esté ravy et enlevé, pour ce. . . . . x liv.

. Au hault dudict cueur, y avoit une contre table d'autel de menuysarie garnye de petites colonnes à demye bosse et de plusieurs aultres figures enrichies d'argent doré et de pierres, sur laquelle contretable portoyt ladicte châsse saint Julian ; sur le duvant et dessoubz de ladicte châsse y avoit un cabinet de menuyserie, garny de fenestres tout autour pour mettre les reliques de ladicte église, icelles armoyres à plusieurs estaiges ; [lesdicts] cabinet et menuyserie ont esté tous briséz, et faict dommaige de six vingts livres tournois, pour ce. . . vi^{xx} liv.

Au costé de ladicte châsse, entre deux aultres pilliers, y avoit un cabinet à mettre le chef saint Julian, auquel cabinet y avoit

un buffet et siège pour entrer, auquel cabinet y avoit un huys
d'assemblage, toutes lesquelles choses ont été brisées, ravyes
et transportées, et faict perte et dommaige de, vingt livres
tournois, pour ce. . . . . XX liv.

De l'aultre costé de ladicte châsse, y avoit, entre deux pilliers,
une cousche pour coucher le sonneur, et aussi y estoit le secret
pour monter et descendre la couverture de ladicte châsse, pour
entrer en laquelle cousche y avoit un huys d'assemblaige, lesdictes choses brisées et ravyes, et faict dommaige de dix livres
tournois, pour ce. . . . . X liv.

Item, estoit ladicte châsse couverte d'un bastiment de menuyserie en forme d'église, qui a aussi esté brisé et ravy,
vallant vingt cinq livres tournois, pour ce. . . . . . XXV liv.

Au mesme coté, y avoit, entre deux pilliers, deux cloaysons,
tant du costé que d'aultre, pour servir de chambre aux sonneurs
de ladicte église, ladicte chambre planchayée de carreaux ; et y
avoit un huys d'assemblaige ; le tout brisé et démoly, et faict
en ce dommaige de quinze livres tournois, pour ce. XV liv.

Plus, d'icelluy mesme costé, y avoit en la chapelle Sainct
Fiacre une cloayson de boys faicte à collombaige à clervoys et
couronnement taille d'anticque, laquelle a esté corrompue et
brisée en plusieurs endroicts, et faict dommaige de vingt livres
tournois, pour ce. . . . . XX liv.

Davantaige, y avoit une carrie de menuyserie fort enrichye
de taille moderne, laquelle servoyt de ciel sur le grant autel,
et a esté ravye et enlevée, et valloit dix-sept livres dix solz
tournois, pour ce. . . . . XVII liv. X s.

A l'autel Sainct Yves, près les petites orgues, y avoit un revers
de ménuyserie de taille moderne, avec couronnement suspendu
contre ledict pillier, quelle menuyserie a esté toute corrompue
et ruée par terre, et faict dommaige de vingt cinq livres
tournois, pour ce. . . . . XXV liv.

Audict autel Sainct Jehan, y avoit une aultre cloason à deux
portes brisées, close par bas et hault, à barreaux et à une areste,
quelle cloayson, qui avait quinze pieds de longueur et douze

de hault, a a[ussi] esté enlevé et ravye, et yalloit quarante
livres tournois, [pour ce]. . . . . XL liv.

Es dictes chapelles Sainct Martin, Sainct Christofle, Sainct
Gatian, Sainct Georges, Sainct Jacques, Sainct Eloy, Sainct Nicolas, Sainct Laurens et la Magdalaine, y avoit cloaysons de
ménuyserie de bon assemblaige et de taille, enrichie, et davantaige en ladicte chapelle Sainct Martin y avoit bancs a doussier
revestuz de menuyserie selon les pilliers de ladicte chapelle, du
costé gauche ; en entrant en ladite chapelle Sainct Laurens,
troys fenestres en muraille ; en ladicte chapelle de la Magdalaine
une aultre fenestre en mur ; quelles cloaysons, bancs à doussiers
et fenestres, ont esté brizez et corrompuz, ledict banc à doussier
et aucuns des huys desdictes cloaysons enlevez et spoliez, et
faict en ce doumaige de la somme de soixante quinze livres
dix solz tournois, pour ce. . . . . LXXV liv. X s.

En ladicte chapelle Nostre-Dame du Chevet, y avoit une
contre table d'autel de menuyserie enrichie d'imaiges et tabernacles, couvertures et cloaysons sur une barre de fer, qui ont
esté brisez et spoliez, et faict dommaige de la somme de cent
livres tournois, pour ce. . . . . C liv.

En ladicte chapelle Sainct Pierre et Sainct Paul, y avoit deux
cloaysons, enrichies de colombettes modernes, avecques paneaux au-dessus, enrichiz de menuyserie, taillez de croysans,
estoilles et clefz, lyons et aultres grands beautez, et, au sépulchre
qui estoit en ladicte chapelle, y avoit des huissetz jusques au
nombre de quatre, fermans l'un sur l'aultre, à double joinct et
demy rond par hault, faictz de bon assemblaige et rasez par un
costé, lesquelz cloaysons et huissetz ont esté corrompuz, brisez
et effroignez en plusieurs endroiltz, et faict dommaige de la
somme de quarante livres, pour ce. . . . . XL liv.

Au chapitre de ladicte église, y avoit des sièges à double
rang de menuyserie revestuz soubz siège de pierre, quelle
menuyserie estoit faicte d'assemblaige, à l'estimation de neuf
toyses de longueur, à troys costés ; plus, y avoit un banc à deux
sièges et paremens, une chaire et une table sur une carrie à
quatre pilliers, et un petit couloueur à armoyries ; quelles choses

ont esté par lesdicts de Veignolles, Bouju et alliez, rompuz, brisez et enlevez, et faict en ce dommaige de quarante livres tournois, pour ce. . . . . XL liv.

Plus, audict chapitre, y avoit aultre table de dix p[iedz[de long ou environ, avec deux treteaux fors et puissans qui ont aussi esté raviz et enlevez, vallans la somme de soixante dix solz tournois, pour ce. . . . . LXX s.

Davantaige, y avoit une paire d'armoyres de troys piedz et demy de hault, de longueur de huict piedz, icelles armoyres formant à clef, le tout bien faict et de bonne ménuyserie, qui ont aussi esté ravyes et enlevées, et valloient la somme de quinze livres tournois, pour ce. . . . . XV liv.

Oultre, y avoit une grande selle à mettre vaisseaux, semblablement enlevée, plus, deux grands coffres en plain œuvre, qui ont esté raviz et emportez, et valloient sept livres tournois, pour ce. . . . . VII liv.

En ladicte chapelle Nostre-Dame de soubz terre, y avoit une croix de douze piedz de haulteur et huict de large, ancienne et de grande beaulté, garnye d'un crucifix, laquelle croix a esté fort rompue, et en icelle faict dommaige de quatre livres tournois, pour ce. . . . . IIII liv.

Plus, y avoit deux huis à l'entrée du Chapitre l'un pour aller à la Chambre des comptes, l'aultre à la chambre de la librairie, lesquelz huis, faictz de bon assemblaige, ont esté brisez et transportez, vallans soixante solz tournois, pour ce. . . LX s.

Item, au revestiaire, y avoit cinq payeres d'armoyres, l'une desquelles estoit à trois estaiges, et huict fenestres formant à clef, avec un coffre au dessus desdicts estaiges, lesquelles fenestres et aucuns montans auxquelz elles estoient attachées, fractionnez, les couvercles desdicts coffres enlevez et aucuns panneaux cassez et brisez, et faict perte et dommaige de quinze livres tournois, pour ce. . . . . XV liv.

L'aultre paire accompaignée d'une chaire entre deux faicte de bon assemblaige, en laquelle paire d'armoyres y avoit troys estaiges et douze guischetz, tous lesquelz avoient esté brisez et enlevez, et la pluspart des montans aussi brisez, avecques les couvercles des bancs et coffres qui estoient au premier estaige, et faict dommaige de quinze livres tournois, pour ce. . . . . xv liv.

Aultre paire d'armoyres anciennes à huict guischetz fermans à clef, soubz lesquelles armoyres y avoit un grand coffre d'une toyse de long et de quatre piedz et demye de large, tous lesquelz guischetz avoient esté brisez et enlevez, et la moitié du couvercle dudict coffre, et faict en ce perte de dix livres tournois, pour ce. . . . . x liv.

Aultre paire d'armoyres à troys estaiges et douze guischetz fermans à clef, lesquelz guischetz ont esté brisez et enlevez, ensemble unes aultre armoyres qui estoyent à trois estaiges et troys guischetz entre les dictes aultres armoyres susdictes, et faict dommaige de douze livres, [pour ce]. . . . . . xii liv.

Aultre grant paire d'armoyres de toyse et demye de haulteur, de quatorze piedz de largeur, pied et demy de profondeur, à troys fonds, garnyes par bas et six guischetz, et par hault de troys grandes fenestres, aux derrière desquelles armoyres y avoit au mur une aultre fenestre pour servir de secret et privaises, qui ont esté rompues et brisées, et faict dommaige de quinze livres, pour ce. . . . . xv liv.

Plus, y avoit un grant chappier qui joignoit et se portoit avecques lesdictes armoyres, lequel chappier a esté rompu au couvercle et fermeture, et faict dommaige de cinquante solz tournois. . . . . L. s.

Oultre, y avoit un buffet, lequel servoit à mettre six grandes liettes coullantes, èsquelles reposoient partie des papiers et enseignemens de ladicte église, lesquelles lettres (sic), ensemble une clouayson de taille moderne et contrelable en figure d'autel, paincte d'imaiges qui estoit au-dessus dudict buffet, ont esté brisez, raviz et enlevez, et faict dommaige de vingt cinq livres tournois, pour ce. . . . . xxv liv.

Davantaige, y avoit un aultre grand buffet clos à quatre armoyres fermans à clef, qui a esté brisé et enlevé, vallant dix livres tournois, pour ce. . . . . x liv.

Aussi, y avoit aultre fenestre en mur de deux piedz et demy

de haulteur, qui a esté brisée et enlevée, vallant vingt solz tournois, pour ce. . . . . XX s.

Item, un grand marchepied à plain œuvre qui a esté fort fractionné et le couvercle enlevé, et faict dommaige de soixante sols tournois, pour ce. . . . . LX s.

Plus, deux fenestres en mur qui ont aussi esté enlevées et spolyées, lesquelles, d'autant qu'elles estoient de bon assemblaige, valloient trente solz tournois, pour ce. . . . XXX s.

A l'entrée dudit révestiaire, y avoit un vieux chappier, faict en triangle et forme de tiers poinct, dont le couvercle a esté enlevé, vallant soixante sols tournois, pour ce. . . . LX s.

Plus, un grant buffet en forme de coffre, lequel [a] esté brisé et corrompu en plusieurs endroicts et de[ux] des fenestres d'icelluy enlevées, et faict en ce dommaige de cinquante cinq solz tournois, pour ce. . . . . LV s.

Davantaige, y avoit aultre petit buffet à quatre estaiges, qui a esté desnué et spolié de toutes les fournitures, et faict dommaige de cinquante solz tournois, pour ce. . . . . . L s.

Oultre, ont esté spoliez et enlevez troys aultres huys, l'un estant à l'allée dudict revestiaire pour aller au grabatoire où se retire le secrétain la nuit, et les deux aultres estans au hault, l'un pour entrer audict grabatoire et l'aultre pour une petite estrade, quelz huys valloient soixante et quinze solz tournois, pour ce. . . . . LXXV s.

Item, en ladicte chambre des Comptes, y avoit troys grandes paires d'armoyres, desquelles l'une estoyt de deux toyses et demye de longueur et de cinq piedz de hault, à deux estaiges fermans à sept guischetz, lesquelz ont esté faulcez et enlevez, lesdictes armoyres corrompues, et en ce faict dommaige de dix livres tournois, pour ce. . . . . x liv.

Plus, y avoit aultre paire d'armoyres de sept piedz de haulteur et de dix piedz de longueur, deux piedz ou environ de profondeur, icelles armoyres à troys fonds faisans deux estaiges, fermans à huict guischetz, lesquelz ont esté fractionnez, et faict semblablement dommaige de dix livres tournois, pour ce. . . . . x liv.

Davantaige, aultre paire d'armoyres et semblables huis à guischetz, qui ont esté brisez et enlevez, et faict dommaige de dix livres tournois, pour ce. . . . . x liv.

Aussi, y avoit deux vieulx bancs à doussier, servans de [coffres?] qui ont esté fractionnez, et les couvercles d'iceulx enlevez, et faict dommaige de quatre livres tournois, pour ce. . . . . iiii liv.

Oultre, y avoit de grandes armoyres de menuyserie d'assemblaige, esquelles on mettoyt la tapisserye, icelles armoyres de neuf piedz de large et toyse de haulteur, et demy toyse de profondeur, icelles armoyres fermans à fenestres coullantes, de toute la grandeur d'icelles, lesquelles ont esté toutes denuées, de sorte que n'y est demeuré que une fenestre, et faict dommaige de dix livres tournois, pour ce. . . . . x liv.

Item, y avoit un banc à doussier autour d'un des pilliers de la nef de ladicte église près l'autel de la paroisse[1], lequel banc, qui servoit de sièges, estait revestu selon la maczonnerie, et estoit enrichy de picquetz eslevez en forme anticque de grande beaulté, avecques lequel estoit accompagné aultre b[anc] servant à deux sièges, et un doussier entre deux, [le] tout faict de bon assemblaige et menuyserie, lesquelz bancs ont esté enlevez et spoliez, et valloient quarante livres tournois, pour ce. . . . . xL liv.

Plus, y avoit un huys au bas de la grosse tour et sonnerie de ladicte église, lequel huys, qui estoit de fort assemblaige de six piedz de haulteur et de deux piedz et demy de largeur a esté [.......] et valloit trente cinq solz tournois, pour ce. . xxxv s.

Item, aultre huys pour aller de ladicte sonnerie aux grosses orgues, icelluy huys de six piedz et demy de long, et troys piedz de large ou environ, faict de bon assemblaige, a esté enlevé et spolyé, et valloit trente cinq solz tournois, pour ce. . . . . xxxv s.

Item, aux Grandes Orgues et positif du davant d'icelles, a esté démoly une hystoire nommée Charité, qui y estoit avecques deux petits enfans, et aux deux tourelles, aux deux costés

(1) Du Crucifix.

d'icelles, a esté rompu des couronnemens et espiz enrichiz de taille anticque, duquel positif ont esté ostez plusieurs couronnemens, qui estoient tant aux piedz des tuyaux, que par voye, pour servir de lyens ausdictz tuyaux, iceulx couronnemens fort enrichyz de taille anticque ; aussi a esté démoly et enlevé plusieurs fenestres qui estoient au derrière dudict positif, faictes d'assemblaiges, à angles enrichiz de bordeure anticque, et faict en ce dommaige de soixante livres tournois, pour ce.   .   LX liv.

Plus, auroient esté démolyz et rompuz au grand corps desdictes orgues trente archetz et couronnement, estant de grande beaulté et enrichiz de taille anticque ; aussi auroient esté brisez et démolyz plusieurs paneaulx et fenestres en divers endroictz du derrière desdictes orgues, avecques plusieurs portées à porter les tuyaux et conduictz desdictes orgues et sommyers d'icelles, lesquelz ensemble, le clavier et instrumens partans d'icelluy et la chaire où le joueur se mettoit qui tenoit dedans lesdictes orgues, avoient esté fractionnez, et faict dommaige de six vingtz livres tournois, pour ce .   .   .   .   vi^{xx} liv.

Davantaige, auroient et ont esté enlevez et spolyez deux huys qui estoient à la soufflerie desdictes orgues, [tant] hault que bas, et les conduictz desdictes orgues corrom[puz], et faict en ce perte et dommaige de quatre vingtz livres tournois, pour ce.   .   .   .   .   iiii^{xx} liv.

Aux deux grosses tourelles desdictes orgues, a esté [brisé] et fractionné deux couronnemens au bas des tuyaulx, lesquelz estoient fort enrichiz de taille anticque ; ensemble les scinctures de moulleures, qui faisoient le tour desdictes tourelles, auxquelles scinctures y avoit enrichissemens de tournerie, comme patenostres, boultons de fer et rozes, le tout pendant à fil de laton, et les sommiers et conduictz desdictes orgues fractionnez et brisez, et faict, en ce que dict est en cest article, dommaige de cent livres tournois, pour ce.   .   .   .   c liv.

Au pillier de la montée des Petites Orgues y avoit un huys de cinq piedz et demy ou environ de hault, deux piedz et demy de largeur, faict de bon assemblaige, qui a esté enlevé et spolyé, vallant trente solz tournois, pour ce.   .   .   .   .   XXX s.

Le semblable auroit esté faict d'un aultre huys qui estoit à l'entrée desdictes Petites Orgues, vallant trente solz tournois. xxx s.

Toutes les clostures et fermetures desdictes Petites Orgues, avec les enrichissimens, couronnemens, archetz, amortissemens, plus, un manequin tenant une trompe en la main, mouvant ladicte trompe et la portant à la bouche par aucuns secretz, auroient esté fractionnez, rompuz et brisez, et faict dommaige en ce de deux cens cinquante livres tournois, pour ce. IIᶜᶜ L liv.

Item, troys des souffletz d'icelles orgues auroient et ont esté descouverts et rompuz par le [.....], avecques les conduictz des vents et sommiers, [......] lesdictz sommiers, claviers, mouvemens et secretz pour faire jouer et sonner lesdictes orgues, auroient esté fractionnez et faict, dommaige de cinquante livres tournois, pour ce.   .   .   .   .   L liv.

[SERRURERIE]

Plus, auroient lesdicts de Veignolles, Bouju leurs complices et alliez arraché et spolyé ladicte église des objets qui ensuyvent :

Premier : la serrure de la porte de soubz la sonnerie de ladicte église, aultre serreure à l'huys de la chambre où le forgeur mettoit les clefs de ladicte église [.......] un cadenatz qui servoient [à enfermer] les eschelles de ladicte église, la serreure d'une huisserie et d'une fenestre estant dedans icelle huisserie de la chambre sise près la *Pierre au Laict* [1], avec la serreure de deux aultres fenestres et deux grilles de fer estant en icelle chambre, vallant le tout, en l'esgard de ladicte serreurie, dix livres tournois, pour ce.   .   .   .   .   x liv.

Item, de la ferreure et serreures des barières qui estoient aux allées de la croysée de ladicte église, tant du costé de la chapelle Sainct Pierre que du costé de la chapelle Sainct Jehan-Baptiste et Sainct Yves, avec la serreure d'une cloayson de boys qui estoit autour des fonds baptismaux, vallans vingt et sept livres dix solz tournois, pour ce.   .   .   .   .   XXVII liv. x s.

Item, les ferreures des cloaysons, fenestres en mur, huisseries,

(1) La trace de l'entrée de cette chambre se voit encore dans le mur du bas-costé, auprès du portail de la Pierre-au-Lait, en face de la Grande-Rue.

verges à porter rideaux, barres, locquetières, verges de vittres, goupilles et ferrailles qui portoient les clochettes à sonner les messes, et aultres ferrailles qui estoient ès chapelles Sainct Pierre et Sainct Paul, y comprins les ferrailles du sepulchre [1], de la Magdalaine, de Sainct [Laurens], Sainct Nicolas, Sainct Eloy, Sainct Jacques, Nostre-Dame soubz terre, y comprins trois grilles de fer, Sainct George, Sainct Gatian, Sainct Christofle, Sainct Martin et Sainct Jehan-Baptiste, y comprins les eraignes et porte veue qui estoient autour de la sépulture feu M° Jehan Laurens [2], ensemble la serreure de la cuve desdicts fonds baptismaux de cuyvre, le tout vallant quatre vingt quinze livres tournois, pour ce. . . . . . . IIII ˣˣ XV liv.

Item, la cloayson et huisserie de fer estant au davant de la grand chapelle Nostre-Dame du Chevet, avec tous les tenans et barres où l'on attachoit les tentes, tapisseries, chandelles et veuz, tant hault que bas, les chandeliers où l'on mettoit les cierges, avec le [.....] et cloayson, qui estoit la sepulture du feu seigneur [de] Langé, et ferrailles des vittres d'icelle chapelle, le tout vallant la somme de deux cens livres [tournois], pour ce. . . . . II ᶜᵉ liv.

Item, de la feureure, barres de fer, crampons, agraffes et esgougeons, qui estoient aux sept autelz des stations et de l'autel Saincte Barbe, lesquelles ferrailles tenoient les imaiges et assemblaige desdictz autelz, deux griffes de fer fermantes avec plusieurs charnières qui estoient autour du bas de deux desdicts autelz à l'entrée du cueur, le tout vallant cent quatorze livres tournois, pour ce. . . . . CXIIII liv.

Item, la ferraille qui estoit aux autelz Sainct Michel, Sainct Yves, Nostre-Dame de Bonnes-Nouvelles, Sainct Sébastian, Sainct Berthelemy, Sainct Martial et Saint Loys, vallant quatorze livres, pour ce. . . . . XIIII liv.

(1) Dans la chapelle de Saint-Pierre.

(2) Le chanoine Jean Laurent, mort en 1492, fut enterré près de la porte du chœur de la cathédrale. Son tombeau fut ensuite transporté dans la chapelle de Saint-Jean-Baptiste, pour faire place au tombeau de Philippe de Luxembourg. Voir, *La cathédrale du Mans*, Mamers, 1900, in-fol., p. 416.

Item, de troncs qui estoient èsdictes chapelles et autelz Sainct Jehan-Baptiste, Sainct Martin, Sainct Georges, Sainct Christofle, Sainct Jacques, Sainct Eloy, Sainct Nicolas, Sainct Laurens, la Magdalaine, Sainct Sébastian, Sainct Gatian, et davant la relique saint Gervays et saint Prothays, avecques un aultre, estant au pillier de dessus, tenant avecques deux crampons de fer, auquel y avoit une grille de fer; plus, deux aultres troncs estans aux deux pilliers de davant le cueur, vallant le tout la somme de cinquante cinq livres tournois, pour ce. . LV liv.

Item, des seureures et ferreures qui estoient aux deux portes à descendre aux privaises des chapellains, vallans soixante solz tournois, pour ce. . . . . LX s.

Plus, de la ferreure qui estoit à la première porte du davant le revestiaire de ladicte église, ferreure d'un chappier et de plusieurs aultres fermives estant à l'entour dudict revestiaire, ferreure de la seconde porte, serreures et bendes de vingt fenestres et quatre bancs estans du costé dextre en entrant dans ledict révestiaire, la ferreure d'une chaire fermant à clef, estant au melieu desdictes fenestres et bancs, plus, de la ferreure de vingt troys fenestres, qui estoient au bout dudict révestiaire, ferreure des grandes armoyres des parmens, ferreures des quatre fenestres en mur, serreure du grand chappier, troys potences de fer, ferreure de l'huys du bas de la viz à monter sur la voulte dudict révestiaire, et ferreures et ferrailles [qui] estoient en la chambre du secrétain ou dict revestiaire, toutes les dictes ferreures et serreures [valloient] neuf vingtz cinq livres tournois, pour ce. . . . . . IX ˣˣ v liv.

Item, du lyen où estoit le pied et relicque sainct Philippe, auquel y avoit une grande fenestre de fer, fermant à troys serreures, avec completz à charnyères, ferreure d'une fenestre de boys fermant o clef, et grant nombre de fer et ferrailles, desquelz estoit assemblé le tabernacle de pierre faict à clervoye et imaigerie, où estoit ladicte relicque, vallant vingt sept livres dix solz tournois, pour ce. . . . . . . XXVII liv. X s.

Item, d'une grisle en laquelle estoit enfoncé un libvre davant l'autel Sainct Sébastian, vallant icelle grille, cent solz tournois, pour ce. . . . . C s.

Item, des grilles de fer estant autour du hault du cueur par dehors, où y avoit une fenestre par laquelle on baisoit le chef monsieur sainct Julian, aussi de trois guischetz de fer, l'un situé près ladicte sépulture du feu conte du Maine, l'aultre en la chambre du sonneux, et le tiers estoit un garde feu (*sic*), par lequel on montoit audict chef, de plusieurs aultres crampons et agraffes qui tenoient l'assemblaige de la maczonnerie et marches, ou estoyt ledict garde-fou, avec plusieurs aultres barres de fer, esquelles y avoit des araines à pendre des veuz, tant sur la châsse, que autour d'icelle, le tout vallant soixante livres tournois, pour ce. . . . . LX liv.

Item, de la cloayson de fer qui estoit au cueur du costé du revestiaire, où y avoit portes avecques pattes et araines au-dessus, le tout de fer, de troys bendes de fer, avec plusieurs montans qui estoient à la sépulture du conte du Maine, avec plusieurs agraffes et araines, qui estoient au hault des cloaysons dudict cueur en ce qu'il y avoit d'icelles cloaysons de pierre, tant du costé dextre que senestre, pour empescher de passer dedans ledict cueur, ferrailles desdictes chambres estant au hault dudict cueur, l'une où se couchoit, l'aultre où se chauffoit le sonneur de ladicte église, vallant toute ladicte ferraille la somme de cent cinquante sept livres dix solz tournois, pour ce. . . . . CLVII liv. X s.

Item, une cloayson de fer qui estoit [en] la chapelle Sainct Martin, où il y avoit une huiss[erie] de fer fermant à clef et agraffes, aussi de fer, [au]-dessus de ladicte cloayson, plusieurs crampons, g[onds], barres de fer et aultres ferrailles servans à ten[ir] l'assemblaige et édifice de ladicte chapelle qui [estoyt] faicte à clervoys et chappiteau, auxquelz y [avoit] plusieurs agraffes ; item, aultres agraffes [et] crampons, qui tenoient le chappeau et sépulture du cardinal de la Forest, en la chapelle Sainct Fiacre, près ladicte chapelle Sainct Mor[1], et pour l'huis-serie de fer à entrer audict cueur, du costé de ladicte chapelle, le tout vallant cent soixante dix livres tournois, pour ce. CLXX liv.

_____

(1) Dans le chœur.

Item, du mouvement de fer [............] ladicte châsse sainct Julian [icelluy] mouvement faict en faczon d'orloge, ayant troys roes, plus de la grille par laquelle on baisoit ledict reliquaire, la currie qui estoit autour de ladicte châsse, les deux chandelliers estans icelle ferreure de ladicte châsse, ferreure de quatorze fénestres estans au reliquaire soubz ladicte châsse, d'une huisserie de fer à y entrer fermant à grosses serreures, ferreure du lieu et cabinet, où l'on mettoit ledict chef monsieur saint Julian, près ladicte châsse, où y avoit une huisserie fermant à deux clefz, et des verges, rideaux, quatre fénestres, qui estoient contre ladicte châsse, où couchoit le sergent de ladicte église ; ensemble pour la ferreure du buffet des reliques, où y avoit semblablement quatre fénestres, et ferraille de l'autel des Reliques, vallant le tout soixante quinze livres tournois, pour ce. . . . . LXXV liv.

Item, du fer tant gros que menu, barres, barreaux et aultres ferrailles qui portoient et soustenoient les cuyvreries tant du davant du cueur que le davant et tour du chanseau de ladicte église et environs d'iceulx, ensemble du fer de la custode, le tout vallant troys [cens livres tournois], pour ce. . CCC liv.

Item, des crampons, agraffes, gougeons et aultres ferrailles, servans tant à la maczonnerie que ménuyserie, ladicte chaire épiscopal, ferreures et ferrailles de toutes les chaires, tant hault que bas, qui estoient autour dudict cueur, ou se siéoient lesdicts chanoines, et de tous les crampons, potences et crochetz qui portoient la tapisserie dudict cueur, le tout vallant quatre-vingts livres tournois, pour ce. . . . . . iiii xx liv.

Pour des crampons, agraffes et barres de fer, les gougeons qui tenoient l'assemblaige tant [de] la maczonnerie que imaiges de davant et derr[ière] du poulpitre et jubé de ladicte église, fers qui portoient vingt-huit chandeliers de c[uyvre], ferraille de l'aigle qui estoit audict poulpitre, un garde-feu (sic) qui estoit au haut de la montée, ferraille qui tenoit le Crucifix par bas assemblé de la ferreure des huys, tant hault que bas, audict poulpitre, une grifle de fer estant au bas du pillastre du feu cardinal de Lucembourg ; aultres barres et ferrailles qui as-

sembloyent la maczonnerie de la sépulture estant en la nef,
près l'autel Sainct Jehan l'Evangéliste, et ferraille des bénoistiers
de [ladicte] église, le tout vallant la somme de soixante-sept
livres et dix solz tournois, pour ce. . . . LXVII liv. X s.

Item, les ferreures et les serreures de la première et seconde
porte brisée du chapitre, de plusieurs verges, locquetière, goupilles barres et chassys qui servoient en partie aux vittres du
chapitre, ferreures de deux fenestres estans au mélieu d'ung
pillier qui est audict chapitre, ferreures de deux grands coffres,
qui consistoient entre aultres choses, en cinq serreures et
plusieurs lyens couppletz et tournouezres estans audict chapitre,
avecques plusieurs pattes de fer qui tenoient les siège et bendes
qui estoient en icelluy, ferreure de cinq aultres armoyres, estans
audict chapitre, ferreure de quatre huys, deux estans des deux
costez de l'entrée dudict chapitre, l'aultre des latrines, prés
ledict chapitre, et l'aultre huys du jardrin proxime, vallans
icelles serreures et ferreures dessus-dictes la somme de quarante troys livres tournois, pour ce. . . . . . XLIII liv.

Item, de la ferreure de troys aultres huys et quatre fenestres
pour la tour de la forge, vallant sept livres tournois, pour
ce. . . . . VII liv.

Item, de la ferreure des deux huys estans au bas du degré à
monter à la librairie et chambre des comptes, ferreure d'un
aultre huys au hault dudict degré, première entrée, pour entrer
en ladicte librairie, d'un aultre huys estant en une cloayson de
ménuyserie qui est à la[dicte] librairie, d'ung aultre huys estant
en ladicte librairie à sortir sur les galleries de la chapel[le]
Sainct Nicolas, ferreure de troys fenestres de la[dicte] librairie,
grosses barres de fer estans au tra[vers de] neuf grands pulpitres,
crampons, serreures, grant quantité de chaignes pour attacher
[les] libvres, que on mettoit sur lesdictz pulpitres [en] librairie,
le tout vallant la somme de soixante six livres tournois, pour
ce. . . . . LXVI liv.

Item, de la ferreure d'une grande paire d'armoyres qui estoient en l'allée de ladicte librairie servans à mettre la tapisserie
grande et petite du cueur, pour la ferreure d'une aultre paire

d'armoyres anciennes estant en ladicte librairie ; item, des ferreures de l'huys à entrer en la chambre des comptes sur la chapelle Sainct Michel, le tout vallant quatre livres dix solz tournois, pour ce. . . . . : . . . IIII liv. x s.

Item, vingt sept serreures et six fiches qui estoient aux armoyres, fénestres et banc estant en ladicte chambre des comptes, plus la ferreure d'un huys en mur estant à costé de la chemynée de ladicte chambre, le tout vallant vingt quatre livres tournois, pour ce. . . . . XXIIII liv.

Item, la serreure qui estoit au premier huys à monter en la sonnerie et de celle du charbonnier y proxime, la ferreure de deux huysseries des grosses orgues, les serreures et ferreures de deux aultres huysseries pour entrer tant en la première que seconde et plus haulte gallerie, auroient esté arrachées, vallant toutes lesdictes ferreures et serreures la somme de neuf livres cinq solz tournois, pour ce. . . . . . IX liv. v s.

Item, les ferreures de troys huysseries qui estoient près les petites orgues dorées, les barres des vittres qui estoient en ladicte montée, les ferreures de cinq huisseries, estans, scavoir est, deux où sont les soufMetz des orgues dorées et troys aux galleries près lesdictes orgues, la ferreure des bransles desdictz souffletz qui on esté arrachez et emportez, vallant toutes lesdictes serreures et ferreures seize livres dix solz tournois, pour ce. . . . . XVI liv. X s.

Item, huit grands chandeliers de fer qui servoient aux sépultures, lesquelz ont esté aussi emportez, vallans la somme de dix sept livres tournois pour ce. . . . . . XVII liv.

[VITRERIE]

Item, ladicte église estoit ornée, munye et enrichye de plusieurs belles vittres et voyrières, lesquelles avoient et ont esté brisées et rompues, et faict dommaige en icelles par lesdictz Bouju de Veignolles, leurs complices et alliez, selon la déclaration qui s'ensuyt :

Premier, le voyre de la grande vittre sise sur la grande porte et entrée de ladicte église en plusieurs endroictz, et en

icelle faict dommaige de la somme de vingt cinq livres tournois,
pour ce. . . . . xxv liv.

Item, faict plusieurs troux et effractions en une aultre vittre,
faictz à coups de harquebutte ou baston à feu, et faict dommaige
jusques à la somme de six livres tournois, pour ce. . vi liv.

Item, cassé, rompu et brisé quatre vittres du mesme costé,
et en icelles faict dommaige de quatre livres douze solz six
deniers tournois, pour ce. . . . . iiii liv. xii s. vi d.

Item, à la vittre estant sur la porte davant la Pierre au Laict
et à deux aultres, y estant de voyre blanc bordé, ont faict bris
et dommaige de la somme de cent douze solz six deniers tournois, pour ce. . . . . cxii s. vi d.

Item, du costé des grandes orgues y avoit deux grandes
vittres bordées qui ont esté aussi rompues et endommaigés de
la somme de cent solz tournois. . . . . . . c s.

Item, en troys vittres estans en la chapelle Sainct Pierre, a
esté faict effraction et dommaige de la somme de vingt cinq livres
tournois pour ce. . . . . xxv liv.

Item, en la chapelle de la Magdalaine, y avoit quatre vittres,
moictié painctes et moictié blanches, èsquelles a esté faict briz
et dommaige de cent solz tournois, pour ce. . . . c s.

Item, au révestiaire y avoit six vittres painctes qui sont
effractionnées et endommaigées de dix livres tournois, pour
ce. . . . . x liv.

Item, en la chapelle Sainct Laurent, cinq aultres vittres de
voyre blanc bordé, et endommaigées de la somme de cent solz
tournois, pour ce. . . . . c s.

Item, en la chapelle Sainct Nicolas, y avoit sept vittres
painctes, fort brisées, tellement qu'il y défault de cinquante
piedz de voyre, et y a esté faict dom[maige] de cent douze livres
dix solz tournois. . . . . . . cxii liv. [x s.]

Item, entre la Chapelle Sainct Nicolas et la chapelle [Sainct]
Antoine y avoit une vittre de voyre blanc bordé, cassée et endommaigée de la somme de cent solz tournois, pour ce. c s.

Item, en la chapelle Sainct Antoine, y avoit sept vittres de
voyre painct, qui ont esté cassées et endommaigées de dix' livres
tournois, pour ce. . . . . x liv.

Item, dessus l'autel Sainct Loys, y avoit une aultre vittre paincte, qui a esté cassée et endommaigée de douze solz six deniers, pour ce. . . . . XII s. VI d.

Item, du costé gauche, en entrant en ladicte église, y avoit dix vittres, moictié painctes et moictié blanches, qui ont esté cassées et endommaigées de vingt deux livres dix solz tournois, pour ce. . . . . XXII liv. X s.

Item, en la nef de ladicte église, du costé de la court de l'official, y avoit deux aultres vittres painctes qui ont esté brisées et endommaigées de huict livres dix solz tournois, pour ce. . . . . VIII liv. X s.

Item, en la chapelle Sainct Jehan, cinq aultres vittres, qui ont esté cassées et endommaigées de cent solz tournois. C s.

Item, en la chapelle Sainct Nicolas y avoit cinq aultres vittres qui ont semblablement esté cassées et endoumaigées de cent dix solz tournois, pour ce. . . . . CX s.

Item, plus en la chapelle Sainct Christofle, y avoit cinq vittres qui ont aussi esté cassées et endoumaigées de quarante solz tournois, pour ce. . . . . XL s.

Item, en la chapelle Saint Faulin (sic), troys aultres vittres qui ont esté cassées et endoumaigées de douze solz, six deniers tournois, pour ce. . . . . XII s. VI d.

Item, en la chapelle Sainct George, sept vittres cassées et endommaigées de cinquante solz tournois, pour ce. . L s.

Item, entre la chapelle Saint George et la chapelle Sainct Jacques, a esté cassé une vittre et endoumaigée de trente solz tournois, pour ce. . . . . XXX s.

Item, en la chapelle Sainct Jacques, y avoit sept vittres painctes, qui ont esté cassées et endoumaigées de vingt cinq solz tournois, pour ce. . . . . XXV s.

Item, en la chapelle Nostre-Dame du Chevet, y av[oit] dix vittres de voyre painct, qui ont esté cassées, br[isées], et en icelles faict doumaige de troys cens une livres six solz tournois, pour ce. . . . . IIIᶜᶜ I liv. VI s.

Item, au Chapitre de ladicte église, y avoit quatre vittres de voyre painct, rompues et cassées, fors quelques petites pièces, tellement qu'il y a default en icelles de unze vingtz neuf piedz et demy de voyre, vallant quinze solz chaicun pied, et faict doumaige de huict vingtz d[ix] livres quinze solz tournois, pour ce. . . . . viii^{xx} x liv. xv s.

Item, en la librairie, y avoit deux croysées, ou y a briz et transport de soixante piedz de voyre painct, et aux dictes croysées cinq aultres piedz et demye de voyre blanc, et faict doumaige de quarante six livres tournois, pour ce. xlvi liv.

Item, une aultre petite fenestre et vittre estant en ladicte librairie, contenant six piedz de voyre blanc, quel voyre a esté cassé et brisé et faict doumaige de vingt sept solz tournois, pour ce. . . . . xxvii s.

Item, en la Chambre des Comptes, deux vittres contenans huit piedz de voyre blanc, quelles vittres ont esté cassées et minses par menues pièces de non valleur, et faict doumaige de trente six solz tournois, pour ce. . . . . . xxxvi s.

Item, ès haultes vittres, du costé dextre de ladicte nef, en entrant, y a dix vittres quassées à coups de harquebouzes, et faict doumaige de vingt cinq livres tournois, pour ce. xxv liv.

Plus, au costé gauche, en entrant, ès haultes vittres, a esté faict briz et doumaige de vingt sept livres tournois, pour ce. . . . . xxvii liv.

Davantaige, en la grande vittre du bout de la nef, proche du cueur, y a de default deux paneaux de voyre blanc, qui contient treze piedz de voyre, et si a esté ladicte vittre cassée en plusieurs aultres endroictz, et endoumaigée de la somme de seze livres tournois, pour ce. . . . . . . xvi liv.

Et davantaige, ès quatre vittres haultes, près les orgues, y a plusieurs paneaux qui ont esté rompuz, brisez et endoumaigez de soixante livres tournois, pour ce. . . . . lx liv.

Et ès secondes vittres estant à l'entour du cueur[1], en nombre treze, painctes, qui ont esté cassées et endoumaigées de la somme de trente livres tournois, pour ce. . . . xxx liv.

Item, en une gallerie de ladicte église, du costé de l'év[angile],

___
(1) Vitraux au-dessus du triforium du premier déambulatoire.

y avoit deux formes de voyre blanc bordé, cassé et endoumaigé de trente cinq livres, pour ce. . . . . . . xxxv liv.

Item, la vitre sise sur la chapelle Sainct Jean-Baptiste estant de voyre blanc bordé, a esté cassé et endoumaigé de douze livres tournois, pour ce. . . . . xii liv.

Item, deux grandes vittres en forme de voyre blanc bordé, estans du costé de la court de l'official, joignant les voultes, ont esté cassées et endoumaigées de soixante livres tournois, pour ce. . . . . lx liv.

Item, la grande vittre paincte, estant au pignon de ladicte église[1] sur la court de l'official, a esté cassée, rompue et endommaigée de cinquante livres tournois, pour ce. . . l liv.

Item, une aultre vittre, estant sur les petites orgues, a esté cassée et endoumaigée de douze livres dix solz tournois, pour ce. . . . . xii liv. x s.

Item, en la chapelle de Nostre-Dame de soubz terre de ladicte église, y a faulte de vittres de trente neuf piedz de voyre blanc, vallans huit livres quinze solz six deniers tournois. . . . . viii liv. xv s. vi d.

[PLOMBERIE]

Item, ladicte église, chapelles et clocher d'icelle estoient couverts de plomb, quelle couverture a esté grandement endoumaigée, et d'icelle prins, ravy et distrait par les susdilz grand partie :

Premier, en plancher dudict clocher comme à l'estimation de troys cens soixante livres de plomb, vallans quarante cinq livres tournois, pour ce. . . . . xlv liv.

Aussi, depuis la petite tonr par ou l'on descend [des] galleries sur les petites voultes du cueur de [ladicte] église et à l'entour dudict cueur, a esté enlevé de sur la couverture d'icelles voultes, comme à l'estima[tion] de deux mille livres de plomb, vallans deux cens cinquante livres tournois, pour ce. . . . . ii^{cc} l liv.

Davantaige, à l'entour dudict cueur et allée du costé de

(1) La Grande-Rose.

l'évesché, a esté enlevé et transporté une goutière de plomb, poisant comme à l'estimation de deux cens dix livres de plomb, vallant la somme de vingt six livres cinq solz tournois, pour ce. . . . . XXVI liv. V s.

Item, de la couverture de la chapelle Sainct Martin, a esté osté et enlevé une gouttière de plomb, poisant comme à l'estimation cent livres, vallant douze livres dix solz tournois, pour ce. . . . . XII liv. X s.

Plus, sur la chapelle Sainct Christofle, a esté prins et enlevé une fleur de lys de plomb doré, qui poisoit comme à l'estimation de soixante livres de plomb, vallant sept livres dix solz tournois, pour ce. . . . . VII liv. X s.

Item, sur la couverture et gouttière de plomb estant sur la chapelle Nostre-Dame du Chevet, reste prins et enlevé troys mil livres de plomb, vallans la somme de troys cent soixante quinze livres tournois, pour ce. . . . . IIIᶜᶜ LXXV liv.

Sur la couverture du révestiaire d'icelle église a esté osté et enlevé, et aussi de la gouttière y estant, dix sept cens livres de plomb, vallans deux cens livres douze solz six deniers tournois, pour ce. . . . . IIᶜᶜ liv. XII s. VI d.

La gouttière de plomb qui estoit près le chapitre de ladicte église a esté spolyée et enlevée, qui poisoit comme à l'estimation de quatre cens trente livres de plomb, vallant cinquante troys livres quinze solz tournois, pour ce. . LIII liv. XV s.

Sur la nef de ladicte église ont faict grant nombre et quantité de trouz à coups de harquebouze, tellement qu'à raison desdicts coups conveniendra employer en réparation quatre cens livres de plomb, pour lesquelz, tant pour la faczon, souldeure, que pour bouscher lesdictz trouz, appartient la somme de six [cens] vingtz livres tournois, pour ce. . . . . VIᶜᶜ XX liv.

Plus, ont sur le portail de ladicte église, appe[lé] le portail de la *Pierre au Laict*, prins et enlevé une gouttière de plomb, servant à escouller l'eau de ladicte nef, poysant comme à l'estimation de s[ix] cens livres de plomb, vallant soixante qui[nze livres] tournois pour ce. . . . . LXXV liv.

Item, ont prins et enlevé cinq tables de plomb, qui estoient

en un coffre sur les voultes de la fonderie de ladicte église, qui
poisoient comme à l'estimation de sept cens soixante quinze
livres de plomb, vallans quatre vingts seize livres dix sept solz
six deniers tournois, pour ce. .   IIII^{xx} XVI liv. XVII s. VI s.

Plus, ont prins et ravy les vaisseaux d'estaing tant dudict
chapitre, que vaisselle d'estaing de la Psalette, qui estoient
troys polz tenans huict pintes pièces, poisant chaicun vingt-
huict livres, qui est en somme quatre-vingts quatre livres
d'estaing, vallant trente troys livres douze solz tournois, pour
ce. . . . . XXXIII liv. XII s.

Plus, deux aultres grands potz tenans dix pintes ou environ,
à hault pied, poisans comme à l'estimation de soixante douze
livres d'estaing à dix solz pour livre, vallant trente six livres
tournois, pour ce. . . . . XXXVI liv.

Item, un aultre pot d'estain, poysant quatorze livres d'estaing,
vallant six livres quatre solz tournois, pour ce.   VI liv. IIII s.

Pour un aultre pot d'estaing poisant huict livres, vallant
soixante quatre solz tournois, pour ce. . . . . LXIIII s.

Plus, deux aultres potz aussi d'estaing à bas pied, poysans
dix livres, à six solz tournois la livre, vallant soixante solz
tournois, pour ce. . . . . LX s.

Item, une pinte et chopine aussi d'estaing, poysans cinq
livres, vallant trente solz tournois, pour ce. . . . XXX s.

Et en ladicte maison de Psalette y avoit six grands platz,
poysans chaicun troys livres, qui est en somme dix huict livres
d'estaing, vallans cent huict solz tournois qu'ilz ont aussi prins,
raviz et enlevez, pour ce. . . . . CVIII s.

Item, plus quatre petitz platz moyens, aussi d'estaing, pesans
comme à l'estimation de dix livres, vallant soixante solz
tournois, pour ce. . . . . LX s.

Davantaige, six escuelles aussi d'estaing, poysans douze
livres, vallans soixan[te] douze solz tournois, pour ce.   LXXII s.

Plus, neuf escuelles moyennes poysans comme à l'estimation
de treze livres et demye d'estaing, vallans quatre livres douze
deniers tournois, pour ce. . . . . . IIII liv. XII d.

Item, plus six assiètes, aussi d'estaing, poisans dix livres et
vallant soixante solz tournois, pour ce. . . . . LX s.

Plus, huict saulciers poisans huict livres et vallans quarante huict solz tournois, pour ce. . . . . . . XLVIII s.

Davantaige, un esgouttouez, aussi d'estaing, pesant une livre, vallant six solz tournois, pour ce. . . . . . . VI s.

Plus, une esguière, aussi d'estaing, poisant deux livres, vallant douze solz, pour ce. . . . . XII s.

Item, deux potz d'estaing, poisans dix livres et vallans soixante solz tournois, pour ce. . . . . . . LX s.

Plus, quatre sallières d'estaing, poisant quatre livres, vallans vingt quatre solz tournois, pour ce. . . . . XXIIII s.

Plus, quatre gobeletz d'estaing, poisant troys livres et vallans dix-huict solz tournois, pour ce. . . . . . XVIII s.

Item, une quarte, aussi d'estaing, poisant sept livres et demye, et vallant quarante cinq solz tournois, pour ce. XLV s.

Davantaige, deux pintes, aussi d'estaing, l'une à hault pied et l'aultre à bas pied, poisans huict livres et vallans quarante huict solz tournois, pour ce. . . . . . XLVIII s.

Plus, un vernistier (sic), aussi d'estaing, poisant une livre et demye, vallant neuf solz tournois, pour ce. . . . IX s.

[LINGERIE]

Item, auroient aussi prins, ravy et transporté de ladicte église, soixante touailles et mappes œuvrées, tant grosses que dongées, vallans soixante livres tournois, pour ce. . LX liv.

Plus, soixante dix-huit touailles et mapp[es] non œuvrées, vallans quarante livres tournois, pour ce. . . . XL liv.

Item, troys aulbes dongées, vallant sept livres dix sous tournois. . . . . VII liv. X s.

Plus, dix aulbes neufves de meslinge, v[allans] quatorze livres tournois, pour ce. . . . . XIV liv.

Davantaige, quatre vingts huict aultres aulbes communes, vallans vingt quatre livres tournois, pour ce. . . XXIIII liv.

Oultre, unze aulbes neufves et quatre vingts quinze qui avoient commencé à servir, avec six qui estoient fort usées, vallans cinquante six livres tournois, pour ce. . . LVI liv.

Item, quatre-vingts neuf amictz, vallans vingt livres tournois, pour ce. . . . . XX liv.

Item, seize longères, tant grandes que petites, vallans huict livres tournois, pour ce. . . . . VIII liv.

Plus, vingt longères non ouvrées, tant grandes que petites, qui avoient fort servy, vallans dix livres tournois, pour ce. X liv.

Item, six serviettes ouvrées, vallans trente six solz tournois, pour ce. . . . . XXXVI s.

Plus, vingt serviettes neufves non ouvrées, vallans cent solz tournois, pour ce. . . . . C s.

Oultre, trente quatre aultres serviettes, tant estroictes que larges, qui avoient jà fort servy, vallans quarante cinq solz tournois, pour ce. . . . . XLV s.

Item, dix-huit essuymains, vallans cinquante six solz tournois, pour ce. . . . . LVI s.

Item, dix aulbes neufves, pour les enfans, vallans huict livres cinq solz tournois pour ce. . . . . . VIII liv. V s.

Plus, trente troys aultres aulbes vieilles vallans vingt livres tournois, pour ce. . . . . XX liv.

Finablement, quinze aultres aulbes, vallans neuf livres tournois, pour ce. . . . . IX liv.

[ARCHIVES]

Item, auroient lesdictz Bouju, de Veignolles [leurs] complices et alliez prins, brisé, laceré et transporté les lettres de fondation, dotation et augmentation [de] ladicte église, bien et duement expédiées, [et] en bonne forme et authenticque, par lesquelles, entre aultres choses, apparoissoit ladicte église être fondée de trente neuf prébendes et quatre de[myes], desquelles trente neuf l'une estoit la préb[ende] du Roy, que tenoyent les quatre sergeans, et gardes de ladicte église.

Item, de plusieurs dignitéz et offices, à scavoir : du Grand-Archidiacre et de cinq aultres archidiacres, l'un de Montfort, aultre de Laval, aultre de Passays, aultre de Sablé, et le cinquiesme du Chateauduloir.

Office de chantre et soubz-chantre, [.......]

Deux diacres, soubz diacres et sacristes.

Maistre et enfans de Psalette, avecques douze vicaires et chantres.

Item, des offices de Prévosté, Matines, Nostre-Dame, Argenterie, Bourse, Luminaire, Paneterie et Forge, qui consistoient en plusieurs fiefz, doumaines, sens, rentes et debvoirs annuelz et perpétuelz.

Davantaige, estoient lesdictz doyen, chanoines et chapitre fondez et avoient puissance de pourveoir et conférer *pleno jure*, jusques au nombre de quarante cures ; scavoir est : du Crucifix, Sainct-Gilles-des-Guéretz, la Bazoge, Savigné l'Evesque, de Jublains, de Courgenard, de Sargé, de Mont-Regnault, de Pruillé, de Neufville-sur-Sarthe, d'Espineu, Sainct Jehan d'Assées, de Mont-houdoul, de Parrigné-l'Evesque, d'Assé-le-Bellenger, Sainct Pierre des Boys, d'Arthins, Saint Jehan-des-Eschelles, de Tacey, de Ponczay, Sainct-Jame, de Bourg-le-Roy, de Moncé, de Sainct-George-du-Plain, d'Oyseau, Sainct-Ouen-en-Belin, de Grazay, de La Dorée, Sainct-Loup, de Gourdaine, La Chapelle sainct-Aulbin, Sainct-George le Gaultier, de Sainct-Quentin, de Panon, de Mulsenne, de Trangé, d'Asnières, de Allonnes et de Bouer.

Plus, droict de présentation du nombre de aultres cures, scavoir est : de Coulans, de Sainct-Mars d'Outillé, d'Ancinnes, du Horp, de Hellou, de Corbayer, du Brel, de Nogent-le-Bernard, de Charnay, Sainct-Denys de Gastines, La Trinité de Laval, Parrigné près Maienne, de Maigné, de Lavenay, et Pruillier l'Esguillier.

Aussi de pourvoir et conférer *pleno jure*, tant par eulx que par leurs sepmanier ad beneficia vacan. nominanda, jusques au nombre de (*en blanc*) chapelles, scavoir est: Une à l'autel du Crucifix, deux à l'autel Saincte Catherine, troys à l'autel de la Trinité, à l'autel Saincte Anne, une; à l'autel Sainct Pierre, troys ; à l'autel Sainct Berthelemy, une; à l'autel de la Magdalaine, deux et ung augment; à l'autel Sainct Laurent, deux; à l'autel Sainct Nicolas, une; à l'autel Sainct Martial, deux augmentz; à l'autel Sainct Eloy, quatre; à l'autel Sainct Loys, deux ; à l'autel Nostre-Dame du Chevet, six; à l'autel sainct Jacques, troys; à l'autel de l'Annonciation, deux; à l'autel Sainct Christofle, une; à l'autel Sainct Martin, six; à l'autel Sainct

Jean-Baptiste, deux ; à l'autel Sainct Yves, deux ; et plusieurs aultres.

Et droict de Présentation du nombre de (*en blanc*) [aultres] chapelles, scavoir est : Une à l'autel Saint Jehan l'Evangeliste ; une à l'autel Sainct Denys ; une à l'autel du Crucifix ; deux à la présent[ation] des clercs et chapelains ; une à l'autel de la Magdalaine ; une à l'autel Saincte Catherine ; deux à l'autel Saincte Anne ; deux à l'autel Sainct Sébas[tian] ; une à l'autel Sainct Jehan Baptiste ; une à l'autel Sainct Marthe ; une en l'ég[lise] de Jublains ; deux en l'église de Ruillé ; deux en l'église de Savigné ; et [plusieurs aultres].

Item, estoient et sont fondez en droict de jus[tice] secullière, tant haulte, basse, que moyenne, t[ant] en ceste ville et forsbourg du Mans, que aultres plusieurs parroisses de ce pais et conté du [Maine], et telle puissance et pareille cohertion sur [les] vassaulx et subjectz que le comte du Maine [......] siens, duquel conte, ilz estoient et sont [......]

Aussi estoient et sont exemptz des droictz de visitation, de moulins et aultres droictz que ledict conte a et liève sur ses subjectz.

Avoient aussi droict de pénige, prévosté, foyre et marché, à certains jours annuelz, et aultres plusieurs beaulz droictz et privileiges, mesmes d'avoir boucher, boutiecque et estal de boucherie, ouverte au dedans du cloaistre de ladicte église.

Plus, avoient droict de pourvoir aux offices de baillifz, greffiers, procureurs, sergeans, notaires et aultres offices pour l'exercice et ministère de leurs bailliaiges, fiefz et seigneuries.

Lesquelles lettres de fondation, tiltres et enseignements, servans ad ce, reposoient ès coffres, garde robbes et armoyres dudict révestiaire, fermans de clef, lesquelz coffres, garde robbes et armoyres estoient sains et entiers, et en iceulx lesdictes lettres, titres et enseignemens. le tiers jour d'apvril dernier, que ceste dicte ville et chasteau furent pris à port d'armes par lesdictz Bouju, de Veignolles et autres complices et alliez, qui les retindrent violentement contre l'auctorité et majesté du Roy, jusques audict unziesme jours de juillet, comme dict est, pendant laquelle violente détention, briz et effraction desditez coffres et armoyres auroient esté faictz par lesdictz Bouju, et Veignolles, leurs complices et alliez, où la plus grant part d'iceulx.

Esquelz coffres, garderobbes et armoyres estoient davantaige les bulles et indult bien expédiés en court de Romme (*en blanc*) éxécution d'iceulx des pardons et stations concédez par nostre sainct Père le Pape, à la poursuitte et diligence dudict seigneur cardinal de Lucembourg, affin de réparation, manutention et entretien de ladicte église Sainct Julian.

Plus, les lettres de privileige desdictz Doyen, chanoines et chapitre de ladicte église, bien et deuement expédiées et exécutées, [tant] en court de Romme que ailleurs, où il apartenoyt, par lesquelz apparessoit iceulx doyen, chanoines et chapitre estoient et sont exemptz du révérend éve[sque] de ceste ville, avoient jurisdiction ès officiers du dict chappitre, les appellations desquelz apartenoient et ressortissoient neuement en court de Romme.

Davantaige, les lettres, privileiges, don et octroy de nostre sainct Père le Pape, par lesquelz [......] desdictes chapelles [....... servans à la dicte . . . .] estoient et sont seullement affectées aux douze [......] ladicte église, dont la présentation appartenoit et appartient auxdictz doyen, chanoines et chapitre, sans ce que mandataires ne aultres privilégiez que lesdicts vicaires, les puissent obtenir.

Item, plusieurs testaments et lettres de dons et legs, procès et procédeures, sentences, jugemens et exécutions d'iceulx, au proffilict desdictz doyen, chanoines et chapitre, contre plusieurs et diverses personnes.

Toutes lesquelles choses, avec plusieurs aultres lettres, tiltres et enseignemens, auroient aussi esté, par lesdictz Bouju, Veignolles et aultres leurs complices et alliez lacérez, brisez, raviz et transportez violentement.

Item, aussi avoient lesdictz Bouju, de Veignolles et aultres leurs complices et alliez prins, lacéré, ravy et transporté les libvres des comptes, receptes, pappiers, censiers, adveux, déclarations et aultres tiltres et enseignemens, qui estoient et reposoient ès archives, coffres et armoyres [...............] de regestres, tiltres et enseignemens, [par lesquelz il] apparoissoit des droictz de seigneurie, sens, rentes [et] debvoirs, à cause d'iceulx, appartenans ausdictz [doyen] chanoines et chapitre, à cause desdictz offices [......] l'argenterie, paneterie, la bourse, la forge, [la] prévosté, droictz et obéissances en ceste ville et quinte du Mans, Assé le Berrenger, la Cousinière, Courgenart, Le Breil, Maumusson, Reveillon, Sainct Ouen-en-Belin, Asnières, Tacé, Longne, Sainct Pierre des Boys, La Bosse, Connerray, Sainct-Quentin et plusieurs aultres terres et seigneuries.

[CAVE]

Davantaige, avoient lesdictz plainctifs en les [caves] du chapitre le nombre de vingt pippes de vin et plus, pour faire présens aux princes et grands seigneurs passans par ceste ville et servir à l'église, quel vin a esté beu [et] dispersé par les dessusdictz, complices et alliez, quel vin pouvoit valloir, par commune estimation, la somme de cinq cens livres tournois, actendu la bonté et excellence dudit vin, pour ce.   .   v^c liv.

Protestant lesdictz plainctifs d'amplification de [.....] et ne se préjudicier pour le regard des choses [qui se] trouveront obmises.

Par commandement des dicts de Chapitre :

BOUVIER.

TABLE DES MATIÈRES

Mamers. — Typ. G. Fleury et A. Dangin. — 1903.

MAMERS. — TYP. G. FLEURY ET A. DANGIN. — 1903.

MAMERS. — TYP. G. FLEURY ET A. DANGIN. — 1903.